2013—2014年成都市

哲学社会科学规划项目

成果选编

2013—2014NIAN CHENGDUSHI
ZHEXUE SHEHUI KEXUE GUIHUA XIANGMU
CHENGGUO XUANBIAN

成都市哲学社会科学规划办公室　编

四川大学出版社

责任编辑：王　玮
责任校对：王天舒
封面设计：墨创文化
责任印制：王　炜

图书在版编目(CIP)数据

2013～2014年成都市哲学社会科学规划项目成果选编 / 成都市哲学社会科学规划办公室编. —成都：四川大学出版社，2015.6
ISBN 978-7-5614-8707-5

Ⅰ.①2…　Ⅱ.①成…　Ⅲ.①哲学社会科学-科技成果-汇编-成都市-2013～2014　Ⅳ.①C127.11

中国版本图书馆CIP数据核字（2015）第147414号

书名　**2013—2014年成都市哲学社会科学规划项目成果选编**

编　者　成都市哲学社会科学规划办公室
出　版　四川大学出版社
地　址　成都市一环路南一段24号（610065）
发　行　四川大学出版社
书　号　ISBN 978-7-5614-8707-5
印　刷　郫县犀浦印刷厂
成品尺寸　185 mm×260 mm
印　张　16
字　数　346千字
版　次　2015年7月第1版
印　次　2015年7月第1次印刷
定　价　45.00元

◆读者邮购本书，请与本社发行科联系。
电话：(028)85408408/(028)85401670/
(028)85408023　邮政编码：610065
◆本社图书如有印装质量问题，请寄回出版社调换。
◆网址：http://www.scup.cn

前　言

一直以来，成都市哲学社会科学规划评奖办公室秉承“为党和政府决策服务”的宗旨，紧紧围绕当前成都市经济社会发展的核心工作和实际问题，向全市进行哲学社会科学研究的在蓉单位和个人征集和发布年度社科规划课题，并充分利用刊物、报纸、互联网等媒体对优秀成果进行宣传推广。社科规划项目相关成果在剖析改革发展方向，查找和解决经济社会问题，推动城市改革发展，探索创新重大理论问题以及促进社会科学繁荣发展等方面发挥着重要作用。

2013 年至 2014 年两年时间内，我办共收到 593 项社科规划项目申请（其中，2013 年 340 项，2014 年 253 项）。按照公平竞争、专家评审、择优立项原则，我办最终立项 291 项（其中，2013 年资助类项目 60 项，自筹类项目 75 项；2014 年资助类项目 100 项，自筹类项目 56 项）。经评审、立项后，我办依据相关管理办法对在省级以上公开学术刊物发表（专著在省级以上出版社公开出版）的项目成果进行验收，并对 200 余项验收合格者颁发结项证书。

为进一步加强我市社科规划课题成果的宣传和推广，以推动社科成果更好地在加强学术交流、为党和政府参谋决策、推动我市现代化国际城市建设中发挥作用，我办特将 2013 年至 2014 年以来的优秀社科规划成果（共计 62 项，不含专著和科普读物）按照经济、社会、法治政治、历史文化、区县案例五大类别进行摘录并编撰成册。这些成果主要涵盖了产业发展、金融管理、城市治理、公共服务、城乡基层治理、法治建设、文化旅游、环境保护等领域的热点、难点问题。

本书由成都市社科联（社科院）规划评奖办公室（科研处）策划、编审，李春艳、徐睿编校。在此，我们要特别感谢各大在蓉高校、科研机构、市级区（市）县部门的学者、官员及基层工作人员长期以来对成都市社会科学事业的广泛参与和支持。希望本书的出版能为成都市乃至全国关心成都发展的有识之士提供参考和借鉴。

成都市哲学社会科学规划办公室

2015 年 6 月 30 日

目　录

经济类

社会类

法治政治类

历史文化类

区县案例类

经济类

发展实体经济破解土地财政困局研究①

土地财政是指以地方政府为主体、高度依赖其行政区内的土地资源所进行的财政收支活动和利益分配关系，是土地相关财税收支占地方政府总收支比重较高的财政运行形态。土地财政最直接的体现就是地方政府依靠出让土地使用权的收入来维持地方财政支出。

一、土地财政给地方政府带来的困局

土地财政为地方政府带来了滚滚财源，为城市化与工业化进程、基础设施建设、社会事业发展等提供了大量资金支持。然而，由于土地财政的不可持续性，也带来了许多经济和社会问题：一是浪费土地，大量耕地被占，造成农民失业，不仅严重影响到了国家粮食安全，而且也增加了社会不稳定因素；二是助推房价上涨，加剧了城市居民购房难度；三是增加了地方财政金融风险，一旦楼市泡沫破裂或者政策调控加码，一些地方财政金融危机很可能会立即降临；四是使地方政府产生对土地的依赖症，靠土地出让金、房地产及建筑业的税费获得财政收入，致使大量资金流出实体经济，加剧了楼市泡沫，伤害了实体经济的健康发展；五是卖地增收阻碍了经济结构调整的步伐，土地财政会使地方主政者产生路径依赖，回到依靠投资拉动经济增长的老路。中央提出“稳增长、转方式、调结构”的口号，是对经济转型发展非常及时的号召。

二、借力实体经济推进土地财政困局加速破解

保持经济长久的繁荣和社会的稳定根基在于实体经济。欧债危机的一个重要诱因就是欧洲实体经济空心化，发展基础脆弱，政府财政刚性支出的增长没有实体经济的持续发展做支撑。美国经济长期以来一直保持世界第一的位置，主要还是依托其以科技创新、高技术产业及先进制造业为代表的实体经济，在本轮金融危机后，美国也提出了经济再工业化。从根本上打破地方政府对土地财政的依赖，最基本的路径还是发展实体经济。

一是发展实体经济是增强综合国力的物质基础。一个国家的综合国力取决于多

① 项目编号：2014P20。

种因素，但最为重要的还是实体经济的发展状况。

二是发展实体经济是有效拉动内需的根本手段。人民群众的需求是多方面的，但最终离不开基本的物质和文化需求，即衣、食、住、用、行。

三是虚拟经济要依赖于实体经济的发展。实体经济不仅为虚拟经济的发展提供物质基础，而且还是检验虚拟经济发展程度的标志。发展虚拟经济的出发点和落脚点都是实体经济，最终的结果也是为实体经济服务。

总之，只有通过实体经济的健康持续发展，才能夯实经济发展的基础，稳定税源，为财政收入的可持续增长提供源泉，从根本上破解土地财政的困局。

三、多措并举助推实体经济加快发展

李克强总理多次强调：改革是中国最大的红利。发展实体经济，实现地方财政稳定增收，关键在于稳步推进政府职能转变、进行经济及科技体制改革。

一是加快政府职能转变。把职能转变放在更加突出的位置，重在向市场、社会放权，清理、减少和调整行政审批事项，应避免直接参与经济活动，减少对微观经济活动的干预，充分发挥市场配置社会资源的基础性作用。积极创造有利于实体经济长远发展的基础和条件，营造各种所有制实体经济平等参与市场竞争的体制机制和市场环境，让各类市场要素，特别是人才和资金更多地向实体领域倾斜。改变对各级政府的考核标准和方式，取消以国内生产总值（GDP）为核心的考核办法，更多关注环保、民生保障、社会事业发展、经济发展可持续性等问题。加强职业经理人队伍的培养和管理工作，创造更加有利于职业经理人成长的政策法律环境。

二是继续深化投融资体制改革。政府应更加规范自己的投资行为，加大对人才培养、基础设施建设、社会事业发展、科技创新等领域的投入力度，为实体经济健康发展打好基础。抓紧清理有碍公平竞争的政策法规，全面开放一般性竞争行业，细化并完善鼓励民间投资的政策措施。推动金融市场规范发展，鼓励金融创新，加快发展民营金融机构，为实体经济发展创造更加宽松的融资环境。

三是稳步推进财税体制改革。事权无限、财权上收以及政绩逼人是造成地方政府通过城市扩张和土地出让来获取财政收入的重要原因。要降低地方政府谋求预算外收入的动机，就需要建立起财权与事权相匹配的财税体制。要加快税制改革步伐，切实降低实体经济领域税负，尤其是加大对中小实体企业的减税力度。积极探索农村产权制度改革，特别是农用地和宅基地的产权制度改革，建立更加合理的征收补偿制度，让利于民。

四是逐步优化国有经济的布局和结构。将政府投资和国有经济放在关系国民经济命脉的重要行业，放在关系国家安全、市场不能有效配置资源的经济和社会领域，逐步退出一般竞争性行业，为民间实体经济营造更加广阔的市场发展空间。彻底根除各种有形无形的壁垒，放宽市场准入，打破国企垄断，鼓励和支持民间资本进入电信、铁路、能源、金融等领域，让实体经济在这些领域发挥最有效的作用。

五是加速科技自主创新体系构建。发展实体经济，最终要依靠科技创新，当务之急是加快自主创新体系的建设，强化企业自主创新主体地位。深化科技体制改革，鼓励科技成果转化运用，积极推动科技成果入股。加快推进科技与金融结合，不断拓展科技型企业融资渠道。支持新型的专业化研发组织健康发展，引导各种创新主体建立产业技术创新战略联盟，鼓励和支持围绕战略性新兴产业发展、传统产业转型升级建立联盟，形成风险共担、利益共享的机制。加强技术创新体系中企业的主体地位，鼓励企业建立各类研究开发机构，加大对行业影响大、研发实力强的企业研发机构的扶持力度。

（项目负责人：西华大学工商管理学院副教授　何源）

加强农业科技与生产融合 创新成都农业科技服务推广模式[①]

农业科技在促进农业生产发展中起了非常重要的作用。成都市历来重视农业科技与生产的融合发展，在农业科技服务推广模式上进行了许多有益的探索。在推广应用新型农业科技和开展农业科技服务的过程中，也出现了一些亟待解决的问题。本研究针对这些问题，提出了一些对策建议供参考。

一、成都农业科技服务在农业生产中取得的主要成效

（一）建立完善农业科技服务体系

为提高管理效率，稳定人员队伍，成都市按照全省统一部署开展“三权归县”试点，全市农业标准化片区站均实行人、财、物三权归市（县）级农发局管理。

（二）建立多层次农业科技服务部门

基层农技人员除履行原农技、农机、畜牧兽医站具有的新品种新技术推广、疫病防控、农业培训等职能外，还增设了农产品质量安全和投入品监测、农业资源环境监测、农业职业经理人培养、农业信息服务、农村金融服务等公益性职能。

（三）建立完善各类农业信息化服务平台

成都市目前已建成农业（专家）110 服务热线、“12316”三农热线综合信息平台、新农通手机短信服务系统、中国西部农业在线网站等信息化服务平台，完善了全市农业专家信息库，有效改善了信息进村入户“最后一公里”难题。

（四）大力开展农业科技培训

为提高全市农业从业者的整体素质，树立科技兴农、富农、强农的观念，成都市开展了多期农业科技培训工作，其中包括基层农技人员知识更新培训、农业职业经理人培训、乡镇信息员培训等，取得了良好的培训效果。

二、成都农业科技服务在农业生产中推广存在的问题

（一）农业科技服务模式落后，科技成果应用推广难

市级农业科技部门、科研院所在基层没有分支机构，与各农业片区站联系不紧

---

① 项目编号：2014P28。

密，科技成果进入生产第一线时出现断层脱节，农业科技成果转化率低，实际推广应用效果不佳。农、林、牧、渔等主管部门和科技服务部门互相独立，多头管理，缺乏协调配合，资源整合困难。

（二）农业科技服务推广主体少，缺乏利益联动机制

当前农业科技服务的模式主要有政府农技机构主导、专业协会主导、农业龙头企业主导、农业科技园区主导、科技项目主导等多种。其中，专业协会、龙头企业等农业生产经营主体的科研推广力度不大，研发能力薄弱。政府各农技推广部门和科研部门虽然研发能力强，但与农业生产利益联系不紧密，缺乏农业科技服务激励机制，人员开展科技服务积极性不高，难以整合政府与社会力量。

（三）农业科技信息化建设落后，难以形成合力为农业生产服务

农业生产经营范围广，涉及农、林、牧、渔等多方面，管理和服务部门众多，但信息化建设各自为政，没有形成合力。农业科技信息化服务手段少，方式落后，缺少农业信息综合服务平台，农业生产主体获取农业信息与服务的成本高。

（四）培训形式与内容单一，不适应市场化需求

在培训形式上，当前农业科技服务主要采取办培训班、下乡宣传等集中学习方式，学员普及面不够，先进手段运用不足，难以解决“最后一公里”难题。在培训内容上，主要集中在育苗育种、种养殖技术、病虫害防治等产前、产中传统的生产管理环节，而对农业生产的保鲜、精深加工、品牌建设、市场销售等其他农业生产知识培训不够。

三、成都农业科技服务推广建议

（一）加强农技服务推广体系建设，确保科技切实为生产服务

为进一步提高管理效率，需创新管理模式，可在“三权归县”的管理基础上，试点由县级农业部门直接管理基层农技站。加强基层农技推广部门、片区综合站与成都市农林科学院的联系。试点由县级农业部门和市农林科学院共同为基层农技服务推广机构制定目标任务并进行服务绩效考核。在业务上，市农科院要为农业生产和基层农技服务推广部门提供技术支持，包括在生产第一线开展新产品、新技术试点示范工作，加大科技成果转化力度，确保科研成果走出实验室；按照自身学科优势与各大农业生产经营主体“结对子”，实行农业优势产业对口帮扶制；为基层农技人员和农业生产第一线提供技术支持；定期培训基层农技人员、种养大户、专合组织、家庭农场、职业经理人等农技推广人员和农业经营主体；组织培训并考核农业职业经理人，且为通过考核者发放合格证书。

（二）推动农业科技服务市场化，形成科技与生产的利益联动机制

通过减免所得税的方式，鼓励专业协会、农业龙头企业、农业科技园区等加大农业科技开发力度和开展有偿服务。在科技成果奖项评比中，优先考虑服务推广效果较好的。创新各级农技推广人员的工作机制，在保证完成基本服务工作的情况

下，鼓励农技人员开展有偿服务；大力推动农业服务外包，鼓励有实力的农业企业、专合组织、种养大户、家庭农场等通过市场化手段转让农业科技服务余力，降低农业生产服务成本；大力推广农业职业经理人制度，利用现代科技提升农业生产管理水平，增加农业生产经营效益。

（三）建立农业信息综合服务平台，架设科技与生产的桥梁

为打破传统农业信息化建设中农、林、牧、渔各自为政、数据资源共享不足、信息平台大量重复建设和无效建设的现状，建议加快制定成都农业信息化顶层设计，统筹规划，建立成都市农业信息综合服务平台。成都市农业信息综合服务平台能够提供农业信息、新产品新技术示范效果、供求信息发布、电子商务、专家咨询、劳务用工信息发布等各类农业科技服务。用户在此平台上可一站式获取所有需要的信息与服务，降低农业信息化平台的建设和使用成本，为农业科技向生产转化创造条件。

（四）拓展服务范围，推动农业科技服务向生产领域纵深发展

突破传统农业科技服务集中在农业生产的产前和产中阶段的局限，延伸至农业产业链后端。加大农产品保鲜、精深加工、品牌建设、市场销售、农业电子商务、农产品溯源等科技服务力度，帮助农业经营主体特别是中小型农户打造优质农产品品牌，快速销售农产品，提升农产品生产加工档次，增加农产品销售收入，达到促农增收的目的。

（五）开展多元化培训，针对农业生产丰富培训内容

在传统培训班、科技下乡活动的基础上，增加电教、网络、手机等先进信息传播模式，采用简单、直观的方式供学员学习，并方便学员随时温习。培训内容应该紧跟市场趋势，不但要有育苗育种、种养殖技术指导、病虫害防治等生产管理环节的知识培训，还应当增加农产品保鲜、精深加工、品牌建设、市场销售等产业链后端内容，根据地区社会经济发展情况，还应增加电子商务、农业物联网、云计算、大数据等相关知识的培训，开阔农民眼界，提高农民素质。

（项目负责人：成都市农林科学院经济师　张舟）

新型城镇化背景下成都市梯级城镇化模式调查研究[①]

成都市被批准为城乡统筹实验区已近7年，城镇化水平在中、西部领先。中心城区经济社会发展良好，户籍人口、流动人口增长较快，二、三圈层区、市、县的城镇化建设与发展也有了较大改善，小城镇、农集区等发展初具特色。但是从前期调研来看，成都市城镇化发展仍然存在扩张失序、简单粗放、水平参差不齐、产业化与城镇化失衡等问题。2013年末成都市就提出提升城市首位度的要求，但是中心城区承载力有限，随着人口密度不断增大，产业升级压力不断升高，城市吸纳能力放缓，公共产品及服务配套均等化难以实现。这就要求成都全市——特别是二、三圈层重点发展区域大量吸纳外来人口，坚持四化同步发展。成都市已提出未来中心城区的人口将限定在700万人口以内，这实际上将未来城市发展的重点放在了卫星城市和中、小城镇上。

一、成都市“梯级城镇化”的发展现状

成都城乡统筹实践表明，成都市农村人口市民化、农村地区城镇化的发展呈现出典型的“梯级”发展特征，特别是以产村一体化原则推行的就地城镇化（农集区、新型农村社区）建设，地方特色小城镇建设（含灾后重建项目），二、三圈层县、市分区、分类，产业错位和互补发展等城镇化发展，显示出层次较为丰富、梯度较为合理的城镇化方式。

目前，成都市城镇化率达69.6％，处于城镇化增速平稳、追求质量的第三阶段。与“跨越式城镇化”模式（如城乡统筹试验区重庆的农民直接户籍市民化为主的模式）相比，成都市城乡统筹发展呈现出典型的“梯级城镇化”发展模式，逐级推进、层次分明，不仅有市域内外的较大跨区域人口流动，在市域范围内“农村－中心区”户籍或常住人口市民化，“农村－县域中心”“农村－小城镇”以及通过新农村社区土地流转、集中安置的就地城镇化，形成了层级丰富的梯级城镇化模式。

二、成都市“梯级城镇化”存在的问题

成都市的“梯级城镇化”还存在一些亟待解决的问题，其中既有先天资源上的不足，也存在后天政府及社会管理的缺陷（见图1）。

---

① 项目编号：2014R42。

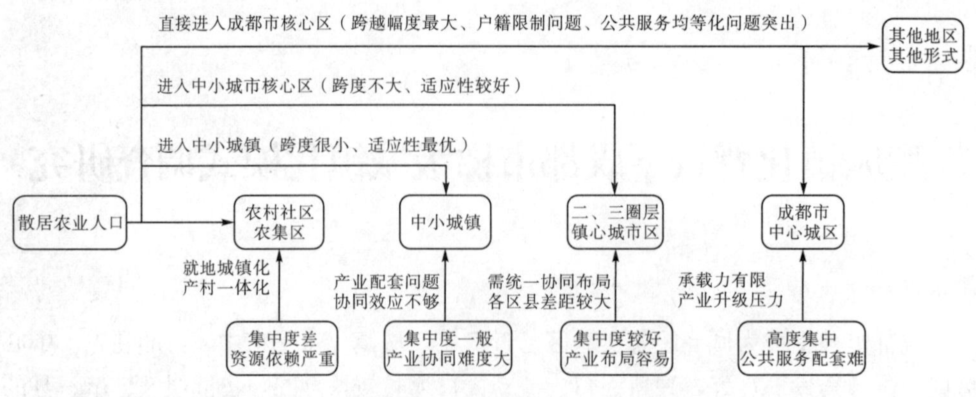

图 1 成都市“梯级城镇化”存在的问题

（一）城镇化水平差异大

成都市城镇化率数据虽高，但不同区域间城镇化水平差距较大。基层（特别是二、三圈层农村）公共服务水平、基础设施配套的历史欠账较多，农村居民与中心城区户籍居民相比，公共资源占有率很低，给后续城镇化增加了难度。户籍城镇化落后于职业城镇化，也滞后于工业化进程，农村人口向市民转移受到政策、资源的极大限制。目前，成都市在土地流转等基本政策上形成直接突破，以局部试点的形式推进缓慢，土地流转处于契约化等形式的不确定性将可能诱发社会风险。

（二）财政投入巨大

随着成都市城镇化的进一步深入，条件较好的县域中心、重点镇、特色镇以及农村社区已完成改造，后续待改造项目条件差，土地集约效率递减，加上农民文化观念和意识的欠缺，给未来城镇化带来挑战。按照成都市到 2020 年要实现的目标，即城镇化率 81%和人口总量 2 000 万人，以西部地区农业转移人口市民化的人均公共成本 10.6 万元静态计算，成都市公共财政投入将超过 2 000 亿元（尚未包含购房成本人均、年平均生活成本等），这对于城市资源和公共财政都是巨大的挑战。

（三）交通是把双刃剑

成都地处西部内地，地理区位影响经济发展，也因相对封闭而在西南地区形成区域中心的优势。若加快发展快速交通，一方面可吸引中小城市以及周边省区成为成都人口增长的加速器，实现产业转移和资源聚集的虹吸效应；另一方面，未来几年东、北、南几条高铁建成将使高素质人才和资源向京、沪、穗等一线城市流动，形成“过道效应”，对成都的区域核心地位产生威胁。

（四）中心城区矛盾突出

目前，市中心城区人口已达 550 万人，人口密度超过 1.4 万人/平方千米，呈现单中心聚集发展态势，产业规划、用地规划与人口增长存在矛盾，资源承载力和人口容纳力已达极限，环境恶化，交通拥堵，“城市病”严重，投资边际效应开始出现，投入/产出效率降低。近年来，重点发展的新龙头产业上下游存在缺陷（如信息、物流等短板），这在一定程度上制约了产业快速扩张。城市基本公共服务分布不均，医疗、教育等基础设施（硬件）和软件（人才、服务等）过于集中于老城区。

（五）卫星城和三圈层发展受限

卫星城因人口规模小、用地规模大、产业聚集功能不强，无法迅速承担中心城区的人口、产业和功能转移。三圈层县城因交通、产业基础等的限制，发展难度更大，难以吸引高端产业和人才落户，社会资本吸引力低，户籍城镇化进程缓慢，传统人口大县工业产业缺乏高端人才，甚至普工也开始出现影响（如崇州捷普）。三圈层发展未完全融入全市总体发展，一体化的城市延伸功能区尚未形成。

（六）重点镇、特色镇差距明显

重点镇产业发展基础较好，但从人口规模、企业规模、产业和劳动力就业情况、投资密度等多个经济指标衡量，与中心城区还存在较大差距，不仅无法充分吸纳农村转移人口，也无法实现城市经济所必需的生产、消费、贸易和交通运输的规模效应。特色镇产业创新乏力，同质化现象严重。

（七）新农村社区隐患较多

前期资源条件较好、区位优势明显的一些农村社区已进入运营成熟期，但物业费收取难、缺乏设施后期维护费用、外来流动人口管理难等问题比较突出。特别是灾后重建中的一些资源较差的合村并村社区，社会风险隐患突出。因中青年劳力多外出务工，社区空心化严重，因产业化、建设拆迁而导致的“被上楼”“被城镇化”产生的补偿矛盾较突出。

三、成都市“梯级城镇化”发展建议

（一）总体建议

梯级城镇化模式以非中心城区的产业聚集形成人口聚集，推动成都从“摊大饼”向组团发展转变，由单中心向多中心、网络化发展。建议严控中心城区人口规模，规定城市增长边界，建立“中心城区+天府新区、卫星城、县、镇、村”的垂直城镇系统。建立差别化的成都市中心城区户口积分评价体系，形成资格准入制度，通过中心城区户口门槛限制，降低中心城区户口增长速度，而将指标向高素质人才倾斜，提升中心城区发展质量。建立除中心城区外的城乡统一的户口登记制度，全面放开卫星城、小城镇的落户限制条件，鼓励失地或已脱离农业生产的农民入户城镇，推进集中居住，鼓励就地城镇化。探索新的城镇化投融资机制，政府投入为主，社会投入为辅。以土地制度改革、户籍制度改革、财税工具创新、融资模式创新为成都市梯级城镇化注入新的增长动力。积极争取试行城乡统筹实验的新办法，如农村产权制度、宅基地转移制度、超标准宅基地处置办法，并加以推广。

（二）都市核心区

遵循增量规划转为存量规划的思路，控制城市规模总量，划定城市开发边界，降低密度，优化空间布局，推动三规合一。加强区域间协同化，扩大成都的溢出效应，避免出现城市周边贫困带现象。从创新升级提高城市首位度出发，遵循“吸纳-优化-升级-溢出”的步骤，提高土地单位贡献率，取缔低技术、高污染、高耗能的落后产业，将产业转移与环境建设结合。吸引省内优质企业、高校、科研机构在蓉建立研发基地以及交流协作窗口。鼓励更多大型企业设立大区机构、总部基地、市场和研发中心等，以领事馆、大区机构、央企等为纽带，吸引中高端产业进入。调整产业结构与扩大投资相结合，提供载体发展创新产业，加大对如信息产业、手游、3D 打印、可穿戴设备、云安全等新兴潜力产业的扶持和培养，加大培养区域内高新创意产业的推进。

（三）卫星城与县域中心

提高 8 个卫星城和 6 个县域中心的建设标准，吸引人口流入和产业聚集。改善交通条件，优化在建的成蒲、已建成的成灌、成彭支线等轨道交通体系，借鉴上海金山城际铁路模式，通过协调铁路部门，以公交化、通勤化原则优化设置，优化调度，提高运行效率。以快速路、环线高速公路和轨道交通为重点，进一步通过建设“P+R”转换点实现高效衔接、转换和分流，与城市地铁网、快速路网、公交网形成联动，从根本上改变中心城区与二、三圈层的交通联系。

推进卫星城与中心城区市级公共服务一体化，重点解决未来区域内人口快速增长与教育资源、文化设施、产业资源、交通增量之间的巨大矛盾。延伸中心城区市级公共服务设施（学校、医院）优质资源实现溢出效应。如利用优质学校资源，组建名校集团，建立中心城区与郊县“一对一”教育联盟，探索“委托管理”模式，以“教师互换”等项目整体推动教育资源的跨区域流动，打造卫星城和县域中心从小学到高中的优质教育链。

（四）重点镇与特色镇

进一步完善成都市小城镇规划体系，以“四态融合”为基本要求，按照“以大带小、梯次衔接、功能互补、用地集约”的原则，从一般镇、特色镇向重点镇（市级、国家级）逐级突破，不断培育优化升级。加大对全国重点镇的支持、扶持，对成都市级重点镇，需进一步培育升级、补齐短板，将之作为 2015 年全国重点镇升级后备。特色镇建设需加强试点，从现代化、产业化的角度打造如商贸、物流等新型产业特色镇。

（五）新农村社区

新农村社区的建设中，应特别注重前期规划，基础设施配套和物业管理制度应以城市现代化社区为标准，充分融入被改造农民意愿，将乡、镇、村党支部、村民自治社区管委会等管理体系发展完善。已建成的新农村社区，要进一步完善基础设施，推动社区自治体系的完善，通过附近产业来实现农民家庭非零就业。通过政府宣传引导和模范小区示范作用，加快完成物业管理费用由县级和乡镇政府财政全额投入向社会物业管理自组织、自承担的推动。新发展农村社区，要以“近场镇、远干道、不占基本农田，有机融合林盘、水系、山林及农田”的基本思路，按照“小规模、组团式、生态化”的原则打造“人口集中居住、产业集聚发展、功能集成配套”的农村综合体。

（项目负责人：西南民族大学管理学院副教授　顾兴树）

成都市城镇化进程中的水资源承载力研究[①]

我国于1998年明确提出城镇化战略，之后，城镇化问题开始引起社会各界的高度重视，十八大报告进一步提出了新型城镇化的概念，开启了我国城镇化发展以质量为导向的新阶段。2013年的中央农村工作会议提出，到2020年，要解决约1亿人口在中西部地区的城镇化目标。目前，东部地区的城镇化已经基本进入尾声，未来城镇化会向中西部地区推进，西部地区将成为我国新型城镇化的主战场。随着新型城镇化的不断推进，西部地区尤其是为数众多的西部大中小城市对水资源的需求数量和质量会不断提高，因此，研究西部地区城镇化进程中现有水资源禀赋水平下能支撑的社会经济发展的最大程度，即水资源承载力问题，是保障新型城镇化顺利推进的基本前提之一。

一、成都市城镇化进程中的水资源承载力现状及问题分析

成都境内河网稠密，西南部为岷江水系，东北部为沱江水系，全市有大小河流40余条，水域面积700多平方千米。近年来，成都市在全面推进节水型城市建设、提高用水效率、提升水资源承载力等方面做出了诸多努力。2008年，成都市颁布了《成都市节约用水管理条例》(下称《条例》)，《条例》提出了“合理利用、节约和保护水资源，建设节水型城市”的目标，并分别重点针对城镇和农业的节约用水管理进行了规定。2014年10月31日，《成都市实行最严格水资源管理制度考核办法》(下称《办法》)正式出台，《办法》决定以每五年作为一个考核期，对各市区县采取评分考核的办法，且不合格地区将会面临暂停部分建设项目审批的严厉处罚。

(一) 成都市城镇化进程中水资源供给能力分析

2001年至2012年，成都市水资源总量由72.71亿立方米增长至82.01亿立方米，人均水资源占有量则由712.92立方米降低至698.94立方米，说明虽然水资源总量有一定程度的增加，但是由于人口增加的幅度要大于水资源总量的增加幅度，人均水资源占有量仍然表现出下降的总趋势。

---

① 项目编号：2014P10。

（二）成都市城镇化进程中水资源需求水平分析

1. 总量指标分析

2001年至2012年，随着成都市城镇化率的不断提高，成都市的用水总量也呈现出不断上升的趋势，2001年至2012年，成都市的城镇化率由34.79%提高至61.08%，提高了26个百分点。相应的，用水总量也由430 600万立方米上升至644 322万立方米，上升幅度接近50个百分点。总的来看，当城镇化率每提高1个百分点时，用水总量则会增加大约2个百分点。具体来看，2001年至2012年，成都市农业用水、工业用水、生活用水分别由270 822万立方米、105 617万立方米、54 161万立方米增长至301 400万立方米、124 409万立方米、77 289万立方米，增长幅度分别为11.29%、17.79%和42.7%，由此我们不难发现，虽然生活用水在成都市用水总量中所占的份额并不是最高的，但是增长幅度却是最大的。

2. 单项指标分析

2001年至2012年，成都市人均用水量由422.2立方米增加至549立方米，增加了30.03%；万元地区生产总值用水量由288.8立方米下降至79.16立方米，下降了72.59%；万元工业增加值用水量由194.8立方米下降至39.5立方米，下降了79.72%；农业灌溉亩均用水量由497立方米下降至470立方米，下降了5.43%。

（三）成都市城镇化进程中水资源承载力提高面临的问题和矛盾

1. 水资源紧缺现象显著

2001年至2012年，成都市人均水资源占有量最高值为2008年的899.85立方米，最低为2006年的553.38立方米。根据国际公认的缺水标准，当人均水资源占有量在500立方米～1 000立方米区间时，为重度缺水，这意味着2001年至2012成都市一直都处于重度缺水的范围，而对应的人均用水量却在不断上升，由2001年的422.2立方米上升至549立方米。可预见的是，随着成都市城镇化进程的进一步加快，大量新增的城镇人口在摊薄人均水资源占有量的同时，也会进一步提升总用水量，使水资源紧缺现象进一步凸显。

2. 水污染问题突出

2012年，成都市城镇生活污水处理厂处理污水量73 120.62万吨，较2011年增加5 971.44万吨，增长8.89%。目前，成都市境内的岷江、沱江、南河、西河等主要河流均存在着不同程度的污染，除了地表水外，某些区域的地下水也已受到污染，已经严重影响到成都市民的日常生活和生产经营活动。

3. 水资源利用效率尚有提升空间

2012年，成都万元地区生产总值用水量为79.16立方米，比上年下降9.84%，万元工业增加值用水量39.5立方米，下降17.45%，虽然已达到全国平均水平，但是与东部沿海发达省份相比，成都市还存在不小的差距，比如，2012年，天津万元地区生产总值用水量已降至20立方米，万元工业增加值用水量也降至9立方米。可见，成都市的水资源利用效率尚有巨大的提升空间和潜力。

三、提高成都市城镇化进程中水资源承载力的对策建议

水资源作为“生命之源，生产之要，生态之基”，伴随着经济社会的迅猛发展，其对成都市城镇化进程的制约愈发显著，为了提高成都市城镇化进程中的水资源承载力，需要从以下几方面入手。

（一）增强全社会的节水意识

第一，采取多种形式的节水宣传教育，包括在特定区域悬挂和播放节水标语、展板、横幅、LED短片等，全方位地宣传成都市水资源情况和节水带来的好处；第二，政府有关部门向居民免费发放节水宣传材料、指南和小贴士等物品，使居民了解日常节约用水的各种途径，增强居民在节水方面的常识，为节水工作的顺利展开打下基础；第三，在各种评奖评优中，突出对节水先进单位和个人的奖励和宣传，真正在社会上形成爱惜水、节约水和保护水的风气；第四，节水要从青少年抓起，在辖区内的中小学、普通高等院校等开展节水教育实践活动。在以上环节中，尤其要发挥宣传部门及各类媒体的宣传导向作用，使节水意识深入居民的日常生活。

（二）加强节水的管理协调工作

第一，政府相关部门需将节水工作纳入政府的重要议事日程，推动建立由市水务局、发改委、国土资源局等部门组成的领导小组，对全市范围内的水资源管理工作进行考核、评估，利用行政手段为实行最严格水资源管理提供支撑。第二，明确领导小组的评估考核内容，考核内容应紧紧围绕“三条红线”的控制目标，针对用水总量、效率和水功能区限制纳污等方面来设计考核指标。在考核目标的制定中，要注意目标的设定需要立足于成都市的现实状况，一方面，目标不应设定过高，脱离本地区的实际；另一方面，目标也不能设定过低，以防止无法形成足够的激励；另外，考核指标的设计还应注意需要有操作性和实践性。第三，各级政府需要将实行最严格水资源管理制度的情况作为干部工作绩效考核的重要依据。第四，明确考核结果的奖励惩罚措施，从评优评先、项目审批等方面对考核优秀、良好、合格或不合格的单位和个人进行奖励或惩罚，完善节水管理工作的激励约束机制。

（三）大力提高用水效率

第一，农业用水方面，作为水资源需求端的重要组成部分，并且始终占据着成都市用水量40%以上的份额，要提高农业用水效率，需要实现农业技术、基础设施、作物结构三方面用水效率的提高。首先，在技术环节应积极推广高效输配水、生物节水、膜上滴灌等输配水技术；其次，加强农业基础设施建设，通过防渗、喷灌、微灌工程，从用水末端减少水资源的损耗；再次，立足区域实际，大力发展低耗水作物的种植，优化农产品结构来降低农业用水量。第二，提高工业用水的循环利用率。我国近年的节水实践经验表明，工业用水领域的高效循环利用是提高水资

源承载力的重要手段，因此，成都市需要“多管齐下”，充分发挥工业用水的节水潜力。比如，通过加快节水型企业的建设，借助技术创新、节水改造等措施，淘汰高耗水生产技术和设备，提高工业用水的循环利用水平。第三，生活用水方面，主要有赖于公民节水意识的提高。

（四）充分发挥经济杠杆的作用

第一，在工业和商业用水方面，在合理的区间范围内，选取部分高耗水、高污水排放的行业企业进行阶梯水价试点，明确阶梯水量、分档水价、计价周期，抑制工业和商业用水的过度消费，促进企业加快节水设备的更换和改造，总结推广试点中的经验教训，为工业和商业用水的阶梯水价提供参考。第二，在生活用水方面，要提高阶梯水价的科学性和有效性，一方面应充分考虑低收入家庭的承受能力，不应增加低收入家庭的生活负担，保证低收入家庭的生活水平；另一方面，要对阶梯水价涉及的各个方面，诸如实施步骤、阶梯水量区间、价格区间、时间周期等，制定具体的实施方案。

（课题负责人：四川省委党校区域经济教研部讲师　刘航）

成都市地方政府融资平台债务风险控制研究[①]

近年来，随着成都市“天府新区建设”“北改建设”等项目的推进，基础设施建设力度持续加大，地方政府融资平台债务不断攀升，由此引发了债务风险攀升。本课题对地方政府融资平台风险现状及形成原因进行了剖析，建立了地方政府融资平台债务风险评价体系，并以成都市核心融资平台公司为例进行实证检验，提出风险控制的政策建议。

一、地方政府投融资平台债务形成原因

从宏观方面看，地方政府投融资平台债务形成的原因主要体现在制度约束和政策导向两个方面。制度约束是指分税制改革的不彻底，迫使地方政府不得不通过各种非正规渠道直接或间接地借入债务，同时政府行为不规范，地方政府各级领导干部重视政绩工程轻视产业布局，导致地方投融资平台过度借债。政策导向是指国家4万亿元经济刺激政策持续影响，在4万亿的经济刺激方案中中央只负责1.18万亿，其余部分需要地方财政和社会资金配套，在这种情况下，地方政府只能通过投融资平台进行大量融资以配套资金，进一步加剧了投融资平台债务的潜在风险。

从微观方面看，地方政府投融资平台债务形成的原因集中在经营模式上。平台公司将资金投入到公益性建设中，由于项目效益产出慢，导致平台公司还本付息压力逐年增大。为了缓解即将到期的偿债压力，部分投融资平台开始借道信托公司、基金管理子公司等高息通道进行融资，陷入“借新债还旧债”的困局。

二、地方政府投融资平台债务风险评价体系构建

在考虑了宏观和微观两个层面因素的基础上，地方政府投融资平台债务风险评价体系是一个包括地方政府偿债能力和平台公司偿债能力两个部分的综合评价体系。其中，地方政府偿债能力体系选取了地方政府赤字率、本级政府一般预算收入、地方生产总值增长率和第三产业占比四个指标，根据层次分析法最后确定地方政府偿债能力评价公式：

① 项目编号：2014Z45。

地方政府偿债能力得分 ＝赤字率得分×0.465＋本级政府一般预算收入得分×0.177 ＋ 地方生产总值增长率得分×0.195 ＋第三产业占比得分×0.163

平台公司偿债能力分析根据 Z 分数模型进行衡量，计算公式为：

$$Z=0.717X_1+0.847X_2+3.11X_3+0.42X_4+0.998X_5$$

地方政府投融资平台债务风险综合评价：

地方政府投融资平台债务风险评价得分＝地方政府偿债能力评价×50％＋平台公司偿债能力评价×50％

根据地方政府投融资平台债务风险评价得分，将对应设置重警、中警、轻警、无警四个警戒区间，完成对地方政府投融资平台债务风险综合评价。

三、基于成都工业投资集团的地方政府投融资平台债务风险评价体系实证研究

将成都工投集团 2012 年、2013 年主要财务数据代入地方政府投融资平台债务风险评价体系进行验证，我们得出：成都工投集团 2012 年、2013 年债务风险评价得分分别为 61.57 分和 66.42 分。成都工投集团在 2012 年和 2013 年的债务风险评价得分均处于轻警区间，其债务风险处于相对安全的状态。不过根据一些具体指标的分析，可以发现该平台公司存在盈利能力低下、对政府财政依赖性较高等问题，其债务风险仍存在安全隐患，需要注意防范。

四、政策建议

（一）地方政府政策建议

1. 首先是控制地方政府负债总规模和融资成本

为防止地方政府投融资平台过度融资的行为，各级地方政府应该通过有关法规对本级政府的融资总量、各投融资平台的融资成本进行约束。

2. 成立地方政府投融资平台风险监管机构，以强化地方政府对投融资平台的风险管理

建立地方政府投融资平台风险监管机构，专门负责政府辖区内投融资平台的融资行为监管，有利于规范地方政府投融资平台的融资行为，合理控制投融资平台负债规模，防范债务风险；有利于规范投融资平台之间相互担保行为，避免造成大面积金融风险；有利于地方政府在整体风险可控的情况下，为合理布局城市经济和社会发展做出决策。

3. 建立健全投融资平台债务的偿还保障机制

地方政府应当统筹安排本地区综合财力，结合投融资平台实际情况制定完备的还本付息计划，并在日常工作中进行监测检查。最后是建立地方政府对平台公司融资行为的问责制。政府参与经营性资产投资，必须设定盈利目标。对于融资过程出现的坏账，给金融机构造成的损失应该问责，特别是对于为掩盖前期信贷风险而采

取滚动贷款加剧风险的行为更要严格问责。

（二）平台公司政策建议

1. 建立多元化的融资方式，逐步扩大直接融资方式领域

当前地方政府融资平台负债率偏高，直接融资的比例偏低。

2. 推动投融资平台融资行为的市场化

在诸多融资工具中，通过发行债券、资产证券化等方式融资后的资金使用透明性明显好于其他融资方式，地方政府应鼓励并支持投融资平台采用发行债券、资产证券化的融资方式进行融资，推进融资行为市场化。

3. 完善投融资平台债务风险的内控机制

投融资平台作为企业化经营，完善治理结构和风险内控机制相当重要。整合资源，做实平台公司，提升盈利能力。整合城市的广告、文化、旅游等诸多资源，将平台公司的业务做大做实，提升平台公司市场核心竞争力，同时鼓励平台公司开拓营利性业务，解放思想鼓励创新，让企业提供更有市场价值的产品和服务，促使企业不断提升盈利能力，增强“造血功能”，从而降低债务风险。

（课题负责人：四川师范大学商学院讲师　刘娅）

成都地方政府融资风险防范研究[①]

在社会融资体系当中，政府投融资平台的地位与作用取决于市场经济的总体发育程度，在发达的市场经济环境下，社会经济领域的资金需求基本上都可以通过市场调节得到满足，此时政府投融资平台主要作用是弥补社会投资市场失灵部分，也就是公共基础设施建设领域，处于从属地位。而经济相对不够发达的地区，如我国西部，只靠社会投融资是没有办法保证经济的快速发展的，因此，目前很多地方在相当长的时间内，都是政府主导型的经济模式。资本需求渠道单一，政府投融资平台在社会投融资体系中都处于主导地位，对于政府和社会投融资的整体关系，应该是在以市场为基础的前提下，合理发挥政府投融资平台的重要作用，促进政府与企业、民间资本的相互配合，协调分工，规范行为，相互促进，共同发展。

一、成都市政府投融资平台建设现状及存在问题

经过近些年的发展，成都市政府投融资平台体系已经初步形成完善，而政府的投融资公司是成都市政府投融资平台的主要组成部分。2001 年，成都市首先在市一级按产业分类组建政府投资公司，相继成立了城建投资公司、兴南、兴东公司等城市建设类投资公司，兴蓉、兴文、兴教等公用事业类投资公司，成都市工业投资公司、高新西区科技风险投资公司等产业类投资公司，从 2004 年开始，逐渐向区（市）县延伸，五城区由市、区两级财政共同出资组建“五小”公司，在 14 个远郊区（市）县结合优先发展重点镇、工业集中发展区建设成立了相应的政府投资公司。至此，成都市市和区（市）县两级投融资平台架构基本形成，政府的投资公司以现代企业制度方式建立且具有独立法人资格，主要通过财政注资或者投入存量资产等形式成立，以投资公司所有的存量土地、房产等资产作为抵押，以土地经营权、特许经营权的预期收益向政策性银行、商业银行融通信贷资金。同时，还发行企业债券、企业信托、个人委托集合贷款等金融产品筹集资金。

成都市政府投融资平台自建立后，在加快工业集中发展区、农民集中住户建设等方面都发挥了重要作用。本研究通过理论分析和系统介绍，选取成都市最具典型意义的政府投融资平台进行分析，通过了解平台的整体情况、融资渠道、持营能

① 项目编号：2014P03。

力，对其风险水平进行量化评估，从而分析找出了投融资平台风险问题的主要症结所在：城投集团融资额小于投资额，不能满足投资需要，主要是因为融资渠道单一而且过于依赖财政注资，这将会给成都市财政造成非常巨大的压力。而且，城投集团的资金来源高度依赖于负债的现状也不是一家政府投融资平台公司所独有的现象，而是政府投融资机构的共性，由此也可以预见未来3年的时间里政府投融资平台资金来源不会有更大的变动，在现有的融资规模基础上负债规模将持续扩大，如果其负债率过高同时所依赖的财政资金不能供应得当，成都市政府投融资平台的资金链必然断裂，这将给成都市地方财政信贷运转埋下巨大的风险隐患。

融资渠道单一是造成成都市政府融资平台高风险的主要原因，除此之外，其他方面的原因也不容忽视。第一，类似城投集团这样的政府融资平台由于承担项目规模大、周期长、资产负债率高，盈利能力低，而我国在企业直接融资方面对企业利润水平有要求，因此这些平台很难通过发行债券、股票等直接融资手段融通资金。在这样的情况下银行仍然愿意提供巨额资金，主要是因为这类融资平台拥有大量土地储备以及政府财政支持，对于还款有一定保障。第二，国有银行在面对激烈的外界竞争时更愿意选择相信政府从而提供贷款，但是就目前的情况来说，一旦国内下调经济发展速度，土地价值不达预期，收益无法实现时，银行就有可能出于收益考虑撤回授信，回收贷款，届时如城投集团这样的投融资平台将面临资金链断裂的风险。第三，通过土地出让收益以及政府支持作为还款保障可以看出其还款来源是非常单一的，这就增大了其运行风险，不确定性过高为偿债留下隐患。第四，对政府资本的过度依赖导致其市场化参与程度低，会跟不上经济发展以市场为中心的主体目标，容易忽略能够形成新的经济增长点的建设项目，从而导致收益和成本严重不对等。第五，在企业自身经营上也存在着投资管理不当、企业自主决策能力较弱等问题。这些因素都将导致成都市政府的投融资平台风险增加。

二、成都市地方政府投融资平台风险防范建议

考虑到地方政府投融资平台可能面临的风险问题，寻找合理的降低风险、保障投融资平台健康发展的解决路径可以说是当前成都市政府急需解决的问题之一。

在政府方面，首先，要规范财政支出，明确成都市地方政府的财政职能和权力界限，充分配合国家财政政策合理制订计划，同时要划清政府和市场的界限，要按照公共财政的要求加快地方政府职能转换，在这个过程中必须加快地方政府从微观经济领域退出的步伐，建立新型科学的地方政府绩效评价体系是化解地方政府债务风险的重要途径之一。这套指标体系要客观地反映地方政府债务管理的水平、努力程度和管理效果。其次，建立与事权相应的地方政府财政收入体系，主要从完善成都地方政府税收体系和规范转移支付制度两方面重点要求。最后，推动地方政府债务风险防范制度的建设，要完善成都政府融资制度，健全债务借用机制，完善地方政府债务的偿还机制，提高债务资金的使用效率，建立综合性的地方政府债务风险

管理组织，建立充分的信息披露制度等加强成都市政府的投融资平台的风险防范建设。

在投融资平台公司自身方面，最重要的就是要创新融资模式拓宽融资渠道，可以从通过股票市场、债券市场进行融资，发行短期融资债券，设立旧城改造资金，加大对历史遗留债权的清理，优化存量资产等方面来拓宽融资渠道，避免因为融资渠道单一而导致资金链断裂。对于准经营性或非经营性基础设施项目，城投公司也要创造条件进行市场化运作，以便尽可能挖掘这两类基础设施的经济潜力，改善他们的投资效益。借鉴发展较好的政府投融资平台经验，争取实现“三个平衡”，即资产与负债、投入与产出、现金流稳定三方面平衡。防止投资过度膨胀带来的经营与财务风险，同时强化项目规划设计的经济性、可行性分析。继续通过争取政府资金注入、优质城市资源资产注入盘活、扩大直接融资、剥离企业负债等手段，降低城投集团的负债率，避免城投集团的发展由于负债过高，形成只有吃饭的钱、没有干事的钱，再融资难、可持续发展难等困境。要坚持项目区分理论，对非经营项目实行剥离，成立专门的公司负责管理养护，资金由财政性资金拨付，通过招标等市场化手段选择作业主体；对于可经营性项目和经营性项目，通过受益的内敛化提高经营性，以市场化手段选择经营主体，提高经营水平。明确项目的主体责任，实行分类管理，防范经营风险，实现可持续发展。

三、结语

对于政府而言要秉着实事求是，尊重客观经济规律，同时要明确国家经济发展以市场为中心的明确指示，不能只对政府性融资平台下达公益性建设项目，同时要考虑其作为独立法人主体的盈利需求，要充分明确政府相关部门、投融资平台、国资委以及市场在成都市发展建设中的职能权限以及主要作用，要通过协调发展合理分配才能实现功效最大化。

国家整顿地方政府投融资平台的时间不短，但是我们要充分认识到过分夸大政府投融资平台的风险同样是不客观的。在城镇化推进过程中，地方政府投融资平台的发展壮大有其必然性，不能全盘否定。从长远来看，地方政府融资能够健康发展、降低风险，将会是促进成都市经济发展的有效途径。通过拓宽融资渠道、规范融资行为、建立融资管理运行操作标准以及合理的流程制度来指导成都市政府融资平台的运行，才是降低成都市地方政府融资平台风险，促进成都市经济健康发展的核心问题。

（项目负责人：四川大学经济学院教授　马德功）

强化产业支撑　促进现代化卫星城建设①

卫星城是特大城市由单中心向多中心演变的必然选择，其建设的最终目标是建立和完善城市圈的城镇体系。成都市作为西部特大中心城市，肩负着四川省“首位城市”的发展责任，在奋力打造西部核心增长极、加快建设现代化国际化大都市的过程中，从单中心向双中心发展，必然需要现代化的卫星城来支撑。

一、产业功能是建设现代化卫星城最重要的功能

现代化卫星城的主要功能，不仅仅是疏散中心城市过度集中的人口及工业，缓解交通、住房压力以及污染等问题，而是要承接中心城市的产业转移或引入相关产业与中心城市的产业形成区域产业链等，形成各有特色的产业功能，从而提升或扩大中心城市的经济辐射能力，从根本上解决中心城市因资源过度集中而产生的不经济问题。

（一）卫星城承接中心城市的产业转移

所谓产业转移，是指由于资源供给或产品需求条件发生变化后，某些产业从某一地区转移到另一地区的一种经济过程。卫星城在分散中心城市工业、承接产业转移中具有独特的优势。由于卫星城毗邻中心城市，其在生产能力和规模、市场规模和成熟程度、劳动力价格和素质、原材料供应、基础设施、政府政策等方面往往会优于其他城镇，从而成为中心城市产业转移的首选。而且，这种转移的产业相对发展较为成熟，已经发展到了一定规模，容易形成产业集聚效应，从而为卫星城的基础设施建设、商贸及其他服务机构的发展提供了可能。

（二）人口转移需要产业支撑

疏散中心城市过于集中的人口是建设和发展卫星城的重要原因之一。那么，吸纳一定数量的劳动力就业就成为建设和发展卫星城的重要目标。因此，卫星城必然需要产业支撑，才能提供一定数量的就业岗位以吸纳足够的劳动力就业。但是，仅仅有区域性的主导产业支撑是不够的。要让卫星城具有人口集聚的作用，需要其功能趋于完善，不仅要有足够的就业岗位，而且还能为居住在此的居民提供更加全面和完善的城市服务。只有与中心城市在基础设施条件、生活工作条件方面相差不

① 项目编号：2014R60。

大，才能吸引中心城市人口进入，并截住试图进入中心城市的人口。因此，在发展基础产业的同时，还要注重配套产业的发展，也就是要“产城一体”发展，形成人口集聚和产业集聚的能力。

（三）卫星城的服务功能需要产业支撑

在信息化的时代，制造业的进一步发展在很大程度上要依赖于其对资金、技术、物资、信息流的控制和支配程度。因此，卫星城在发展制造业的同时，也要大力发展现代服务业，健全市场功能，为其基础产业的进一步发展提供动力和支撑。当然，这要与中心城市错位发展，发展区域性和面向本地化企业的金融、物流、中介中心和基地等，从而进一步提升卫星城的服务功能。

二、成都市现代化卫星城发展的基础

新一轮的成都市域城镇体系规划明确指出成都市域内将构建“1个特大中心城市+7个卫星城+6个区域中心城+10个小城市”的城镇骨架，并着力打造169个特色镇和约2 800个农村新型社区。这7个卫星城包括龙泉驿、温江、新（都）青（白江）、郫县、双流、新津、都江堰。这些区（市）县之所以被规划为现代化的卫星城，必然有其发展基础及特点，主要体现在以下几方面。

（一）离中心城区距离较近

从地理位置来看，距离成都市中心城区距离最远的是新津县，为45千米左右，其余卫星城距中心城区均在40千米的范围内。同时，由于现在高速公路、快速通道等道路建设，从成都市中心城区到达这些卫星城的通勤时间与过去相比大大地缩短，均在40分钟以内。

（二）已经初步形成了自己的优势及主导产业

近年来，各卫星城根据自身的资源优势及发展沿革，初步形成了各具特色的主导产业，如龙泉驿区的主导产业是汽车制造业，双流县是电子信息、新能源、生物及高端装备业，温江区是健康食品、生物医药及电子信息业，郫县是电子信息及高端机械装备业，青白江区是冶金、建材、化工、机械制造及物流业，新都区是机械制造、电子信息、医药、食品及家具制造业，等等。

（三）产业发展主要以制造业为主

从近年来这些卫星城三次产业发展的比例来看，除了都江堰市以外，其余卫星城的第二产业比例基本上都高于50%，特别是龙泉驿区和青白江区，其第二产业比例均高于70%。可见，通过近年来中心城市及外省的产业转移，大量的第二产业进驻这些卫星城中的各类工业园区，成为卫星城发展的重要产业支撑。而且，第二产业对各地区的经济增长贡献日益突出，例如，2012年龙泉驿区第二产业对经济增长的贡献率为84.3%，第三产业仅为15.0%。

（四）已聚集一定规模的人口

由于各类制造业集聚在这些卫星城内，需要大量的人力资源与这些生产资料相匹配，因此，这些卫星城的常住人口及就业人口数量已经达到一定规模。例如，2012 年年末龙泉驿区的常住人口为 78.41 万人，从业人员则达到 40.08 万人。当然，也有一些卫星城的人口规模相对较小，如新津县在 2012 年总人口为 30.8 万人，从业人员仅为 20.34 万人，与成都市规划的现代化卫星城人口规模达到 50 万人以上还有一定的距离。

（五）第三产业占比相对较低

从各卫星城近年来的发展数据来看，除了都江堰市和温江区的第三产业对经济贡献率及占地方生产总值的比重较高外，其余各卫星城的第三产业对经济贡献率及占地方生产总值的比重都较低。特别是龙泉驿区的第三产业，虽然其增加值从 2011 年的 101.53 亿元上涨到 2012 年的 120.8 亿元，但其占地方生产总值的比重从 2011 年的 22%下降到了 2012 年的 19.1%。第三产业主要包括生产性服务业和生活性服务业。龙泉第三产业发展得相对缓慢，这在一定程度上会影响制造业的聚集与发展以及在此就业居住的人们的生活，从而导致该地区的吸引力下降，无法起到转移产业及聚集人口的作用。

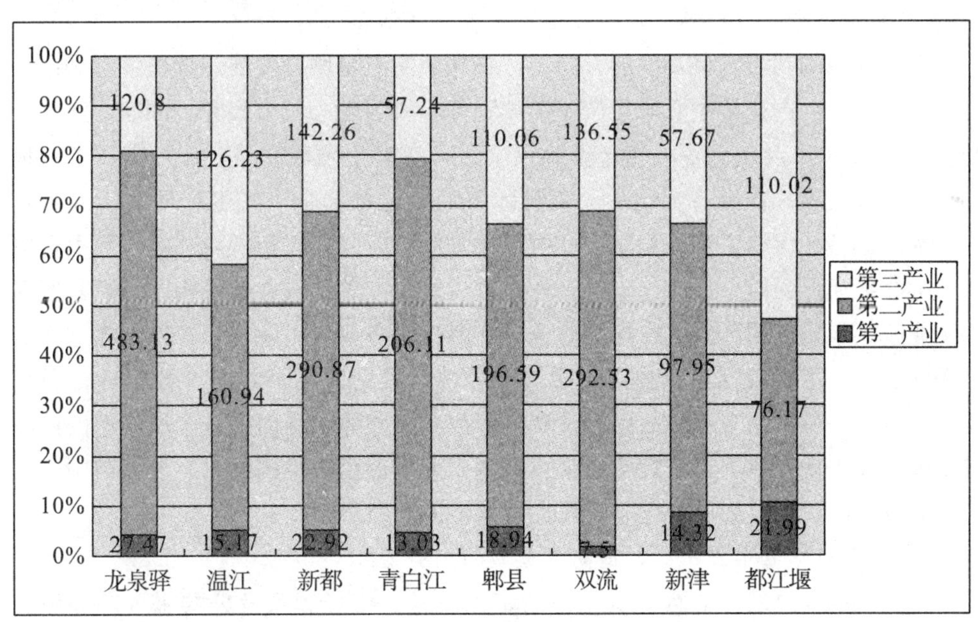

图 1　2012 年各卫星城三次产业值及比例

三、现代化卫星城建设：强化产业支撑

（一）科学定位卫星城发展方向，明确卫星城的功能

从客观层面上把握卫星城发展的方向，找准定位是经济一体化背景下提升城市经济发展综合实力的关键环节。从 2013 年年底提出构建 7 个现代化卫星城开始，温江区就开始按照“宜业宜居宜游”和“国际化”的标准，结合自身的特色和未来发展的比较优势，深入研究卫星城建设的总体规划，对现有规划进一步优化提升，

固化形成卫星城建设规划体系。而郫县则是率先提出了建设成都西门口卫星城的目标，明确要建设成成都“后花园”、成都西部商业商务新中心、成都重要的创新型企业孵化基地、教育培训基地、建筑业和房地产业总部基地。因此，各卫星城应根据自身的资源优势及发展特点，明确其发展方向，进行功能定位，如双流应强化空港物流、新型工业及居住功能，重点发展生物医药业、电子信息业、新能源产业等；青白江应强化工业发展功能，重点发展化工、冶金、建材等产业。

（二）强化卫星城已有的产业优势，形成相对独立的产业

卫星城建设的目的是要分担中心城市的功能并带动本区域经济社会发展。那么，卫星城的发展过程，其实是一个通过集聚经济的外部性吸引企业及人口在该地域的集聚，以达到规模经济而降低成本和提高回报率的过程。如果卫星城的产业发展与中心城市同质或差异不大，那么其吸引力会大大减弱。目前，各卫星城已经初步形成了自己的优势产业，这就需要进一步加快产业的集中度，巩固优势产业，形成特色经济，如龙泉就应进一步强化汽车产业发展，吸引更多的汽车产业的上下游企业进驻，在延伸产业链提升经济效益的同时，也扩大其综合影响力。

（三）加强分工与合作，与中心城市发展紧密结合

在卫星城的功能定位及发展方向上，必须注重卫星城的发展，分担中心城市功能，即卫星城的产业是中心城市产业链的延伸，要为中心城市服务。例如，武侯区与新津县自 2012 年签订了战略合作协议书后，在多个领域开展合作，实现了两地的互利共赢发展。在经济合作中，武侯区鼓励本地总部企业将生产环节转移到新津，推动银行、保险、咨询策划、商贸零售等服务业向新津拓展，并在招商引资中积极推介新津。同时，新津也支持企业在武侯区设立总部或办事机构，依托县城区和工业园区承接武侯区的生产性服务业、生活性服务业及工业项目转移。在这样的广泛联系中，卫星城既相对独立，又与中心城市紧密联系，才能充分发挥各自优势，实现中心城市与卫星城的融合发展，形成有机整体，从而提升全域成都的经济发展水平。因此，各卫星城理应在注重自身产业发展独立性的同时，加强与中心城市产业发展的联系，形成分工与合作良性互动的新格局。

（四）积极培育第三产业，提高卫星城的吸引力

现代化的卫星城，必然拥有完善的基础设施、市场体系及公共服务等。而目前，各卫星城在基础设施建设与城市服务功能上还相对较弱。因此，各个卫星城还需进一步加大基础设施和公共服务设施建设力度，积极培育第三产业，为企业和人们的生产生活需要提供高质量的服务。只有这样，才能让企业和人们在该区域的生产生活需要得到足够的满足，才能聚集更多的人口及产业，形成聚集和辐射效应。

（五）注重产业差异化发展，避免过度竞争

从这 7 个卫星城的优势及主导产业来看，产业发展方向是有重合的。例如，郫县、温江、双流都注重发展电子信息业，新津、郫县、龙泉驿都注重发展机械制造业，等等。因此，需要各卫星城注重产业差异化发展，各有主次，避免资源浪费，

如双流可发展以物联网产业链为重点的新兴电子信息产业，郫县则可向微电子、云游戏等方向发展。当然，在各卫星城制定相关产业发展规划时，上级主管部门应统筹协调好各卫星城的产业发展方向及重点。

（项目负责人：成都市社科院经济研究所副研究员　余梦秋）

影响成都总部经济发展的公共服务因素研究[①]

一、引言

总部经济就是城市依靠自身优势，吸引企业总部在这里集群，形成明显的总部集群效应，实现城市产业结构升级与经济转型。一个城市能否吸引企业总部在这里集聚，则取决于这个城市是否拥有比较完善的基础设施、便捷的交通通信、丰富的人力资源、现代化的专业服务体系以及宽松包容的人文环境等软硬件条件。这些条件的改善都离不开政府公共服务的大力支持，同时，总部经济发展的要求也会对地方公共服务产生一定的影响。成都作为四川省省会城市，是国务院确立的西南地区的“三中心、两枢纽”。成都市总部经济发展能力多年来均保持在全国前十范围内，并在西部城市中居于首位。截至 2013 年 12 月，共有 252 家世界 500 强企业在成都设立了子公司、分公司、研发中心和办事处等形式的分支机构。但成都市的总部经济发展面临的竞争环境也十分激烈，不仅有重庆、西安等西部城市作为竞争对手，也面临来自东部发达地区中心城市和中部省会城市的压力。要大力发展总部经济，就需要政府提供适合总部经济发展的公共服务。

二、指标体系构建与数据分析

本文通过构建层次分析模型对影响成都总部经济发展的公共服务因素进行排序。层次分析法是一种定性与定量相结合的分析方法，可以克服总部经济相关统计数据缺乏的不足，在影响因素众多而缺少定量数据的情况下确定各影响因素权重。

根据实证分析结果，在影响成都市总部经济发展的公共服务中，政府政策（G）的权值为 0.42，其影响程度远远高于其他因素，说明成都市促进总部经济发展的各项政策对于总部企业具有极大的刺激作用，总部经济的发展在很大程度上依赖于政府这只看得见的手。在政府政策中，财政补贴政策和土地政策的排序分别居于第 1 和第 3，而税收政策排名第 11，比较靠后。这是因为税收政策主要是通过间接方式增加企业收入和利润，其效果容易被其他因素所掩盖，而补贴和土地优惠可以直接降低企业经营成本，使企业更容易实现盈亏平衡，因此更为企业所重视。此

① 项目编号：ZSR13－08。

外，政府扩大城市影响力政策排位第 2，说明成都市的城市影响力对总部经济发展具有重要意义。

交通便捷性（A）因素的影响程度在所有要素中排列第 2 位，在对外交通中，“铁路运输情况”和“高速公路运输情况”两个要素排位靠前，分别为第 4 位和第 8 位，比“航空运输情况”排位分别高 11 位和 7 位。这是因为目前成都所积聚总部多为生产性总部和营销总部，对运输方式的价格和运力有较大需求，航空运输方式相对来说价格较高且运输量较小，企业更倾向于选择公路运输和铁路运输。此外，现有总部多为省内或周边省市优质企业，即使是全国和国际性企业总部也多是看重成都对西部地区的影响力，其总部职能定位的主要辐射区域也在西部，故对外交通的运程多为中短途，高速公路和铁路两种运输方式足以满足其需求，且更具有灵活性和便捷性。在市内交通上，公共交通的重要程度高于反映市内道路现状的指标，说明成都公共交通建设还有待加强。

信息通信因素排位第 3，其中“企业交流情况”这一指标重要程度排在第 5 位，说明总部企业较为看重由企业集群带来的相互交流与合作机会，且三个指标中，另一个信息类指标“政府与市场信息”（排位第 7）的重要程度也高于“信息通信设施情况”排名，这主要是因为成都市企业总部类型多为生产总部和营销总部，主要职能在于搜集市场需求信息，明确政府的产业导向，因此对信息的需求远远高于对通信条件的需求。但由于历史和地理条件的限制，与北京、上海、广州、深圳等一线城市相比，成都市并不具有信息优势，因此在发展总部经济的过程中，不应直接照搬北京、上海、广州、深圳的发展模式，而应立足西部，走差异化的发展路线。

宜居生活环境因素在所有影响成都总部经济发展的因素中排列第 4 位，其影响程度甚至超过了科研、教育与人力资源等因素。统计显示，超过 50%的总部企业选择在成都落户的重要原因就是其良好的生活环境。成都市优良的城市环境质量是这一西部城市相对于许多东中部发达城市如北京、上海的一个重要竞争优势，因此可以积极利用和扩大这一优势，使总部经济发展更上层楼。

科研水平要素和教育人力资源要素并列第 5 位，一方面是由于成都市是四川省乃至整个西南地区的中心，有较好的科研教育和人力资源基础，但另一方面，这两个因素不能形成竞争优势，是因为成都市主要是工业总部和营销总部集聚区，主要从事生产服务和市场活动，很少涉及技术研发。在科研能力因素中，本行业的专业研究机构对总部经济发展的影响程度较高，排第 14 位，说明企业更加注重科研技术的专业性和实用性。实用性科研技术可利用专利授权量来衡量，根据国家知识产权局发布的专利授权排名，成都市在中西部地区仅次于西安，排列第 2 位，体现了成都在中西部地区的科研能力优势，在未来发展中，成都市可结合成都丰富的高校资源和人才资源，充分利用并扩大这一优势，大量吸引研发总部，打造西部研发技术中心。

在教育与人力资源因素中，职业技能培训和员工的本地招聘更受企业重视，分别排在第16位和第17位，这种现象的出现是企业出于价值最大化的考虑：职业技能培训可以为企业提供更多高素质人才，员工本土招聘有利于企业实现本地化和降低用人成本。成都市高校林立，且是西南地区人才集聚中心，具有较丰富的人力资源储备，应充分应用，将其转变为总部经济发展竞争优势。

在基准层的7个因素中，医疗资源排名最后，影响程度较低。这是因为医疗条件不会直接影响总部经济发展。但随着更多大型企业的进入，会有更多的企业高层管理人员及其家属随之改变长期居住地点，此时良好的医疗条件带来的保障可以打消他们的顾虑，因此医疗条件要素会对总部区位选择造成影响，且重要程度会日益加深。在医疗因素中，基础医疗和高水平医疗的重要程度相当，因此地方政府在供给医疗公共产品时，应合理规划医疗资源，要“两手抓，两手都要硬”。

三、结论及政策建议

层次分析模型表明，政府提供优越的总部经济政策是影响成都市总部经济发展最重要的因素，宜居的生活环境也是成都市重要的竞争优势。此外，交通和信息条件影响程度较大，但由于自然和历史条件的限制，成都无法与东部一线城市竞争，只能保持在西部地区的优势地位。而成都科教能力、人力资源水平、医疗卫生条件的影响程度不如上述几个方面，特别是科研要素和人力资源要素两个方面，不能完全体现出成都市的竞争优势。

因此，成都市在发展总部经济的过程中，第一，应重视科研要素和人才要素的重要作用，充分利用高校的培养平台，或鼓励总部企业与高校或其他人才服务机构合力构建联合培养平台，培养符合企业需求的人才，积极构建官方人才交流中心引进高素质人才，构建一个完善的人才培养-引进机制。在未来发展中，可结合成都丰富的高校资源和人才资源，充分利用并扩大这一优势，大量吸引研发总部，将成都打造成西部研发技术中心。

第二，要完善政策体系，可通过制定优惠的财政补贴政策和土地政策，吸引总部企业落户成都，对在成都市新设立总部的企业，一次性给予一定数量的直接奖励；对需要自建楼宇的新设立总部，可减免部分土地出让金或允许其分期支付；对租用基地办公用房的新设立总部，可实行租金减免或补贴。此外，还应安排专项资金鼓励企业积极发展扩大：一方面，可通过税收优惠，对实现税收增长企业进行税收返还，另一方面，可通过财政奖励政策，鼓励企业增资增产，对增资企业可在当年或次年给予一次性财政补贴等。

第三，要积极营造宜居城市生态环境和人文环境。要加强城市生态功能区建设，加大环境保护力度，制定严格的环境保护制度，如制定生态环境标准、明确环境保护领导责任制和重大环境事件责任追究制，提高环保准入门槛，严格限制高耗能、高污染、低资源利用率行业的扩张。此外，要保持和发扬成都本土文化从容与休闲的特质，同时积极接受外来新鲜人文要素，提升城市融合性与包容度，构建一个开放、多元的人文环境。

第四，要加快基础设施建设，进一步优化以成都市为核心的铁路枢纽布局，加快成蒲铁路、成兰铁路、成灌快铁彭州支线、成绵乐城际铁路等线路建设，推进成都市与周边省市的高速铁路建设，同时，加快高速路网的建设与衔接，建立城市道路交通与高速快速交通路网的无缝对接。此外，还要积极推进地下交通线路的建设，合理规划公共交通换乘枢纽，使总部经济基地享受到城市公共交通网络的便捷。在通信设施建设方面，要加速“光网城市”建设，迅速实现全域光网的通达和中心城区的 Wi-Fi 无缝覆盖，进一步提升通信速度和通信质量。

第五，要不断优化医疗、教育等基本公共配套资源，通过完善社会保障体系，打消总部企业员工的后顾之忧，提升总部企业对成都市的信心，吸引总部来蓉发展。

（课题负责人：四川大学经济学院副教授　邓菊秋）

成都市制造业和物流业联动发展及对策研究：基于灰色关联模型[①]

改革开放30年以来，成都市制造业与物流业取得了巨大成就，两者发展水平在西南地区处于领先地位。但是，近年来，两业在发展过程中都遇到了“瓶颈”。

对制造业而言，虽然其抓住了国际产业转移和分工调整的机遇，实现了跨越式发展，为提高地区综合经济实力发挥了重要作用，但与长江三角洲、珠江三角洲等发达地区相比，成都制造业仍处于产业价值链的低端，产品附加值和技术含量较低，产业可持续发展能力不强。如何进一步推动制造业产业升级，提升核心竞争力，是成都市制造业发展面临的问题。对物流业，目前成都市多数物流企业仅能提供运输、仓储等一个或几个环节的物流服务，尚不具备提出制造业供应链解决方案、实行一体化物流管理的能力，物流业服务能力还难以满足社会化大生产的客观要求。如何扩大社会物流需求，提高物流业综合服务水平，成为成都市物流业发展面临的问题。

要解决两业发展过程中遇到的上述问题，“联动发展”是必然的选择。

成都市需要紧紧抓住西部大开发和全国统筹城乡综合配套改革实验区、成渝经济区、天府新区建设等重大机遇，以建立健全物流服务和口岸服务体系为基础，以提高物流资源和要素集聚集约为路径，以物流通道和集中发展区建设为重点，以信息技术和高新技术应用为动力，不断提升制造业和物流业的基础性和先导性产业地位，改善相关环境，努力把成都建设成西部区域制造和物流中心。

一、物流业发展策略研究

（一）加大对现代物流业知识的普及力度

加大对现代物流业知识的普及力度需要政府、学校、企业等各方面的共同努力，可以通过政府与学校合作，企业积极参与的形式来开展，如大力举办讲座、进行物流培训、组建相关的协会进行经验的交流与研讨，等等。而在这其中，政府扮演着非常重要的角色，它首先要理解现代物流的含义以及发展现代物流对促进成都市经济发展的重大和深远意义，然后才能在整个普及过程中起到倡导与引领的

① 项目编号：ZSR13-05。

作用。

（二）合理规划，加强基础设施建设

在具体规划建设物流基础设施方面，应根据成都市物流市场发展的实际需求，统筹规划，合理规划全市大型物流园区建设项目；应优先整合现有存量资源，减少土地占用，防止重复建设和盲目发展。合理构建现代物流体系，能有效整合现有运输、仓储及配送资源，科学、合理地开展多式联运，实现运输中途整合、交接运输的无缝衔接和信息的实时处理与反馈，具备门到门快速送递、户到户准时送货以及逆向物流与退货处理的能力，在此基础上大力开展市域配送、区域配送、国际物流业务。

（三）不同类型的物流企业采取不同的服务策略

首先，对于无论从技术还是规模上都发展到一个比较成熟阶段的大型物流企业来说，可以选择与多个制造企业进行合作的策略，以达到运作的成本与规模优势。其次，具有一定资源优势但规模不大的物流企业可以选择一对一的协作战略。再次，一些从传统的仓储、运输及货运代理企业转变而来的第三方物流企业可以选择单项服务多个的协作战略。这些企业物流服务项目比较单一，整体物流系统能力缺乏，所以比较适合以它们的单项服务能力建立竞争优势，可以与多个制造企业协作。

二、制造业发展策略研究

（一）改变传统观念，开展多层次的物流业务外包

制造业应该摒弃原来那种“大而全，小而全”的传统观念，将主要精力集中于核心竞争力上，这样才能在不断壮大自身的同时获得强有力的市场竞争力。为此，制造业可以根据自身情况选择多种形式的物流外包。

（二）建立有效的物流外包管理体系

制造业有效的外包过程固然可以使制造业获得更大的好处，然而这种有效性在物流外包市场尚未成熟之际往往并不容易实现，而且在外包过程中不可避免地会产生一定的风险。所以为了能够很好地实现外包过程，制造企业有必要建立一套比较合理的物流外包管理体系，这样就能在很大程度上来保证物流的外包质量，解除后顾之忧。

（三）加快现代物流技术在制造业物流发展中的应用

先进的物流技术有利于制造业提升自己的运作效率，加快结构升级。到目前为止，国外现代制造业普遍采用的物流技术主要有单元化技术、物流信息化技术、先进适用的物料搬运技术、现代仓储技术等。为了尽快提升成都市制造业水平，也应该加快采用这些先进的物流技术。

三、物流业与制造业联动发展策略研究

（一）政府协调

首先，政府应在观念上给予正确引导，可以成立专门的执行机构开展宣传活动、专题讲座等推进活动，利用各种方式强调制造业与物流业联动发展的重要性，帮助企业认清制造业与物流业的发展状态及目前的形势，使双方建立起利益共赢与风险共担的理念，从而为联动发展创造条件。其次，政府应为制造业与物流业联动发展创造宽松和谐的政策环境。各级政府主管部门要加快改革步伐，打破地区封锁，建立统一开放、竞争有序的规范市场，营造一体化的制度和政策环境。最后，成都市政府还应做好基础设施平台的建设，形成制造业与物流业联动发展的综合支撑体系。将港口、机场、车站、货场、物流基地及公路、铁路、航空等交通网络体系化、节点衔接无缝化，形成完整、高效的多式联运集散系统；同时加快物流公共信息平台建设，提高物流信息资源的整合能力和利用效率。

（二）发展多种形式的一体化物流

1. 基于供应链的纵向一体化物流。就目前的情况看，成都市制造业在开展供应链管理方面取得了一定的成绩，但相比一些经济发达地区而言还是有很大差距的。而在供应链的一体化物流方面则存在明显的不足。为了促进制造业与物流业的联动发展，最终使成都市的整个产业结构趋于合理，对制造业实施基于供应链的物流一体化管理无疑为明智之举。具体来讲就是指将制造业的供应物流、生产物流和销售物流结合为一个整体协调运作。完成这种整体物流运作的单位可以是供应链中某一大型核心企业的自建物流组织，也可以是第三方物流组织，考虑到增强企业核心竞争力的因素，这里强调使用第三方物流的形式。

2. 基于同行业合作的横向一体化物流。制造业横向一体化物流模式是指处于平行位置的几个相似制造企业就物流管理达成协调、统一运营的机制。在某一行业领域内，如电子行业、纺织行业、医药行业等，各制造企业产品结构相似，物流条件相近，为了有效地开展物流服务，降低高额的物流成本，有必要进行相互之间的沟通，使企业之间的物流管理协调配合。这种模式比较适合于比较集聚的中小型制造企业。具体实施战略常用的有共同采购、共同库存、共同配送等。

（三）加强产业集群建设，实施群群互动

对成都市支柱产业制造业来说，其产业集群的建设更应该是重中之重，在发展策略上，各地应根据各类制造业发展所需的资源配置要求及自身资源和区位等的比较优势，依托市场，发挥政府的作用，制定合理的发展政策，进一步改善投资环境，培育并形成有利于制造业发展的文化，促进地区制造业集群的发展。

对应制造业集群，相应的物流产业集群也应该建设起来。物流产业群的建立应依托现有物流基础设施，做好相关物流园区、物流中心和港口的扩展与完善工作，重点做好物流基础设施的建设。

在做好基础设施建设的同时，通过引进、并购和重组等方式加强物流企业建设。培育本土中小企业与引进战略投资者相结合，企业并购和重组相结合，直接融资和间接融资相结合，国内经营和国际经营相结合，培育出一批高质量的物流服务企业。

（课题负责人：西南交通大学数学学院副教授　王璐）

成都市服务外包业发展现状及对策研究①

一、引言

服务外包是指企业为了将有限资源服务于自身的核心竞争力，依托信息技术，通过合同的方式将原来由企业内部完成的工作发包给外部的专业企业，以达到降低成本、提高效率并最终提升企业核心竞争力的一种模式。

服务外包可以划分为信息技术外包（ITO）、业务流程外包（BPO）和知识流程外包（KPO）。按照外包目的地的不同可分为在岸外包和离岸外包。

服务外包产业作为现代服务业的重要组成部分，具有资源消耗少、环境污染程度轻、创造的就业机会多等优点。成都市是国务院确定的西南地区的科技、商贸、金融中心和交通、通信枢纽，拥有国家级高新技术产业开发区和经济技术开发区。发展服务外包产业对于促进成都市加快经济发展方式转变，特别是促进传统制造业向高附加值生产性服务业转变具有重要意义。

在由鼎韬服务外包研究院和中国外包网共同发起的针对服务外包城市的评估活动——“2012 年度中国服务外包城市投资吸引力评估”中，成都分获得“2012 年中国服务外包城市投资满意度排名”第一和“2012 年中国服务外包城市投资吸引力综合排名”第二的好成绩。

二、成都市服务外包产业的发展现状

（一）服务外包企业的数量

成都市开展服务外包的企业数量从 2008 年的 103 家增长到 2012 年的 1 250 家，企业数量增加了 10 倍。2012 年，在商务部系统登记的从事国际服务外包的企业有 384 家，比 2011 年新增 54 家；其中 86 家企业通过了 CMMI3 以上的认证，31 家企业通过了 ISO27001 认证，13 家企业通过了 ISO20000 认证，经认定的技术先进性服务企业有 60 家。

截至 2012 年，全球服务外包企业前 100 强中已有 21 家落户成都，其中前 10 强有 3 家，前 30 强有 9 家。近 50 家跨国企业集团在成都设立了全球交付中心、共享服

① 项目编号：ZSR13-01。

务中心或研发中心。中国服务外包十大领军企业已有 6 家在成都设立了分支机构。

（二）服务外包从业人员

截至 2011 年年底，成都服务外包产业共有从业人员 15.32 万人，占全国的 5.1%。他们从事着研发、生产、应用，管理及市场营销、教育及人才培养、信息技术服务等工作，是推动成都服务外包产业发展的有生力量。

服务外包外语人才中，英语人才占 67%，日语人才占 11%，韩语人才占 9%，其他小语种人才比较稀缺。服务外包从业人员以大学及以上学历的人才居多。其中，1%拥有博士学历，17%拥有硕士学历，62%拥有本科学历，12%拥有专科学历，剩余的 8%拥有其他学历。

（三）服务外包离岸业务的规模

2008 年，成都市实现服务外包离岸合同签约金额 7 934 万美元，离岸执行金额 5 000万美元。2012 年，成都市实现服务外包离岸合同签约金额 9.07 亿美元，同比增长约 48%；离岸执行金额 6.98 亿美元，同比增长约 47%。2012 年，成都市服务外包离岸合同签约金额与执行金额比 2008 年分别增加了 10.43 倍与 12.96 倍。增长倍数与服务外包企业数量的增幅相当。2008 年至 2012 年，成都市离岸合同签约金额及离岸合同执行金额均呈现出快速增长态势，但增长幅度有所减弱。2011 年，成都市服务外包企业数量较 2010 年增加了 2.33 倍，但 2011 年成都市离岸合同签约金额的增长率却降至 47.08%，增幅大大减少。

2011 年，全国服务外包离岸业务签约金额的增幅达到了 64.53%，高于成都市的增幅。不过，整体来看，2008 年至 2012 年成都市服务外包离岸合同签约金额与执行金额的平均增长率均高于全国水平。2010 年，成都市离岸执行金额超过 1 000 万美元的企业有 6 家。2011 年，离岸执行金额超过 1 000 万美元的企业有 12 家。2012 年，离岸执行金额超过 1 000 万美元（含 1 000 万美元）的企业有 15 家，其累计离岸执行金额约占全市执行总额的 71.67%，本地领军企业的规模经济效应正逐步显现。

（四）服务外包离岸业务发包地分布

2012 年，美国成为成都市承接离岸外包业务中的最大发包国。2012 年，来自美国市场的外包业务约占成都市离岸服务外包合同金额的 35.82%，欧洲为 10.39%，日韩市场仅为 7.60%，亚洲（不含日韩、中国港澳台地区、印度）地区约占全市离岸业务的 20.65%，非洲市场占比约为 15.18%，非洲市场成为成都开展国际离岸外包业务的重要新兴目标市场。另外，中国港澳台地区的外包业务约占全市离岸外包业务的 7.97%，印度市场的外包业务约占 1.26%，其他地区占 1.13%。

（五）服务外包离岸业务构成

在 2012 年的离岸业务构成中，成都市信息技术外包业务约占离岸合同金额的 49.61%，业务流程外包业务约占全市离岸合同金额的 5.93%，知识流程外包业务约占 44.46%。知识流程外包业务迅速成长，得益于成都市政府对人力资源储备的高度重视。其中，动漫游戏外包、工程设计外包、工业设计外包、生物医药外包业务对知识流程外包业务的增长做出的贡献尤为突出。

三、成都市服务外包业存在的问题

（一）中、高端的领军型、创业型人才相应缺乏

成都市服务外包人才分工比较明确，高层人才数量比例偏低。高层的领军创业型人才占比为 10.3％；中级技术和管理人员，主要是以软件工程师为代表的中高级工程师，占比为 15.3％；基层的基础人才，以程序员为主，在成都市服务外包人才中占比最大。如何吸引并留住高层人才，是成都市服务外包企业面临的挑战。

（二）服务外包企业规模偏小

在中国国际投资促进会发起的“2012 中国服务外包百家成长型企业”评选中，共有 9 家企业进入中国服务外包成长型企业 100 强，份额占全国 21 个示范城市中 100 强企业总数的近 1/10。但在由鼎韬服务外包研究院和中国外包网共同发起的“2012 年中国服务外包企业五十强”评选中，仅 3 家公司进入“2012 年中国服务外包企业五十强”。成都市大多数服务外包企业虽成长性较好，但规模不够大，竞争力还不够强。

（三）服务外包品牌优势不明显

成都市的发展定位主要以“宜居、宜游”为主，服务外包品牌优势尚不明显。对于大多数发包方而言，成都服务外包企业的知名度还不够，在业内的影响力甚微，致使发包方对成都服务外包企业的承接能力缺乏信心。成都服务外包企业应以诚实守信为立足点，以技术创新和质量提升为核心加强品牌建设，努力提高“成都服务”品牌的知名度，推动“成都服务”走向世界。

（四）服务外包市场过于集中

来自美国市场的外包业务在成都市离岸服务外包合同总金额中的占比过高，致使成都服务外包业面临的风险加大，一旦美国的贸易政策发生变化，将给成都市离岸服务外包产业的发展带来重大影响。此外，美元兑换人民币的汇率变动也会成为影响成都市离岸服务外包产业发展的重要因素。

（五）信息技术外包业务占比过大

成都服务外包企业在人力成本方面具有的独特优势已不再明显，主要是因为成都综合物价水平有了明显的提高，使人们在成都的生活成本大幅度提升，再加上工资薪酬的上涨使企业的用工成本增加。

在成都服务外包业务结构中，信息技术外包占比最大。但信息技术外包业务技术含量不高，处于产业链的末端，附加值低，利润薄。随着成都人工成本不断提高，推动成都外包产业迅猛发展的重要动力——成本优势逐渐消失。如果高附加值的外包业务占比过小，将使成都服务外包企业在以后的国际竞争中处于被动地位。成都市需大力发展附加值高、利润多的业务流程外包和知识流程外包业务。

四、促进成都市服务外包产业发展的思路

（一）创新人才培养模式

服务外包产业需要的是复合型的人才。成都市需积极探索适应不同类型人才成长的学校管理体制与办学模式，避免千校一面。优化学科专业、类型和层次结构，促进多学科交叉和融合，重点扩大应用性、复合型、技能型人才的培养规模。

（二）加快人才引进的步伐

在培养所需对口人才的同时，人才引进的步伐也不能放慢。对服务外包产业亟须的中、高端人才要加大引援的力度和幅度，成都市已经制定了《成都市中长期人才发展规划纲要》，出台了《成都市引进高层次创新创业人才实施办法》，并设立了高层次创新创业人才专项资金，这些政策的颁布对于改善成都服务外包从业人员的结构起到了一定的作用，但政策的力度还不够，对人才的吸引力较弱。

（三）出台税收优惠政策支持服务外包企业做大做强

按国家有关规定，认定为技术先进型服务企业的可减按15%征收企业所得税，前提是离岸外包的量必须达到企业业务总量的50%。由于目前成都市经认定的技术先进性服务企业只有60家，多数服务外包企业的整体实力还不是很强，国际上的业务往来还处于起步阶段，重心还停留在在岸外包上，现阶段还很难符合政策所需条件，建议税务部门可依情况适度细化该项税收政策，放宽享受优惠的条件，帮助服务外包企业开拓海外市场。

（四）开拓新兴市场

从2012年成都市离岸服务外包合同的签约情况来看，来自美国市场的发包量占服务外包企业所承接的发包总量的1/3强。成都外包服务企业应重视对新兴市场的开拓，通过实施市场多元化战略，降低服务外包企业面临的经营风险，确保成都外包服务产业的健康发展。

（五）推进服务外包业务均衡发展

知识流程外包业务较之于信息技术外包业务技术含量更高，附加值也更高，处于产业链的较高端位置，企业接包后的利润更大，但对企业的综合实力要求也更加严苛。之于信息技术外包与知识流程外包业务，成都市的业务流程外包业务可谓是处于初级阶段，但业界普遍认为业务流程外包业务具有广阔的发展潜力，所以在发展信息技术外包和知识流程外包业务的同时，应循序渐进地向业务流程外包业务转移和过渡，多管齐下方能走得又快又稳。

（六）完善服务外包配套设施

成都市各区市服务外包产业的载体建设已具雏形，形成了以130万平方米的高新区天府软件园为龙头，以锦江创意产业园的汇融国际中心等楼宇、武侯区的西部智谷、青羊区的青羊工业总部基地、龙泉驿区的恒雨动漫产业园和都江堰市的东软成都软件园为侧翼的大格局，但通信基础设施还不够优化，园区内配套设施建设亟须优化完善。

（课题负责人：西南民族大学经济学院教授　黄毅）

基于城市首位度理论的成都“首位城市”发展研究[①]

一、城市首位度理论概述

城市首位度是经济地理学中的一个重要概念，是衡量城市规模分布状况的一种常用指标。按照美国学者马克·杰斐逊（1939）的理论，二城市指数代表了一个区域最大城市与第二位城市人口（或经济）规模之比。城市首位度在一定程度上反映了城镇体系中发展要素在最大城市的集中程度。关于城市首位分布的合理区间，一般认为比较合理的指数是 2。如表 1 所示。

表 1　城市首位度分布区间及特征

首位度区间	首位度分布	特征
S≥1，且 S≤2	正常首位分布	城市结构正常，特别当城市首位度接近或等于 1 时，表明该区域为典型的双核城市结构
S>2，且 S≤4	中度首位分布	在中度首位分布区间内，首位城市的规模较大，中心城市的凝聚力和辐射力较强，区域的发展更大程度上表现为首位城市的回波（或辐射）效应
S>4	高度首位分布	高度首位分布表明资源、要素过度集中，由于缺少支点城市或者支点城市长期表现为发展不足，首位城市以及区域的可持续发展也将受到影响

二、四川城市首位分布的现状及特征分析

（一）从市域范围考察城市首位度现状

以市域为考察范围，从人口首位度来看，四川二城市指数由 2000 年的 1.66 攀升至 2011 年的 2.24，反映出成都作为省会城市，还处在人口吸纳的阶段。从经济首位度来看，四川二城市指数从 2000 年的 4.30 上升至 2011 年的 5.85，属于高度首位分布，近年来，呈现出加速上升的态势，在经济方面的高集聚特征表现明显。如图 1 所示。

① 项目编号：ZSR13-25。

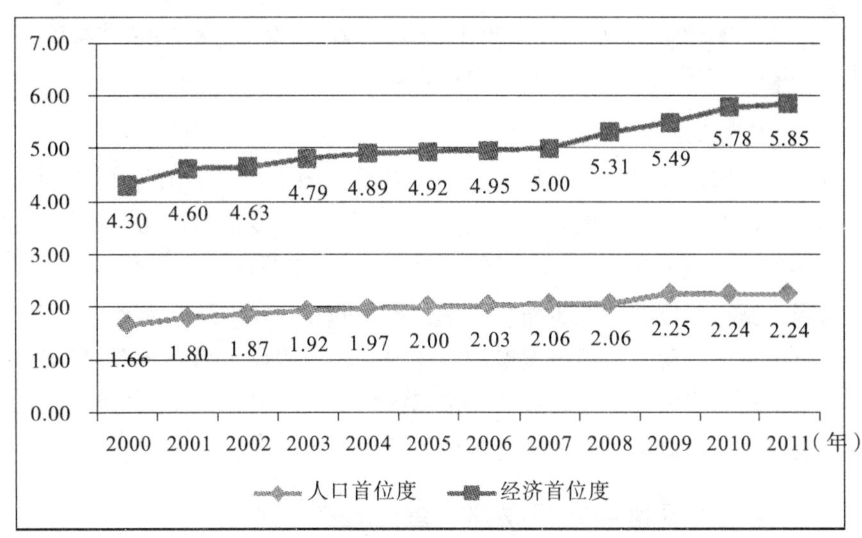

图 1　按全市范围计算的四川省城市首位度

注：表中数据来源于《成都统计年鉴》、《绵阳统计年鉴》和《南充统计年鉴》，其中人口为市域常住人口。

（二）从市辖区范围考察城市首位度现状

为避免市域范围计算的首位度指数难以完全反映城市中“城”的发展程度和结构，以城市市辖区为范围、以市辖区非农人口为对象进行测算，结果如图 2 所示。按照市辖区范围计算的二城市指数明显高于按全市范围计算的指数，这也反映出以市辖区考察的城市首位分布特征更为明显。成都市作为“首位城市”在人口和经济方面表现为相对集中，但从发展趋势来看，二者近两年的变化均有所趋缓，表明成都市的经济辐射功能已有所体现。

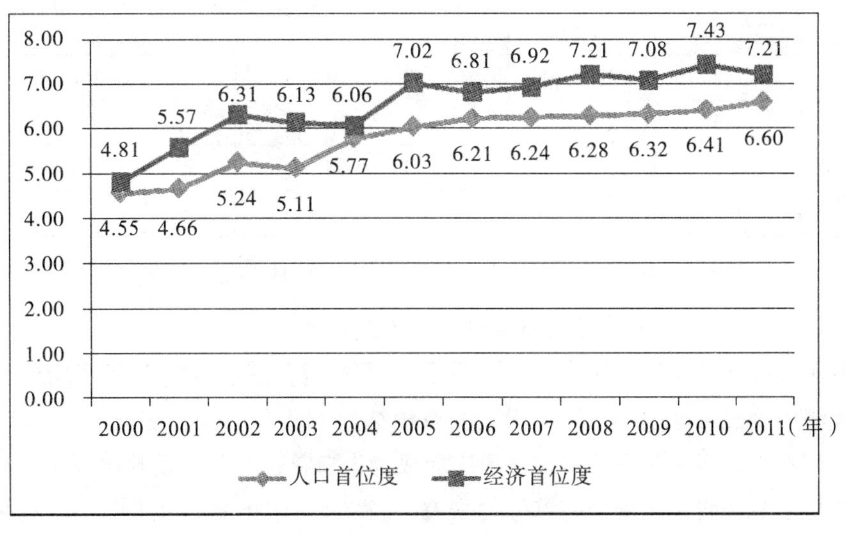

图 2　按市辖区计算的四川省城市首位度

注：数据经历年根据四川省统计年鉴计算而得，成都市辖区为人口和经济的首位城市，其

中人口按照各市市辖区非农人口计算，2000年、2001年的次首位城市为攀枝花市辖区，2002年至2004年为南充市辖区，2005年以来为绵阳市辖区。

（三）城市首位分布的特点分析

根据国内外城市发展经验，城市首位度与经济发展之间存在“倒U曲线”关系。一般而言，在工业化初期乃至中期阶段，城市首位度普遍较高；随着工业化进程推进，特别是当城市化率达到60%～70%时，伴随首位城市极化效应趋弱而扩散效应增强，城市首位度将逐步缩小并至合理区间。从发展阶段来看，目前四川刚进入工业化中期前半阶段，经济发展的极化效应较为明显，因而城市首位度相对较高。但需要引起高度重视的是，近几年市辖区反映的人口首位度变化明显快于经济首位度，反映出人口聚集带来的经济规模效益正逐步下降。

三、从区域发展格局审视成都“首位城市”地位

从发展作用来看，“首位城市”在引领区域经济、推进区域一体化发展以及加快对外开放进程等方面均承担着重任，因而，从区域发展来审视成都的发展，更能够把握首位城市的地位及作用。

（一）从中国经济增长“第四极”审视成都首位城市地位

综观我国区域经济格局，上海、广州以及北京作为区域性的极核城市，引领和带动长三角、珠三角和京津冀经济区发展成为全国三大核心增长极。在带动成渝经济区以及广大中西部地区跨越发展的要求下，成都需要进一步集聚生产要素和人才资源，确立并壮大规模优势产业，加快培养和发展区域核心优势。如表2所示。

表2　2011年成渝经济区与我国三大经济增长极比较

经济区	人口总量（万人）	经济总量（亿元）	首位城市人口规模（万人）	首位城市经济总量（亿元）
长三角	10 763.30	82 139.00	2 347.70	19 195.69
珠三角	5 616.40	43 721.00	1 275.10	12 423.44
京津冀	8 378.50	46 907.00	2 018.60	16 251.90
成渝	9 140.00	28 367.70	2 919.00	10 011.40

注：数据来源各省市2012年统计年鉴，首位城市的统计口径均为全市。

（二）从成渝经济区发展格局审视成都首位城市地位

以成渝经济区为整体来看，2000年以来人口首位度和经济首位度均位于1附近，表明成渝经济区呈现出较为明显的双核结构。从人口首位度来看，自2004年开始，成都中心城区非农人口超过重庆而成为人口首位城市，反映出成都人口高度聚集的特征更为明显。从经济首位度来看，自2008年开始，重庆中心六城区开始超过成都而成为经济首位城市，说明重庆的经济极化效应在增强，而成都人口集聚带来的经济发展潜力还有待进一步挖掘。如表3所示。

表 3　2000—2011 年成渝经济区城市首位度变化

年份	中心城区人口指标（万人）		人口首位度	中心城区经济指标（亿元）		经济首位度
	成都	重庆		成都	重庆	
2000	204.70	231.30	1.130	504.20	436.90	1.154
2001	210.10	237.32	1.130	574.90	496.50	1.158
2002	217.60	243.79	1.120	649.80	560.60	1.159
2003	229.00	252.49	1.103	746.50	643.90	1.159
2004	278.40	260.29	1.070	864.30	747.30	1.157
2005	292.00	268.07	1.089	1 125.10	993.40	1.133
2006	301.80	273.56	1.103	1 285.90	1 110.00	1.159
2007	304.40	282.08	1.079	1 532.00	1 314.20	1.166
2008	309.40	288.50	1.072	1 754.20	1 616.10	1.085
2009	317.10	292.94	1.082	1 875.50	2 091.20	1.115
2010	329.60	304.18	1.084	2 285.50	2 482.00	1.086
2011	336.70	316.67	1.063	2 717.90	3 016.60	1.109

注：表中数据分别来源于四川省、重庆市统计年鉴 2001—2012 年。成都统计口径为中心五城区，重庆为中心六城区。

（三）从成都平原城市群发展进程审视成都首位城市地位

发达地区经验表明，以城市群发展为依托发挥首位城市作用，是推动首位城市与周边区域形成良性互动、共同发展格局的有效途径。本文选取了国内部分省域城市群进行比较。成都平原城市群经济总量领先于中部两个城市群，但是从单位面积的经济产出来看，成都平原城市群不足杭州都市圈的 1/3。即使从核心区域成德绵地区来看，经济密度依旧不高，如表 4 所示。基于城市群整体发展的角度，成都在担当首位城市地位、加快自身发展的同时，更要注重带动周边区域发展，从更大的区域范围考虑功能布局。

表 4　2011 年成都平原城市群与部分城市群比较

城市群	面积（平方千米）	经济总量（亿元）	经济密度（亿元/平方千米）	首位城市经济总量（亿元）		经济首位度
山东半岛城市群	7.4	25 222.6	3 408.5	青岛	6 615.6	1.50
杭州都市圈	3.5	14 548.2	4 156.6	杭州	7 019.1	2.62
武汉城市群	5.8	8 834.6	1 523.2	武汉	6 762.2	3.16
长株潭城市群	2.8	8 307.4	2 966.9	长沙	5 619.3	3.59
成都平原城市群	8.6	12 658.5	1 471.9	成都	6 950.6	5.85
成德绵地区	3.8	9 227.1	2 428.2			

注：数据来源于各城市统计年鉴 2012 年，其中城市经济总量统计口径为全市。

四、基于城市首位分布律的成都发展建议

（一）勇于担当首位城市发展重任

成都作为首位城市，在未来的发展中要勇于担当首位城市的发展重任。一是成为区域经济的“增长极”。加快构建具备国际竞争能力的现代产业体系，全面提升综合经济势能和核心竞争力，着力发展成为整个西部地区的经济核心增长极。二是成为区域发展的“辐射源”。进一步拓展与全省乃至西部地区范围内城市的经济联系，扩大各种要素辐射范围。三是成为区域格局的“枢纽点”。积极发挥“交通主枢纽”功能，主动加强与省内市州的交通对接，着力承担起外联内引的西部综合交通枢纽作用。四是成为区域开放的“前沿地”。在对外开放上，坚持走出内陆，探索多层次、全域开放的新模式，引领和带动西部地区的外向发展。

（二）有取有舍，做强城市高端功能

在提升首位城市作用的同时，成都应敢于放弃一些次要的、与发展阶段和定位不相协调的城市功能，着力做强城市高端功能。一方面，坚持领先发展，成为“多点多极支撑”战略的核心增长极，进一步优化提升文化引领、交通通信、区域合作、国际交流等核心功能和高端产业功能，引领西部地区参与国际经济合作和竞争的前沿。另一方面，坚持城市功能合理转型，促进不符合产业发展定位和方向的低端制造企业调迁转移，逐步弱化初级加工制造功能；加大人口疏解力度，优化城市人口空间分布。

（三）有专有全，突出城市综合发展

推动成都整体全面发展的同时，以专项突破实现全局协调，做到有重点、顾全局，突出城市综合发展。一是全面完善现代产业体系，推进重点产业发展。二是推进全域发展，加快天府新区建设。加快推进“三圈一体”发展，按照主体功能区理念，对全市进行功能分区，明确各功能区功能定位和产业发展导向，实现全域成都优化发展、错位竞争。三是把握改革红利的机遇期，全面推进各领域改革，破除制约和影响经济发展与社会进步的体制机制障碍。

（四）有竞有合，推进区域一体发展

当前摆在成都市面前的重要任务是以自身的领先发展，辐射带动区域的全面进步，有竞有合，形成城市与区域协调发展新格局，同时在更为广阔的空间范围内担当首位城市，发挥带头作用。一是充分发挥成都在成都经济区内的枢纽地位功能和核心作用，强化对周围腹地的引领和辐射，着力推进一体化发展水平。二是加大与川南城市群、川东北城市群、攀西城市群的合作，推动区域优势互补和良性互动。三是准确定位成都在成渝经济区发展中承担的使命和任务，积极探索成渝两地各领域合作模式，力争尽快将成渝经济区打造成为中国经济增长“第四极”。

（项目负责人：成都市经济发展研究院院长助理、所长　高洁）

参考文献：

陈彪，张锦高．基于城市首位度理论的湖北省城市体系结构研究［J］．科技进步与对策，2009（6）．

康俊杰．青岛城市首位度评估分析及相关对策［J］．青岛科技大学学报：社会科学版，2010（3）．

王家庭．城市首位度与区域经济增长——基于24个省区面板数据的实证研究［J］．经济问题探索，2012（5）．

王馨．区域城市首位度与经济增长关系研究［D］．天津：天津大学，2003．

张璇．城市首位度的理论内涵与体系构建研究［J］．企业导报，2012（16）．

成都提升城镇化发展质量研究[①]

目前成都城镇化进程加速推进，城镇化率由 2000 年的 34.13%提高到 2012 年的 68%，超过全国平均水平近 20 个百分点，高于全省平均水平 6 个多百分点。率先开展了城乡一体化的城镇化道路探索并取得突出成效，中心城区实体空间扩张迅速，城市规模不断扩大，城镇体系逐步完善，郊区城镇化的态势初显，城市形态向具有较高城镇化水平的大都市区演进，但与此同时城镇化的质量仍有待提升。目前，成都居民生活方式的城镇化、劳动者就业方式的城镇化、城乡关系的城镇化情况并不容乐观；伴随着经济体制深化改革和城市发展，一些新问题的出现更成为影响成都城镇化质量的焦点和难点。

一、成都提升城镇化发展质量的意义

加快新型城镇化进程，实施“两化”互动，统筹城乡发展，推进“四化同步”，研究和探讨成都城镇化发展质量的提升，其对成都经济社会发展的重大意义在于：(1) 推进成都提质升位。四川省委、省政府要求成都发挥首位城市作用，在全国副省级城市和特大城市中进一步提质升位。(2) 提升成都城镇化发展质量的思路和措施，有助于成都在中西部地区率先实现全面建成小康社会。

二、成都城镇化的现状与特点

(一) 成都城镇化进程大致分为四个阶段

第一阶段：较快发展期（1953 年—1960 年），年均增长超过 1.5 个百分点；第二阶段：徘徊停滞期（1961 年—1978 年），年均减少约 0.5 个百分点；第三阶段：快速发展期（1979 年—2003 年），年均增长约 0.6 个百分点；第四阶段：高速增长期（2003 年至今），年均增长超过 2 个百分点。

(二) 成都城镇化进程的特点

总体特点：(1) 城镇化水平迅速上升；(2) 中心城区实体空间扩张迅速，城市规模不断扩大；(3) 市域范围进一步扩大，城镇数量增加，城镇体系逐步完善；(4) 城镇化进程中人口规模与结构发生显著变化；(5) 城市形态向具有较高城镇化

① 项目编号：ZSR13-06。

水平的大都市区演进。

2012年成都市新型城镇化发展的特点：（1）三个圈层新型城镇化发展速度基本同步；（2）全市34个重点镇新型城镇化率高于一般乡镇，发展速度稍慢于全市平均水平。

（三）2012年成都城镇化发展质量评估

2012年是成都实施“五大兴市战略”奋力打造西部经济核心增长极的第一年，也是成都“统筹城乡发展综合配套改革试验区”建设的第6年。2012年新型城镇化率达到60.2%，分区（市）县看，2012年成都青羊区新型城镇化率最高。从经济城镇化、人口城镇化、基础设施城镇化、公共服务城镇化、生活质量城镇化五大分领域来看，生活质量增幅最快，公共服务是瓶颈。

三、成都城镇化质量存在的问题与提升的障碍

（一）成都城镇化质量存在的问题

1. 相较于东中部同类城市差距较大，2012年成都市城镇化质量指数为0.615 1，列全国第21位。

2. 中心城区人口密度高，实际居住人口持续增长，基础设施负荷加重，人居环境改善压力增大。

3. 人口城镇化任重道远。表现在：第一，城市贫富差距有进一步扩大的趋势；第二，常住外来人口达到128万人，城镇化质量的提升难度加大；第三，失地农民增多，约占地区农村总人口的40%；第四，流动人口增加，粗略估计超过150万人。

4. 城乡公共服务差距较大，农村基础设施建设相对落后。

5. 中心城周边的新都、青白江、郫筒、柳城、东升、华阳以及龙泉驿7个小城镇作为新城，分担中心城区功能及城市新增功能的作用有限。

（二）成都城镇化质量提升的障碍

1. 制度障碍：户籍制度落后、土地制度僵化、城乡管理问题突出。

2. 结构障碍：二元经济等结构障碍。

3. 制约因素：产业竞争力较低、资源承载力约束、城市建设规划滞后。

4. 人口质量的影响：人口受教育程度提高较快但总体水平仍不高，出生缺陷发生率影响出生人口质量，人口预期寿命和婴儿、孕产妇死亡率低于副省级城市平均水平。

四、经验借鉴与制度安排

（一）成都提升城镇化发展质量的经验借鉴

“宅基地换房”的天津华明镇模式、“以市场化带动农村工业化”的浙江温州模式、“择优移民”的宁夏模式对成都都有借鉴意义，同时也要吸取国外城镇化过程

中的经验和教训。启示有：

1. 尽快实现农民工市民化，搞好以小城镇为中心的农村基础设施建设，建立城乡统一的劳动力市场，切实解决农民就业问题。

2. 提升城镇的综合承载能力。

3. 多渠道筹措建设资金，解决资金不足问题。

（二）提升成都城镇化发展质量的制度安排

推进城镇化进程是工业化的必然要求，是建设社会主义新农村的必然要求，也是推动经济增长的持久动力。要从户籍管理制度、土地流转制度、金融支持制度、产业发展制度、城乡管理制度、社会保障制度六大方面，不断探索城镇化发展质量与速度的互动模式，探索知行合一的、有效的调控策略。

五、成都提升城镇化发展质量的战略措施

（一）统筹城乡规划

重点放于农村，缓解城乡矛盾，将城市与农村作为有机整体，制定利于全局发展的城市规划。转换政府工作重点，从重视城市发展转为城市与农村并重，从工业优先战略转为工业反哺农业战略，减少政府部门层级、节约运行成本，扩大政府权能，提高运行效率。通过制定和实施国家城镇化战略和公共政策，引导城镇化与市场化、工业化互动发展，加快城镇化推进速度。

（二）基础设施建设

大力兴建包括地铁、高铁等在内的运行速度快、环境污染小、乘坐舒适的交通运输工具，扩大成都经济辐射范围。投资建设各类供水、供电、排污设施，保障城市居民生活质量。充分利用信息技术，加快邮电通信系统建设，建立信息一体化网络平台。在农村地区应加大农业开发性生产服务项目设施投入，对于已有设施加以技术改进升级，对于老化、陈旧、落后设施予以淘汰，实现现代农业发展。

（三）发展现代产业

形成以现代农业为主的农村经济和以现代制造业、高新服务业为支撑的城市经济，其核心就是通过创新经济结构实现区域进步。发展现代农业支撑县域经济，大力调整农业产业结构，实现农业规模化、产业化是成都未来发展的战略选择。利用已有基础，发挥政府主导作用，大力推动现代制造业的发展。提高服务业专业化水平，重点打造金融、保险、商务、咨询、法律等产业。

（四）优化空间布局

建立以中心城市为核心，以产业园区为支撑，以特色城镇为腹地的梯度发展格局。首先，锦江、青羊、武侯、金牛、成华等区域具有雄厚的经济实力，有着丰富的经营管理经验，也是人才最为密集的地方，应发展以高新服务技术为主的现代产业。其次，按照“一区一重点”的原则，实现产业集群化发展。同时，降低城镇投资进入门槛和运营成本，结合地区特色，努力将特色城镇打造成为市区经济腹地。

（五）投资机制保障

通过则政补贴、优惠贷款、政府担保等措施，降低农业贷款难度，鼓励龙头企业进行农业投资，提倡农业规模化经营、产业化运作。准确把握农村金融机构定位，大力推广农村小额贷款和农业投资，创新金融产品种类和服务手段，降低金融服务成本，增加服务网点，不断拓展业务空间，以为农村、农业、农民服务为宗旨，提高金融整体服务水平。

（六）统筹城乡管理

通过制定相关法律、法规、条例，规范城市运行管理，以法律形式约束违章违纪行为，确保城市运行顺利。加强监督管理，切实掌握城市流动人口状况，淡化城乡界限，建立综合管理体系，对城市和农村实行统一管理。完善公共服务提供机制，引入市场观念，明确政府职能，形成以政府为指导，市场为主体，集体、社会和个人多方参与，共同提供公共产品的全新局面。

（课题负责人：西南交通大学公共管理学院副教授　杨建）

关于成都市农民专业合作社的调查与思考①

农民合作社是新型农业经营主体的重要组成部分，是构建集约化、专业化、组织化、社会化相结合的新型农业经营体系的重要力量。2013年中央一号文件要求“加大力度、加快步伐发展农民合作社，切实提高引领带动能力和市场竞争能力”，为农民合作社的发展指明了方向。为进一步发展壮大我市农民专业合作组织，我们与成都市农委进行了充分探讨，重点对国家、省、市三级示范社——彭州市三界丰碑蔬菜产销专业合作社进行了深入调研，并结合我们的思考，认为我市合作社发展要重点注意以下几个方面。

一、“让农民能赚到钱”是合作社成功的关键

合作社成立了，自然希望广大农民群众加入，而农民是否愿意加入，则直接取决于入社后自身的利益是否比以前更有保障、赚的钱是否比以前多。为此，丰碑合作社从一开始就建立了紧密的合作社和农户利益联结机制。一是让利。就是通常所说的“一次返利”，即统一向入社农户提供种子、肥料、农药、农膜等蔬菜种植投入品，价格普遍比市场价低3%以上，直接将本应由合作社赚取的这部分利润以价格差的形式返还给入社农户。2012年，种苗等投入品让利累计达40万元，户均让利约800元。二是分红。就是通常所说的“盈余分配”或“二次分配”，即在扣除合作社风险基金和公积金后，将不低于60%的年终盈余按照入股农户的不同模式进行分红。如，对土地入股农户，按照市场价评估农户的土地流转费用作为入股资金，年底按照入股土地折价多少进行盈余分配。目前，土地入股农户92户，入社总面积235亩，每年保底加分红达1 200元/亩。对现金入股农户，年底按照出资额的多少进行分配。目前，现金入股农户113户，入社资金179万元，2012年户均分红达1 320元。三是务工。合作社优先聘用社员在合作社的基地、加工厂进行务工，让他们在家门口就能就业挣钱。目前，常年在合作社种苗场、蔬菜示范基地、蔬菜加工厂、脱水蔬菜厂务工的社员达500人以上，人均年务工收入达5 000元以上。

实践证明，丰碑合作社这几年成员数量之所以能快速增长，就在于抓住了要“让农民能赚到钱”这个关键，并建立了明确的、具体的、紧密的利益联结机制来

① 项目编号：ZSR13－29。

加以保障，让入社农户得到了实惠，尝到了甜头，从而带动了更多的农户加入，也促进了合作社自身的发展壮大，实现了农户和合作社的“双赢”。

二、“让农民当家做主”是合作社成功的基础

近几年，我国合作社发展主要是讲“先发展、后规范”，在一定程度上导致各地不断出现只想享受国家优惠政策的“空壳社”“挂牌社”“翻牌社”。调研中，有基层干部反映，“真正在干事、做得好的合作社不到20%”。现在，国家提出要“边发展、边规范”。规范发展很重要的一点就是要实现民主管理，保证合作社成员实质性地参与合作社的决策、分配和监督。丰碑合作社在上级部门的监管指导下，逐步加强和完善制度建设，基本实现了规范管理、民主管理。一是建章立制。合作社成立时就制定了《彭州市三界丰碑蔬菜合作社章程》，并进行了工商注册登记。在发展壮大过程中，逐步建立了比较规范的财务管理制度、成员大会制度、理事会管理制度、监事会管理制度、生产技术管理制度和营销管理制度等制度。二是完善机构。严格按照章程要求，设立了成员大会、理事会、监事会等组织机构，并在内部成立了财务部、生产技术部、加工部、营销部、行政部等部门。三是民主决策。“一人一票”是合作社与股份公司的最大区别。在涉及国家政策性的肥料补贴分配、重大投资项目等事关社员切身利益和合作社长远发展的重大决策方面，合作社明确入社农民无论出资多少都享有一票权利，按照“先民主、后集中、再决策”原则，先由理事会初步商议，然后提交成员大会讨论，最终按照“一人一票”进行投票表决。

实践证明，丰碑合作社这几年之所以能健康地发展，没有出现贪污公款等大问题，也没有走偏方向，就在于很好地坚持了“一人一票”，通过防止出钱多的个别人或少数人占据“话语霸权”，充分调动了每一个成员的参与积极性，从而极大地增强了合作社的凝聚力，为合作社的长远发展打下了坚实的群众基础。

三、“政府的引导扶持”是合作社成功的前提

农民合作社是互助性经济组织，成员主要是势单力薄的农户，从事的是抵御市场风险和自然风险的能力都很弱的农业，如果没有政府的支持将很难生存发展。2010年以来，我市连续出台了《关于推进农民专业合作组织发展的实施意见》《关于进一步促进农民专业合作组织加快发展做大做强的实施意见》《市级财政扶持农民专业合作经济组织专项资金管理办法》等一系列扶持政策。据统计，丰碑合作社成立以来累计获得各级政府资金200万元以上，并且在申请蔬菜加工厂用地指标、修建农田水利基础设施和农村人才培训等方面得到了优先支持。

实践证明，各级政府的关心和支持对于丰碑合作社的快速发展和做大做强起到了极大的推动作用，特别是在资金、土地两个关键环节解决了合作社的大难题，使得合作社可以把更多时间、更大精力放在发展产业、规范管理、开拓市场等方面，做到了政府扶持和自我发展相辅相成、有效结合。

四、“延长的产业链条”是合作社成功的法宝

近年来，全国各地包括成都，“卖菜难”“菜贱伤农”现象时有发生，让农民、政府都伤透了脑筋。究其根源，“卖菜难”的原因除了一家一户的“小生产”和千变万化的“大市场”的矛盾，还在于“储存难”“加工难”“外销难”。有鉴于此，丰碑合作社一直致力延伸产业链条，现已初步形成包括蔬菜育苗、栽培、植保、采收、加工和营销等环节的“产加销服一条龙”的产业链条。在储存方面，现已建成一座 1 500 平方米的冷库，冷藏能力约 500 吨，并正规划建设占地 80 亩的万吨蔬菜冷藏库。在加工方面，建成了蔬菜粗加工厂和脱水蔬菜加工厂（精加工厂）。粗加工厂主要对蔬菜进行整理、清洗、分选、包装和配送，脱水蔬菜加工厂主要是在蔬菜滞销时对蔬菜进行脱水处理和深加工。目前，两个加工厂高峰期日均加工处理蔬菜达 600 吨，对 25％以上的白菜、40％以上的莴笋、15％以上的西芹等主要品种蔬菜都进行了加工。在外销方面，通过与江苏顶能食品有限公司合作积极开拓外地市场，其中脱水蔬菜主要通过该公司外销出口，部分直接供应给美国百胜餐饮集团，很好地解决了本地蔬菜外销问题。

实践证明，丰碑合作社之所以能有效抵御市场风险，较好解决“卖菜难”“菜贱伤农”问题，最根本的原因就在于基本形成了“产加销服一条龙”的产业链条，尤其是蔬菜加工厂的建设，不仅在平时提高了蔬菜的附加值，还在蔬菜滞销时有效减轻了农户的损失，从而最大限度地保证了农户的利益。

五、“有能力的带头人”是合作社成功的保证

俗话说：“火车跑得快，全靠车头带。”随着农业现代化水平的不断提高，合作社的发展越来越需要懂技术、会管理、善经营的优秀人才，尤其需要既有企业家头脑和眼界，又有社会责任感和奉献精神的带头人，也就是理事长，包括副理事长。丰碑合作社的理事长钟光辉多年来一直从事蔬菜营销工作，他年富力强，敢想敢干，还是丰碑村党支部书记，是合作社的“灵魂”人物。副理事长杨云，毕业于西南大学农学专业，他既懂技术又懂管理，是合作社引进新技术、紧跟新趋势的主要推动者。比如，2012 年年初，钟光辉提出引进技术先进的漂浮育苗项目，在大多数成员因不了解而持反对意见的时候，亲自带领部分成员代表远赴云南、攀枝花等地现场考察，并带动理事会成员垫资进行小规模试验，成天泡在田间地头钻研技术与管理，最终得到了大多数成员的理解和认可，在成员大会上通过了该项目。

实践证明，丰碑合作社之所以能从当初的一个小合作社成长为今天的全国示范合作社，作为合作社主要发起人的理事长和副理事长功不可没，正是他们一手牵头成立了合作社，也正是他们用自己的能力和奉献让合作社逐渐发展壮大，既让农民致了富，又让政府放了心，也使自己的能力和水平得到进一步提升。

（课题负责人：成都市委政策研究室副处长　王吉泉）

文化产业视域下成都文化和科技融合路径研究[①]

文化和科技融合本质上是一种技术诱发的产业发展模式，科技对文化施加影响，文化对科技进行选择，两者相互作用最终融为一体，促进文化产业转型升级。本研究报告通过揭示文化科技融合内涵和作用机理，比较发达国家和国内发达城市文化科技融合的产业发展现状，总结借鉴文化科技融合实践的先进经验，探讨对成都文化科技融合的启示；在分析成都文化科技融合的产业发展特征，剖析制约成都文化科技融合的瓶颈问题的基础上，提出促进成都文化科技融合的对策建议。

一、成都文化科技融合的现状特征

（一）文化科技融合的产业发展体系初步形成

成都将文化与科技融合发展、发展新型文化业态作为文化产业发展的攻坚方向，在加快科技创新与文化产业的转型升级上实现了突破，重点发展了数字动漫、数字游戏、数字传媒、数字影音、数字出版发行等数字新媒体产业，初步构建了文化科技融合的产业发展体系。

（二）文化科技融合的产业载体不断完善

成都坚持以楼宇化、园区化为主要模式促进文化科技融合与产业集聚发展，建成了若干文化科技融合的国家级平台。如，文化部国家动漫游戏产业振兴基地、新闻出版署国家级网络游戏和动漫产业发展基地、科技部国家863数字媒体成都产业化基地、信息产业部国家数字娱乐产业示范基地以及科技部、中宣部、文化部、原广电总局、原新闻出版总署五部门联合发布的首批国家级文化和科技融合示范基地。

（三）文化科技融合的创新发展环境有效改善

《成都市文化创意产业发展规划（2009—2012）》《成都市数字新媒体产业发展规划》《成都市文化产业发展“十二五”规划》《成都市广播影视“十二五”发展规划》等政策文件提出重点发展传媒、动漫游戏等新兴行业。2011年，成都市委《关于深化文化体制改革加快建设文化强市的意见》提出要加快建立以企业为主体、市场为导向、产学研相结合的文化科技创新体系，实施文化科技创新计划，大力推

---

① 项目编号：ZST13－13。

动文化和科技的融合。

（四）文化科技融合的产业发展动力不断增强

以信息技术为主的高新技术的发展，正在对提升文化创新能力、催生文化新业态发挥着日益重要的支撑和引领作用，正在成为促进文化产业发展的新引擎。科技在文化系统中的影响力在扩展，科技创新提高了文化产品的附加值，提升了文化产业的综合竞争力，文化科技融合发展的动力和需求不断增强。

二、成都文化科技融合的瓶颈制约

（一）体制机制存在障碍

由于文化与科技分属于不同的行业，存在严重的条块分割、部门分割，各单位、各部门推动文化科技融合发展的职责、任务界定不清，行业壁垒造成文化科技资源相对分散，文化科技要素之间相互作用较少，文化科技资源严重分离，整合产业资源存在一定困难，文化科技难以形成合力。

（二）融合发展政策保障缺失

虽然国家、省、市都出台了一些加快文化产业发展的政策和规划，其中涉及大力推动文化科技融合发展的内容，但是科技支撑文化产业发展的政策仍不够系统和完善，缺少支持文化科技融合发展的专项规划和政策体系。同时，在政策的执行上条块分割现象较为突出，文化科技产业政策政府部门执行主体多元化，未能形成统一政策安排。

（三）自主创新能力不强

成都文化产业整体规模不大，龙头企业不多，在文化科技融合的领域多数为科技型中小微企业，企业规模较小，市场竞争力不强，技术创新能力弱，影响力不大。除成都传媒集团、成都文旅集团外，还欠缺一批在国内外有影响的大型文化科技企业，众多企业还处于产业链的中低端，存在明显的高端原创不足，中间生产环节组织集约化程度不高，终端营销能力不强的缺陷。从整体来看，成都文化科技企业获得国家级评奖、国家文化出口重点企业和项目缺位。

（四）产业发展平台建设滞后

虽然成都文化科技型企业的公共服务机构的建设和引进已有较大的进展，但与文化科技产业发展的要求相比，还相差甚远，特别是公共技术服务平台建设差距更大，现有的公共服务平台的科技创新服务能力和水平无法满足企业日益增长的公共技术服务需求。

（五）文化科技创新人才缺乏

文化和科技融合相关科研成果与市场需求结合不紧密，制约产业发展的关键是人才缺失。文化科技融合发展不仅需要既通晓高科技又熟谙文化的复合型人才，也需要精通动漫设计、工业设计、传媒等的高端专业人才，更需要懂市场懂管理的商业管理人才。文化科技创新人才的缺乏，导致一些主导产业如动漫游戏、创意设计、数字影音、数字传媒、数字出版印刷等缺乏高端人才支撑，持续发展后劲不足。

三、以文化科技融合促进成都文化产业发展的对策建议

（一）实施系统顶层设计，加强战略层面文化科技融合

以建设“成都国家级文化和科技融合示范基地”为抓手，衔接“中西部最具影响力、全国一流和国际知名的文化之都”的文化改革发展奋斗目标，“国家重要的创新型城市和西部科技中心”的科技发展目标，出台文化科技创新实施意见，编制文化产业科技创新规划，制定文化科技融合行动计划。明确文化科技创新的产业发展目标，围绕成都文化产业发展、历史文化传承的重大科技需求，在文化领域的关键共性技术研发，新兴文化业态的发展，传统文化产业的升级，文化科技创新市场主体的培育，文化科技专门人才队伍的建设，信息基础设施的普及，对成都构建文化科技创新体系的主要任务进行具体部署。

（二）促进关键技术研发，增强文化产业科技创新能力

面向成都市文化产业重点领域，针对传媒、文博旅游、创意设计、演艺娱乐、文学与艺术品原创、动漫游戏和出版发行七大重点行业发展的科技需求，沿着文化产业价值链关键环节，加强战略性前沿技术和核心技术研究以及关键系统装备研制，提高文化产业的技术支撑能力。第一，加强内容原创和制作包装技术研究，不断丰富文化产品的介质形态，提升创意思路的表现力和创作力。第二，加强传播交易集成分发技术研究，实现数字内容资源共享、投送和交易以及数字内容在不同终端和不同传输方式下的版权保护。第三，加强体验消费终端展现技术研究，面向移动互联网，提高消费者在线体验的即时性和便捷性。

（三）发展新型文化业态，提高文化生产力和传播力

一方面，促进传统文化产业优化和升级。以文化旅游业、广播影视业、出版发行业、艺术品业与演艺娱乐业为重点，开展科技创新。围绕旅游产品展示体验、影视制作方式和传播服务开展技术创新、内容资源集成以及非物质文化遗产的产业化和市场化开展技术创新。另一方面，推动新兴文化产业的培育和发展。重点培育数字音乐、创意设计、数字出版等新兴文化业态，重点发展无线音乐和在线音乐，工业设计、广告设计、工艺品设计和建筑设计，网络出版、游戏动漫和移动媒体，提升游戏动漫产品的原创研发和市场运营能力。开发基于移动互联网的各类手持终端数字媒体产品，发展新媒体增值业务。

（四）健全产业发展平台，聚集文化科技创新主体

第一，建设产业发展载体，聚集文化科技创新市场主体。依托文化创意产业园建设文化和科技融合产业孵化平台，依托本地国有文化集团、民营文化创意骨干企业，搭建文化科技应用创新平台。第二，完善产权交易机制，健全文化科技创新要素市场。开展文化科技创新相关的关键技术、前沿技术和集成技术产权交易，健全

文化科技要素的市场化配置机制，构建辐射西部地区的文化科技要素市场。第三，创新品牌节会功能，搭建文化科技产品市场推广平台。依托城市大型文化活动和科技活动，搭建常态化的文化科技产品市场推广平台，推动成都文化科技企业和产品“走出去”。

（五）创新工作理念和机制，合力推动文化科技融合

第一，坚持开放合作理念。文化和科技融合是一项极具创新性的系统工程，专业性强、涉及面广，必须凝聚各相关领域的系统力量，发挥整体优势，坚持开放合作的理念。第二，建立联席会议制度。以“成都国家级文化和科技融合示范基地”建设为突破口，建立基地建设联席会议制度，作为推动文化和科技融合的中枢运行平台，探索构建纵向与横向相结合的组织协调机制。第三，建立专家咨询制度。整合科技创新、文化产业、经济管理相关领域的专家资源，建立文化科技咨询专家库，建立文化科技专家咨询对话机制，为政府推动文化产业科技创新决策提供更多理性化资源。

（课题负责人：成都市社会科学院经济研究所副研究员　尹宏）

持久创新："次级突破"视角下的天府新区发展策略[①]

在多点多极支撑发展战略背景下，作为四川省重点经济区之一的天府新区，要率先构建起创新驱动系统，特别是以"卓越成就"为目标形成区域持久创新能力，从而着力次级突破，成为四川经济发展强大的支撑点和增长极。

一、天府新区持久创新的必要性分析

（一）加速四川经济发展的政策需要

1. 构建区域持久创新能力有助于推动"多极支撑"发展战略

持久创新是"多极支撑"发展战略下区域核心增长极空间突破的内在动力机制。法国经济学家弗郎索瓦·佩鲁认为，经济的增长率先发生在增长极上，然后通过极化与扩散效应对区域经济活动产生影响，区域增长极在自身不断扩大的同时，也通过各种方式不断向外扩散，从而带动整个区域经济的发展。持久创新体系的形成不仅是增长极有效发挥的催化剂，也是区域层级体系最终形成的黏合剂。在天府新区建设过程中的区域创新有利于带动产业发展，一是由次级突破形成增长极支撑，二是推动成都的首位提升。

2. 形成区域持久创新能力有助于天府新区打破区域创新悖论

区域创新悖论（也可称区域创新难题）是欧盟委员会的经济学者兰达巴斯（M. Landabaso）在欧盟实施区域创新计划中发现的一个现象。它指的是相对于那些发达区域而言，欠发达区域更需要资金来促进创新，但是其吸收公共投资来促进创新的能力却赶不上较发达区域，这样就导致了一种马太效应。四川作为身居西部的内陆省份，与沿海发达地区相比，无论是在发展基础、发展动力还是在发展水平上都还有较大差距，要实现科学有效地赢得发展先机关键在于新区建设，打造本地增长极。天府新区承载着四川创新发展的未来，"创新"是天府新区卓越领先的制胜法宝，而"持久有效创新"则是天府新区保持旺盛生命力的主要路径。

（二）加速四川经济发展的客观需要

近几年，四川省的创新能力一直比较稳定，保持了较好的依靠创新求发展的势

① 项目编号：ZSR13-19。

头，但同时也暴露出一些不足之处。如图 1 所示，在 2003 年到 2012 年之间，四川省区域创新能力在全国排名中长期处在 10～15 名的区间中，仅在 2005 年和 2006 年落在 15 名之后，这是由于创新环境和创新绩效指标排名的大幅下降造成的。从长期来看，四川省知识创造、企业创新和创新环境三项指标排名基本与综合排名趋势吻合，而知识获取和创新绩效方面与综合排名偏离较大，且创新绩效排名一直处于 20 名开外，属于较低水平。知识获取指标衡量的是技术外溢水平，说明四川省与外界技术交流相对于排名靠前地区较弱。

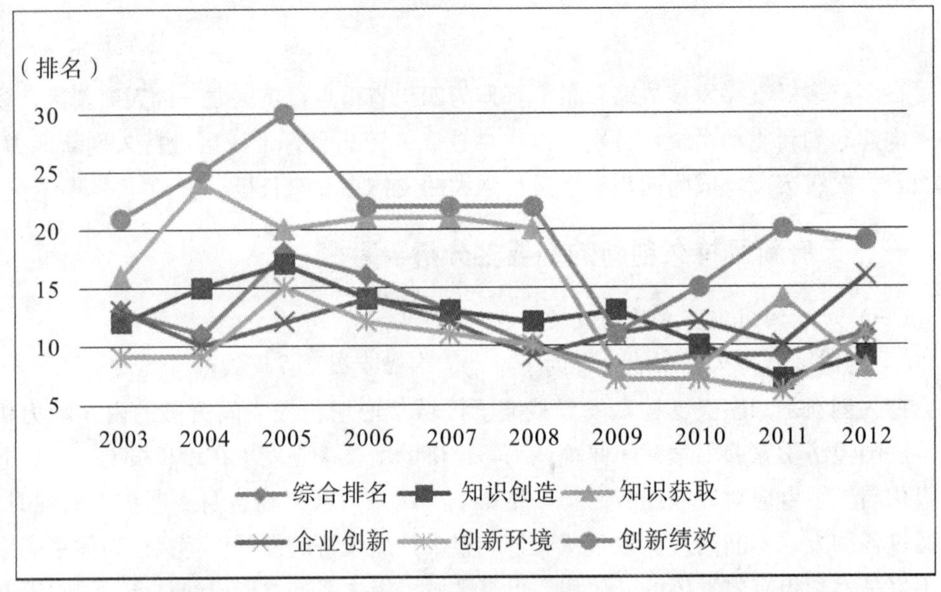

图 1　2003—2012 年四川省区域创新能力排名变动趋势

另外，在创新能力的综合排名上，四川省近几年虽偶有上升，但在 2012 年却回落到 2008 年的水平，呈现出“U”形。综合创新实力排名与此相当，也说明了本区域拥有与综合排名相当的创新资源，如绝对的科技投入水平、科研人员规模等。在近五年的综合创新效率排名中，四川省排名一直靠后，说明在有实力、有潜力的基础上，投入多而创新结果少，从而效率较低。因此，在四川省创新能力存在诸多问题的阶段，更需要以天府新区为主形成持久创新能力，推进四川省创新能力体系进一步完善，这是加速四川经济发展的客观需求。

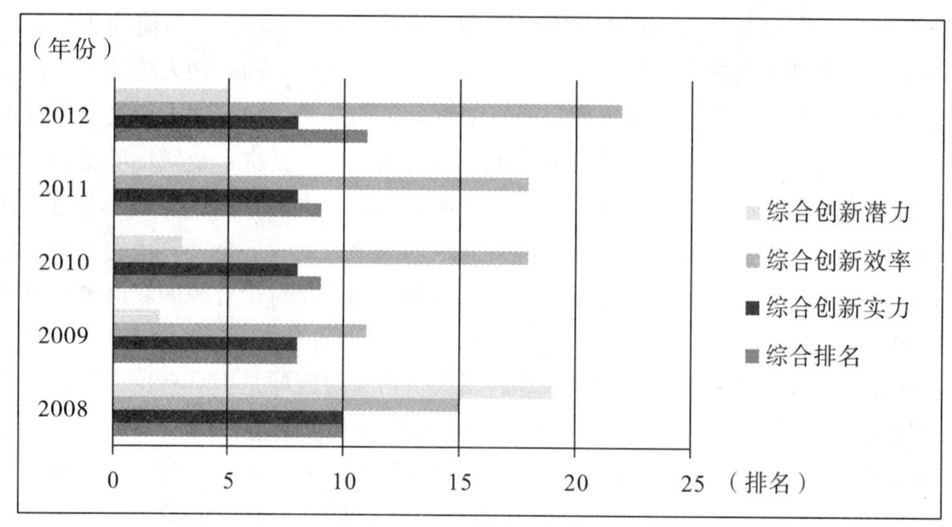

图 2　2008—2012 年四川省区域创新能力综合实力、效率与潜力排名

二、形成区域持久创新能力的实证分析

（一）测度持久创新的模型构建

如前文所述，四川省在全国区域创新排名中表现出的短板需要天府新区尽可能地进行优化，从而形成其特有的持久创新能力，即一方面加强区域创新效率，另一方面加强区域创新绩效。相对而言，区域创新效率的低下也是区域创新绩效低下的一个间接结果。因此，本文重点考察创新绩效的改善问题，借鉴《中国区域创新能力报告》中的指标设定，以高新技术企业总产值作为一种针对创新绩效变动的有效度量指标，而总产值的增速可以代表创新绩效的持续动态过程。进一步来说，天府新区作为独立创新单元超越四川省创新能力的这种态势，即天府新区高新技术企业总产值增速高于四川省同期指标，可以被认为是天府新区持久创新能力的体现。基于此，构造天府新区持久创新能力的代理变量（innovation）。

本文以前一期经济发展、居民收入和教育水平作为对持久创新能力的解释变量。同时认为金融环境对创新的支持也是不可忽视的一项重要因素。最后，考虑到不同行业的从业人员（staff）、地区成长速度（growth）均有可能影响到创新绩效的高低，遂引入模型。综上，初步构建模型：

$$\text{Innovation}_{i,t}=\alpha_0+\beta_1\text{development}_{i,t-1}+\beta_2\text{income}_{i,t-1}+\beta_3\text{education}_{i,t-1}+\beta_4\text{finance}_{i,t}+\beta_5\text{staff}_{i,t}+\beta_6\text{growth}_{i,t}+\varepsilon_{i,t}$$

（二）实证结果分析

沃德检验的 P 值为 0.0000，说明模型整体拟合良好；对具体变量系数的估计，经济发展、居民收入、金融环境、科研从业人员以及地区成长速度都是显著的，说明这些变量很好地解释了持久创新。其中，有两个影响因素对持久创新的作用似乎与预期不符。首先，经济发展与持久创新能力呈现反方向的变动。前一期地区人均地区生产总值每增加1%，具有持久创新能力的概率密度函数增加值约为-6.8，即具有持久创新能力的可能性将降低。一种合理的解释是，前一期人均地区生产总值的增加有可能预示着前一期人们已经享受到创新的成果，而当期人们会有惯性地继续享受这种成果，很难将创新行为变成一种持久状态。其次，金融环境也成了对持久创新有所制约的因素。当期年末贷款余额的增加，也将降低该区域拥有持久创新能力的概率，当然这种降低只有经济发展因素一半的影响。金融环境的宽松，意味着资本的充裕，没有外来的发展压力，区域创新能力相对于省域的衰退也是可以理解的。

在众多的影响因素中，居民收入和科研人员占比对区域是否具有持久创新能力影响较大。前一期职工平均工资每增加1%，具有持久创新能力的概率密度函数将近似增加15，显著增强区域持久创新能力。而科研人员占总人口比例更是将这一增加值抛高到18。可以这样认为，拥有更高的前一期职工平均工资、当期拥有更高平均工资的科研人员占比，将使天府新区更有可能拥有区域持久创新能力。相较之下，当期地区生产总值的增速对该地区是否具有区域持久创新能力影响较小。信息、软件行业的从业人员占比显然跟区域持久创新能力没有太大关系，另一方面，教育水平的不显著也说明普通民众的基础教育与持久创新能力关系不大。

三、结论及对策

在四川省科技创新暨科技奖励大会上，四川省委书记王东明指出，要以促进科技与经济社会发展紧密结合为重点，大力实施企业创新主体培育、产业创新牵引升级、产学研用协同创新、区域创新发展示范“四大科技创新工程”。同时，他强调着力打造区域创新平台，加快高新技术产业园区发展。这与本文最初的构思不谋而合，也为本文的研究指明了方向。通过对区域持久创新能力进行界定，在分析天府新区区域持久创新必要性的基础上，进行建模并做实证分析，本文的分析基本与现实情况是相符的，基本结论是：（1）区域持久创新能力不同于企业的持续创新能力，它既是企业持续创新不可或缺的外部创新环境，也是区域创新体系的核心竞争力所在，将不以单个企业的生命周期为转移；（2）构建创新驱动的经济发展模式，无论是出于客观条件要求还是政策需要，天府新区形成区域持久创新能力实现“次级突破”是当务之急；（3）天府新区区域持久创新能力的形成，需要从引进人才和提高区域内居民收入着手开展，这也将有效带动四川省创新能力的整体提升。

因此，着力打造区域创新平台，实际上就是要形成区域持久创新能力，这是天府新区作为省重点经济区推动“创新驱动”“科学发展”的根本途径。一是要加大区内居民增收力度，用优厚的工资及待遇留住人才、吸引人才，特别是科学研究从业人员，以期达到形成持久创新能力的目的；二是做强产业支撑，保稳定、促增长，加快区域发展步伐，用稳定的地区生产总值增速为持久创新保驾护航；三是稳固基础教育，强化高等教育，依托川内大学培育出更多高精尖自有人才，走创新驱动之路；四是加快科技体制改革进程，有效促进科技成果转化和产业化，可以天府新区为改革试点，提升四川省在全国省份中的创新绩效水平；五是正视金融创新与科技创新的关系，在形成持久创新能力的过程中，不能过分强调并依赖金融环境的影响。

（课题负责人：四川省委党校区域经济教研部教授　孙超英）

提升成都本土企业自主创新能力对策研究①

在调整经济结构、提高核心竞争力等方面，自主创新能力已经成为越来越受到人们关注的重要影响因素。如何认识并且积极引导企业提高自主创新能力，已成为我国经济快速发展中不可忽视的一个重大问题。成都市是西南乃至西部地区重要的经济和科技中心，为本土企业实施自主创新提供了坚实的基础。但是这些创新资源并没有真正转化成企业的自主创新能力，与发达地区相比，成都市本土企业的自主创新仍然存在诸多问题。因此，要不断完善科技创新体系，提升企业自主创新能力。

一、成都市本土企业自主创新现状

在成都市的传统优势企业和许多中小企业中，很多企业在自主创新方面都取得了丰硕的成果，在行业内做到技术领先、市场领先，竞争优势明显。一份来自成都市委政研室的调研报告，涉及31家企业，分属于电子信息、机械制造（汽车）、生物医药、航空航天、新材料、新能源、食品、鞋业和家具九大产业。它们的经费支出占销售收入比重均已超过3%，国腾电子、川大智胜等企业甚至接近20%，远远高于《成都市国家创新型城市建设规划（2010—2015）》中设定的1%的目标，有30家企业建立有国家、省、市级企业技术中心。可以说，成都市本土企业自主创新呈现快速发展态势。

二、成都市为本土企业实施自主创新提供的资源优势

近年来，成都市系统地推进了技术创新、产业创新和企业创新，先后实施国家节能与新能源汽车、国家半导体照明示范应用工程，加大对新药创新、新能源、新材料、节能环保、云计算、物联网等重点领域技术攻关，在增强企业自主创新能力方面，本土企业依托成都市和四川省的强有力支持取得了先发优势。

（一）扎实的经济基础

成都市作为西部重要的经济发展势头良好的城市之一，其良好的经济发展状况，为本土企业发展自主创新能力提供了扎实的经济基础，有足够的财力来支持本

① 项目编号：ZSR13-09。

土企业进行自主创新。

（二）研究与开发的科技投入规模增长稳定

一直以来，四川省经费支出规模稳居西部首位，而近几年成都市经费支出又占四川省经费支出的50%左右，在总量上领跑中西部各城市。

（三）庞大的科技人才队伍

近年来，在人才培养政策的支持下，成都市自主创新人才规模得到了长足发展，为把成都建设成为一流的创新之都和创业之城，2013 年 9 月成都市正式出台了《关于实施创新驱动发展战略加快创新型城市建设的意见》，其中在高层次的人才引进方面，采取了更为积极的措施鼓励高层次人才及其团队在成都创新和创业。

（四）相对成熟的科创体系

四川省作为西部第一个国家技术创新工程试点省，成都市作为国家首批创新型试点城市，不断完善科技创新体系，从而给企业的自主创新提供了有力的硬件支持。

三、当前成都市本土企业实施自主创新遇到的障碍

当前成都这个天府之国已经汇聚了极具优势的自主创新资源，也为成都本土企业实施自主创新提供了坚实的基础。但是，企业所拥有的丰富的自主创新资源，并不意味着就能转化成自主创新的能力。正是由于存在某些自主创新的障碍，才使得很多优势资源处于闲置的状态之中，企业自主创新能力没能得到真正提高。这种障碍性直接或间接地导致了很多问题：比如，还没有形成十分完备的科技产业化链条，企业在市场开拓方面显得后劲不足，企业虽有成果优势但难以迅速有效地打入市场，反过来直接影响了企业科技创新的积极性。科技服务机构虽然数量庞大，但相互之间并没有形成有效的联合机制，彼此间的合作还没有形成较大规模。这些障碍突出地表现为企业自主创新动力不足、企业自主创新服务体系不健全、政府对企业自主创新支持政策落实不到位等。

四、提升成都市本土企业自主创新能力的对策建议

成都市于 2013 年 9 月出台的《关于实施创新驱动发展战略加快创新型城市建设的意见》中，提出“到 2020 年成都成为全国一流的创新之城、创业之都，初步建成中西部创新驱动发展引领城市，国际知名的区域科技创新中心”，这就需要成都市本土企业不断提高自主创新能力。

（一）加大对企业自主创新的扶持力度，完善有利于企业自主创新的政策环境

2013 年 9 月成都市政府正式发布了《成都市支持企业创新能力建设若干政策》，加大了对企业自主创新的扶持力度。今后还要进一步做到：一是加大财政税收扶持力度。如，加大财政对企业研发的投入力度；加大企业的自主创新费用所得税抵扣力度；对于研发机构、科技创业服务机构、科技中介机构等也可以进行相应

的税收减免等。二是加大金融扶持力度。实施科技企业上市培育计划，支持成都市创新能力强的企业在中小板和创业板市场上市融资；积极支持建立多种形式的风险投资，引导中小企业创新创业；鼓励银行创新信贷管理体制，支持担保机构要逐步扩大用于高新技术项目的担保比例；全面提升金融服务水平等。三是完善政府采购政策。重点将新技术、新产品优先纳入政府采购目录，通过政府采购扶持成都市企业自主创新产品。四是建立健全鼓励技术开发投入和自主创新的法律体系，加大知识产权应用的保护力度。

（二）建立以企业为主导的技术创新体系，强化企业的自主创新主体地位

企业直接参与市场竞争，对新技术和新产品最为敏感，因此在自主创新和科技成果的转化过程中，企业要摆脱从属地位，政府要大力支持企业建设技术研发中心，这一点已充分体现在最新发布的《成都市支持企业创新能力建设若干政策》中了。今后，政府要继续支持企业建立研发机构，鼓励企业加大创新投入，由企业牵头实施产业目标明确的重大科技项目，一般的应用研究和研发项目也应由企业牵头完成，鼓励科技人员创办科技型企业，建立企业主导产业技术研发的创新体系，使企业真正成为技术创新的决策主体、投资主体和研究开发主体、科技成果转化主体和创新利益分配主体。

（三）加强创新合作，实施有效的产学研合作机制，建立专业化服务体系

成都市政府应鼓励不同类型的企业在合作中提高创新能力，鼓励中小企业和大企业建立技术战略联盟，通过主导产业、大企业、大项目的技术创新带动配套企业的技术创新。同时也要推进以企业为主体，完善企业与科研院所之间的产学研合作机制，才能使企业获得持续创新的能力，促使科技成果的有效转化。此外，为形成合作创新机制还应建立完善的专业化服务体系，为产学研间的合作和企业间的合作提供中介服务，提高成果的交易和转化效率。

（四）完善激励机制，加强对企业创新人才队伍的培养

要提高企业自主创新能力，其中必不可少的是要完善科技创新性人才的培养机制和激励机制。一是要健全科技创新型人才的培养机制，要以市场需求为导向，市、校、企联合培养产业发展急需的创新人才。二是大力引进科技技术创新人才及团队，并给予专项资金或研究经费支持。三是完善科技创新人才的激励机制，包括实施技术入股、股票期权激励、设立股权激励代持基金、获得相应比例的成果转化收益等。四是建立各具特色的企业创新文化，形成对企业科技人才的内在激励，激发他们自主创新，引进、消化吸收和再创新的内在动力。

（五）以成都高新区为龙头，发挥高新区对科技资源的整合作用

在支持本土企业自主创新方面，高新区的平台作用十分突出，其具有要素聚集力强、产业特色突出、研发力量雄厚、配套较为完善的优势，对企业科技创新的支撑具有引领作用，从而做到与企业共同成长。因此，成都市也要以成都高新区为龙头，继续发挥其公共技术平台、金融服务平台、人才支撑及产权保护平台、政务服

务平台和国际交流合作平台这“五大创新服务平台体系”的带动辐射作用，积极整合现有开发类科研院所、工业企业科研机构、科技中介机构等科技资源，形成资源共享机制。

（课题负责人：四川大学经济学院副教授　于璐）

新媒体推进成都市文化产业发展的路径研究①

本研究从成都市文化产业总体发展概况进行叙述分析，用地区生产总值数据对成都市的文化产业反战格局进行了整体评价，并总结了其他城市文化产业发展的战略：主动对接国家项目、推动行业融合，提升产业能及、优化综合服务，营造城市文化氛围、积极完善政策法规，不断优化产业环境；并提出了提升成都市文化产业的对策建议：扩大资金投入，完善投融资机制，贯彻国家文化产业政策，积极争取国家项目，促进产业融合，构建文化产业链条、完善产业政策，扶持重点行业发展，利用新兴传媒平台，推动文化产业发展。

一、成都市文化产业总体发展概况

近年来，成都市文化产业取得了稳步发展，已形成了以园区化、楼宇化为载体，以重大产业项目为带动，以骨干企业为支撑，传媒、文博旅游、创意设计、演艺娱乐、文学与艺术品原创、动漫游戏和出版发行等行业快速发展的新格局。

2011 年，成都市文化产业法人单位实现增加值 322.86 亿元，占地区生产总值的比重为 4.8%，较 2010 年上升了 0.16%，图 1 详细地列出了成都市 2005 年至 2010 年文化产业业务收入及占全市生产总值的比重数据。可以看出目前成都市文化产业取得了稳步的发展，对经济的贡献值也在显著提升。

截至 2011 年，成都市共建成文化产业园区、基地和重大项目 11 个，地理范围涉及 9 个区市县，全市文化产业初步形成了集群集聚的发展格局。并且成都市还成功地打造了一批以创意设计、文博旅游、数字音乐、艺术品原创等为特色的文化（创意）产业园区、基地和产业功能区。同时，成都各区（市）县依托产业功能区，结合自身的优势资源，定位于文化产业不同的发展方向，形成整体突进、错位竞争的发展格局。

2010 年成都市成为亚洲首个被联合国教科文组织正式批准为（创意）城市网络的“美食之都”的城市。2011 年成都又继北京之后，成功举办了“2011 中国国际创意设计推广周”，凸显了成都市文化（创意）产业在全国产业格局中的重要地位。成都市文化产业日益成熟，逐渐向国际化迈进。

---

① 项目编号：ZSR13-18。

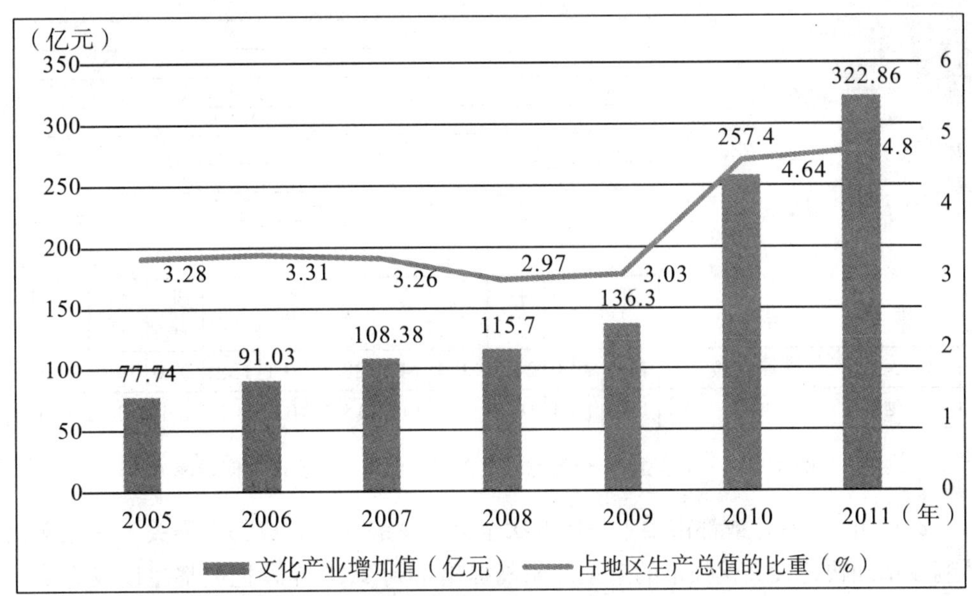

图 1　成都市 2005—2010 年文化产业业务收入及占全市生产总值的比重

二、国内城市文化产业对比情况

2011 年，北京、上海两市文化产业的增加值均接近 2 000 亿元，领先于全国各大城市。对全国 11 个重点城市文化（创意）产业增加值进行比较，成都排名第 8 位，远远落后于北京和上海，仅为北京的 16.6%，反映出成都市文化产业发展规模依旧较小。

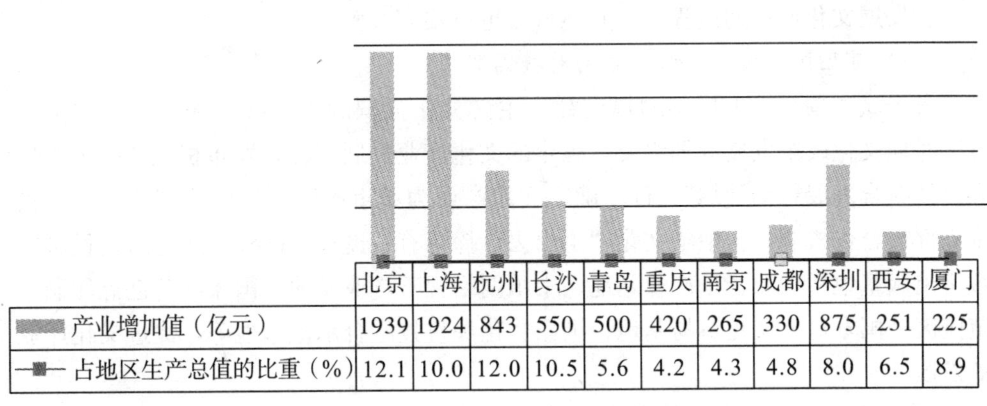

	北京	上海	杭州	长沙	青岛	重庆	南京	成都	深圳	西安	厦门
产业增加值（亿元）	1939	1924	843	550	500	420	265	330	875	251	225
占地区生产总值的比重（%）	12.1	10.0	12.0	10.5	5.6	4.2	4.3	4.8	8.0	6.5	8.9

图 2　2011 年全国 11 个重点城市文化（创意）产业增加值比较

2011 年，在所选取的 11 个城市中，共有 9 个城市的文化（创意）产业增加值增速超过 15%，成都市以 28.4% 的增速位居第 3，高于同处西部地区的重庆和西安。从全国整体发展情况来看，成都市文化（创意）产业的发展速度明显加快。

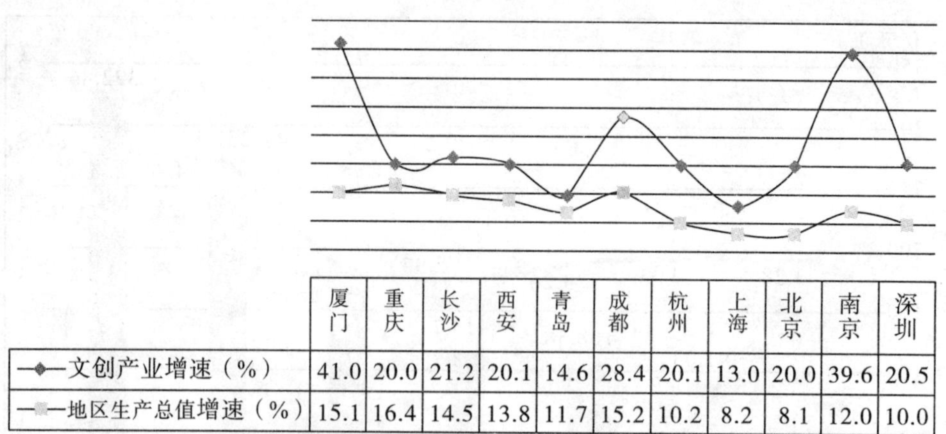

	厦门	重庆	长沙	西安	青岛	成都	杭州	上海	北京	南京	深圳
文创产业增速（%）	41.0	20.0	21.2	20.1	14.6	28.4	20.1	13.0	20.0	39.6	20.5
地区生产总值增速（%）	15.1	16.4	14.5	13.8	11.7	15.2	10.2	8.2	8.1	12.0	10.0

图3　2011年全国11个重点城市文化（创意）产业增加值增速

2011年12月，成都市委十一届九次全会通过的《中共成都市委关于深化文化体制改革加快建设文化强市的意见》明确提出：到2020年，把成都建设成为中西部最具影响力、全国一流和国际知名的“文化之都”。成都文化产业的重点内容在于“突出产业优势，重点发展传媒、文博旅游、创意设计、演艺娱乐、文学与艺术品原创、动漫游戏、出版发行七大行业，构建文化（创意）产业体系。以市级战略功能区和区（市）县文化（创意）产业功能区等园区、基地为重点，加快推进文化（创意）产业载体建设”。其中，规划目标：“十二五”期间，全市文化（创意）产业增加值年均增长20%以上，到2015年，文化（创意）产业增加值达到600亿元以上，占地区生产总值的比重达到6%，成为国民经济支柱性产业；建设“四基地”，打造“两中心”，建设“西部第一、全国一流”的文化（创意）产业标杆城市。在发展文化产业的过程中，其他城市也有很多经验。

（一）贯彻国家文化战略，主动对接国家项目

各个城市围绕中央提出的建设社会主义文化强国的国家战略和《国家“十二五”时期文化改革发展规划纲要》确定的文化产业发展方针，发布相关“推进文化和科技融合发展行动计划”，逐步确定文化产业为城市国民经济支柱产业，并积极推进部市合作机制，为中华文化“走出去”探寻有效途径。此外，还先后建设国家数字出版基地、国家音乐产业基地、中国网络视听产业基地、国家绿色创意印刷示范园区、国家对外文化贸易基地、国家文化和科技融合示范基地等，促进文化产业的发展。

（二）推动行业融合，提升产业能级

许多城市积极推进文化产业与科技、金融、贸易等行业的融合，推动文化产业的转型升级。如，上海市率先建设了动漫、多媒体、数字等公共技术服务平台，为文化产业提供优质的服务平台。在政策上支持数字展览展示、分布式渲染、数字内容创作和版权保护等文化科技项目，并且支持、鼓励文化产品在创作生产、传播和展示等环节的关键技术突破创新。同时，一些城市的金融业也积极与文化产业合

作。政府通过鼓励银行加大信贷力度，扶持建设文化产业融资担保机构，构建“文化企业上市后备资源库”，搭建金融与文化对接的信息平台等举措，不断深化文化与金融相结合的共同发展。这些举措，都使得对资本有极大需求的文化产业有了资金上的支撑，同时，对城市金融业的创新也提供了新的思路与途径。

（三）优化综合服务功能，营造城市文化氛围

对于体育设施及建筑物的合理使用为城市文化产业的创新发展提供了新的途径。同时，对于工业遗址的保护开发，结合文化创意产业，打造了众多具有工业特色的产业园区。成都的“东郊记忆”正是基于原有厂房建设的文化创意产业集群。

（四）积极完善政策法规，不断优化产业环境

一些城市出台了出版物发行网点建设扶持资金项目，制订了相关“促进文化创意产业发展财政扶持资金实施办法”，并发布了“促进文化创意产业发展财政扶持资金申报指南”。例如，上海市发布《上海文化创意产业政策汇编》，完善了文化产业的各个环节上配套政策。

三、提升成都市文化产业对策建议

（一）扩大资金投入，完善投融资机制

依据一些城市文化产业经验，成都市可加大资金投入，逐步加大对文化产业专项资金的扶持力度，推动文化产业的进一步发展。建议专项资金主要投放于公共服务平台建设方面，同时还可以对能够推动产业链形成或产业化发展的项目进行重点投入，对于行业中具有领军和先导作用的企业在资金上也可以进行大力扶持。而在投融资机制方面，可以探索性地建立文化产权交易平台，进行公开公平的产权交易，使文化产权市场化；鼓励银行及金融机构支持文化创意企业，解决中小文化创意企业融资难等问题；引导金融机构不断推进文化产业发展的信贷管理的创新。支持符合条件的文化企业上市，鼓励文化类上市公司进行并购重组，全面提高文化企业的竞争力。

（二）贯彻国家文化产业政策，积极争取国家项目

成都市应积极参与国家重大文化产业建设项目，与各部委合作，推进部市合作机制，建立国家级文化产业园区、基地等。

（三）促进产业融合，构建文化产业链条

文化优势企业牵头，加强产业与行业间、行业与区域间的合作与联动，加强文化产业与其他产业的关联度，可借鉴与科技、贸易、金融等行业的合作，打破现有行业壁垒，扩展文化产业链，促进文化产业与科技、经济、教育、通信等产业的联动发展。

（四）完善产业政策，扶持重点行业发展

规范文化产业园区、基地建设和管理，提高文化产业集聚区域建设水平。加强知识产权保护，对创意成果应用、知识产权评估、抵押融资和贸易等进行扶持。制

定文化产业行业政策，优先扶持重点行业发展。完善统计体系，科学、准确地统计成都市文化产业相关数据，制定相关文化产业政策，同时对文化产业的重点门类、行业进行详细分析与规划，加大扶持力度，打造具有成都特色的文化产业。

（五）利用新兴传媒平台，推动文化产业发展

目前，新兴媒体平台正在深入融合推动文化产业发展。新媒体不仅拓宽了传播渠道，提升了受众的接收度，自媒体的发展也降低了内容发布的门槛，使得传播成本大为降低，为文化产业的发展带来了新的机遇。借助自媒体技术进行文化产品的生产、消费与传播是现阶段文化产业发展的一个重要特色，对成都这样人口密集的特大城市特别有利。同时，依托新媒体技术发展的数字技术也有利于提升成都市文化产业水准，打造新的文化产品，促进成都市文化产业的发展。

（课题负责人：四川省社会科学院新闻传播研究所副研究员　罗子欣）

社 会 类

关于成都市推进“负面清单”管理的研究[①]

自上海自贸区公布我国首份外商投资准入“负面清单”以来，全国多地均表示欲推行“负面清单”管理制度。从根本上讲，“负面清单”管理不仅是市场准入方式的重大变革，更是政府管理方式的重大变革。它不仅宣示了国家深化改革开放的坚定决心，也是重塑我国政府与市场关系的重要突破口。成都应顺势而为，加快实施负面清单管理，倒逼重点领域和关键环节加快改革，为打造西部经济核心增长极，建设现代化、国际化城市蓄积创新能量。

一、改革大势催生负面清单管理

“负面清单”的本意，是一国或地区在引进外商投资时，以“清单”方式明确列出与国民待遇和最惠国待遇不相符的管理措施。随着实践的深入，“负面清单”已逐渐成为一种思维、理念和管理模式，其所指已远远超出外商投资领域，进而成为一项撬动和调适政府与市场关系的变革。

（一）应对加速重构的全球投资新规则，必须推行“负面清单”管理模式

当前，世界格局正在发生重大而深刻的变化，国家间经济实力消长明显，原有国际经济规则的内在缺陷进一步显现，发达国家主导的相关谈判正在成为全球投资规则重构的主要平台。如跨太平洋伙伴关系协议（TPP）、跨大西洋贸易与投资伙伴协议（TTIP）两大谈判，核心都是建立投资贸易的“负面清单”，其一旦达成，将引领新一轮国际经济规则的制定，并重树发达国家对全球经济的主导权，对中国形成战略性挤压。

（二）发挥市场配置资源的决定性作用，必须推行“负面清单”管理模式

过去很长一段时期，我国在产业发展和投资领域实行的是“正面清单”管理模式，即政府确立鼓励类、限制类、禁止类投资目录，告诉市场主体做什么、怎么做。这实际上是政府代替市场作决定，往往导致资源的低效配置。如2010年，国务院提出重点发展战略性新兴产业，结果80%以上的城市一窝蜂地将物联网、新能源、新材料、电子信息和生物医药等确定为战略性新兴产业，造成大量重复建设、资源浪费和产能过剩。以尚德电力破产为代表的光伏产业的衰败，就是一个惨

---

① 项目编号：2014R03。

痛的教训。

（三）赢得新一轮改革发展的先发优势，必须推行“负面清单”管理模式

现阶段，我市正处于工业化、城镇化的加速期，打造西部经济核心增长极的攻坚期，推进现代化国际化的关键期，各类深层次矛盾和问题日益凸显。化解矛盾和问题，关键在改革。而新一轮改革已由过去的“先东部后西部”变为“东、中、西兼顾”，各地抢先改革、领跑改革的机会更加均等。同时，新一轮改革的重点，已不再是通过向国家索要政策来形成资源集聚的“洼地”，而是要推动制度创新获取改革红利。“负面清单”管理模式就是促进政府转变职能、转变管理方式，释放改革红利的制度创新。

二、“负面清单”管理的顶层设计

推进“负面清单”管理是一项系统工程，需要从“清单”的编制思路、实施原则、配套改革等方面做好顶层设计。

（一）推动“两个拓展”，厘清“负面清单”的编制思路

一是从外商投资准入拓展到企业投资准入。“负面清单”不能仅针对外商投资领域，而应在保留外商投资“不符管理措施”基础上，对涉及企业投资的主要领域、重点区域和关键环节，分门别类列出“负面清单”。比如，对破坏环境、妨碍民生的产业或投资，给予禁止或限制发展等“负面”约定，促进经济发展与民生改进良性循环。

二是从投资准入领域拓展到公共管理领域。“负面清单”管理作为一种新的管理模式，虽然当前主要运用于投资准入领域，但其适用范围却远不止于此。成都市应在推进投资准入“负面清单”管理的同时，积极研究将“负面清单”思维和方式运用到公共管理的广阔领域。比如，北京市针对大额专项资金制定的“负面清单”，以及佛山市对社会组织的登记实施“负面清单”管理等，就是这一管理模式向公共管理领域的拓展运用。

（二）制定“三大清单”，系统化推进“负面清单”管理

实施“负面清单”管理，本质上是通过“简政放权”减少政府对微观领域的干预，更有效地激发市场活力。但市场并非万能，政府不能隐退。要顺利实施“负面清单”管理，除了制定科学合理的“负面清单”，还必须推进一系列配套改革，确保在制约政府权力与加强政府监管之间找到新的平衡点。

一是制定投资准入“负面清单”，激发市场投资活力。根据《外商投资产业指导目录》和成都市现有产业基础及发展定位，以提升投资管理透明度和经济开放度为目的，列明市域范围内禁止和限制投资的领域、产业及特别管理措施。经综合分析研究，成都市投资准入“负面清单”可由外商投资、企业投资、区域发展、环境保护、用地审批五个“子单”构成。其中，外商投资“负面清单”，仅对外商投资适用，如在中药材种植、广播电视服务等行业（领域）对外商投资列出禁入或限制

条款；企业投资“负面清单”，适用于拟在市域内投资的所有企业，如在卷烟加工、防火封堵材料等产业（项目）对企业投资列出禁入或限制条款；区域发展“负面清单”，是结合各区（市）县资源禀赋及发展规划，列出禁止或限制发展的产业或项目，如在饮用水源保护区域严格禁止或限制工业投资；环境保护“负面清单”，是对资源消耗多、环境损害大、生态效益低的项目规定禁入或限制条款；用地审批“负面清单”，是从土地资源有效利用的角度限制投资，实质上是对其他“负面清单”的一种补充，如VCD整机生产项目已没有市场前景，应禁止供地。

二是制定政府审批“权力清单”，引导市场有序运转。“投资准入负面清单”重在标识市场主体能否进入或需要附条件进入某些产业或投资领域。在此基础上，政府需对某些市场主体进行特定管制，根据其提交的相关申请，经审查后确定是否赋予其某项权利、免除其某项义务或准予其从事特定活动等。按照“负面清单”管理理念，与此相关的政府权力不仅要大幅精简，更要透明运行。

具体而言，就是按照“行政许可事项”“行政处罚事项”“行政征收事项”“行政强制事项”“行政确认事项”“行政给付事项”“行政裁决事项”“其他权力事项”8个类别，深化行政权力的分类清理，全面公开市区两级政府部门、乡镇（街道）的权力事项和运行流程，实现“行政权力清单”网上公开全覆盖，推进权力运行电子化、透明化、标准化、流程化。

三是制定市场主体“监管清单”，强化市场运营监管。实施“负面清单”管理，有利于成都市更好参与国际国内经贸合作，建设高水平的市场体制机制。但“负面清单”是一把双刃剑，它降低了市场准入门槛，将事前监管压力转向了事中、事后，也把监管问题提到了前所未有的高度，这就需要针对不同市场主体，制定相应的“监管清单”。

“监管清单”需遵循分类分级监管与黑名单监管两大准则。分类分级监管，就是根据产业（行业）特点、对社会的危害程度等因素，制定宽严有度的监管标准和监管细则。如，对卷烟零售市场监管可分为重点监控、一般监管、正常管理；对消防安全监管可区分为重点监管单位、非重点监管单位等。黑名单监管，就是将企业信用信息记录备案并实行动态管理，作为惩戒和规范企业生产经营活动的依据。如，药品零售企业安全信用等级可分为A级守信、B级警示、C级失信、D级严重失信，对被认定为警示、失信或严重失信的企业，采取加强专项监管、加大药品抽验力度等措施。

三、加快推进“负面清单”投入运行

（一）推进服务业“投资准入负面清单”管理，为申报内陆自贸区奠定更坚实基础

成都市应发挥在金融服务、商贸服务、专业服务、文化服务、社会服务等方面积累的相对优势，通过实施“投资准入负面清单”管理，放宽这些领域对投资者特

别是境外投资者资质、股比、经营范围等的限制。特别要在支持设立外资银行、中外合资银行、民营银行等方面把政策用好用足，为小微企业发展提供便捷的金融服务；要借鉴汇金管理模式，推进成都市文化、金融等领域国有企业市场化、专业化、国际化、证券化、规范化改革，积极探索引入民间资本，加快发展混合所有制经济。

（二）实行“扩容提速”，推动“负面清单”管理进入社会民生领域

“负面清单”管理模式不能局限于在经济领域运用，还应在社会管理尤其是教育、医疗、环境保护等关系民生的领域加快推广运用。

比如，在教育领域，要通过“负面清单”解除民办学校在投资、运营、管理等方面的“负面”要求所受到的诸多不必要的限制。在医疗领域，要通过“负面清单”明确民营资本能否参与公立医院改革，能否参股乃至控股等问题，避免民营资本在不明朗的体制面前畏缩不前。在环境保护领域，要加快建立“产业负面清单”，对环境敏感区域或环境污染严重的产业，采取禁止或限制发展等措施。

（课题负责人：成都市委政策研究室经济处副处长　王启友）

城乡教育互动发展联盟的成都模式[①]

《国家中长期教育改革和发展规划纲要（2010—2020）》明确指出："要建成覆盖城乡的基本公共教育服务体系，实现基本公共教育服务均等化；要率先在县（区）域内实现城乡教育均衡发展，并逐步在更大范围内推进。"推进市域层面城乡教育均衡发展，是适应教育自身发展的要求，也是适应经济社会发展的要求。成都市结合我国城市所具有的圈层空间结构，打破原有的思维模式，提出构建适合地级市特点的城乡教育互动发展联盟模式。

一、背景

自2003年以来，通过"五大工程"计划、"教育八大措施"、"教育灾后重建"等重要措施，成都市二、三圈层学校，特别是农村学校的硬件条件得到较大改善。但是，三圈层之间教育发展差异明显，产生差异的主要原因是优质教育资源配置差异的存在。

2009年，在"全域成都"理念的引领下，成都市实施"以城带乡、以强带弱"的发展战略，强化中心城区反哺三圈层、带动三圈层的义务和责任，以行政方式强力推动6个中心城区（含高新区）与远郊9个区（市）县签订协议，拉开实践城乡教育互动发展联盟模式的序幕。

2011年，城乡教育互动发展联盟模式在一、三圈层的推进，提升了第三圈层区（市）县农村学校和薄弱学校的办学质量，缩小了一、三圈层的区（市）县之间的教育差距。2012年，在成都市"三圈一体"发展战略规划下，成都市教育局决定将城乡教育互动发展联盟模式深化到一、二、三圈层，打破三个圈层间各区（市）县之间的行政壁垒、资源流通壁垒，在市域层面推进均衡发展。

2012年，成都市教育局出台《关于深化城乡教育互动发展，促进教育圈层融合的意见》，以此推进城乡教育圈层融合、优质均衡发展，将分属三个圈层的20个区（市）县结成"一对一"的区县联盟（10+10）。

① 项目编号：ZSR13-31。

二、城乡教育互动发展联盟模式的实施

（一）市域统筹

成都市教育局出台了《关于深化城乡教育互动发展，促进教育圈层融合的意见》，在制度设计上，综合运用引导、考核、激励、支持以及动态监测等政策和手段，采取“强弱结盟”“以城带乡”的办法，将成都市的20个区（市）县组成10对“一对一”的区（市）县联盟，充分发挥三个圈层教育各自的优势和特色，加快缩小三个圈层之间的整体差距。

同时，成都市教育局还出台了一系列文件如《关于深化城乡学校结对发展工作的意见》《关于做好城乡中小学干部双向互派和教师交流工作的通知》《关于推进名校进县城托管到乡镇　深化教育圈层融合的意见》等，要求各区（市）县要有计划有组织地实现农村薄弱学校与城区学校的结对发展和资源共享，并对区县联盟情况进行监督和捆绑考核，采取“以奖代补”方式对成绩突出的区（市）县、学校予以奖励。构建起城乡教育互动发展的政策体系和制度环境，实现对县域教育资源的市级整合利用。

（二）联盟自主

城乡教育互动联盟模式的实践主体是联盟的区（市）县。联盟的区（市）县自主地选取一批学校进行结对，自主地决定干部、教师交流情况，自主地决定合作的项目，等等。

例如，在成都市教育局的主导下，青羊区与蒲江县签订了《青蒲教育互动融合合作协议》，确定了联盟关系。两地各自选取了13所学校进行“一对一”结对，自主地互派干部、教师进行交流，设置了互动专项经费，并把专项经费纳入年初预算，对做出突出成绩的结对学校采取“以奖代补”方式予以支持，对派出干部、教师学校给予人员经费缺口补贴。两地积极以项目为带动，不断追求工作创新，设立《跨区域义务教育公办学校委托管理策略研究》项目，在蒲江县共建“中小学素质教育基地建设”，开发基地素质教育活动课程。

（三）多样化推进

1. 名校集团化

成都一、二圈层的城市优质学校在二、三圈层的区（市）县建立优质学校分校，由优质学校专派校长引导分校的发展，同时派去骨干教师进行交流，而分校也要选派校长、管理人员和年轻教师到优质学校交流。如成都七中育才学校作为领办学校，派驻专任校长和骨干教师到金堂分校，负责分校管理和日常教学工作，将七中育才学校的先进管理理念和教学方法等输送到分校，在育才学校和金堂分校实现了“三同步、三统一”，即教学进度同步、教育活动同步、教学研究同步，教学内容统一、学生练习题统一、学生考试统一。

2. 跨区域委托管理

采取“政府购买服务、契约式管理”方式跨区域开展“一对一”学校委托管理，将农村的薄弱学校直接委托给城市优质学校进行全方位管理。优质学校派出管理团队并出任执行校长，校长由派驻地教育行政部门任命，确保在校长负责制下，优质学校先进管理理念等的顺利输出，也有助于实现学校内部管理、办学行为的充分自主，能以最快的速度带动农村学校实现跨越式的发展，使农村学校用最短的时间走上内涵发展之路。

3. 共同发展体

结对学校形成教育共同体，以共同发展愿景为纽带，以共同的目标为追求，集聚在一起，合作解决教育、教学过程中的问题，共同开展教研、科研活动，相互协作、相互帮助。如，武侯区的西北中学与新津的普兴中学，两校以“同课异构”有效课堂教学研讨为互动主题，研讨同一课题教学设计的最优化方案。同时，通过骨干教师引领、专题讲座、学科研讨、青年教师培养、干部互派、网站互通、学生社团活动等形式开展互动交流，共同推进素质教育，在互动机制、运行方式等方面，走出了一条共同体模式的新路。

4. “一对一”帮扶

结对学校中优质学校对薄弱学校、农村学校进行帮扶和带动，加强结对学校师生间的交流与协作，实现结对学校共同发展。如，新都机关幼儿园与彭州市西郊小学中心幼儿园，每学期集中开展听课、示范讲座、教学科研、园本培训，组织教师互访、联谊、参观等活动。新都机关幼儿园的名师和骨干教师定期到西郊小学中心幼儿园献课，帮助西郊小学中心幼儿园的教师筛选教材、解读教材、分析教材，指导教师现场备课、讲课、评课和进行多媒体课件的制作，提高了西郊小学中心幼儿园教师的专业化水平。

三、城乡教育互动发展联盟模式的成效

（一）丰富和发展了“市域统筹”方式方法

成都市将三个圈层的20个区（市）县放在同一个平台，整合教育资源，实行“一对一”的区（市）县联盟、“一对一”的跨区域学校结对，是一种全方面、多层次的实践模式，是一种在“全域成都”视角下的“市域统筹”方法，以城乡统一的标准为依据，打破成都市城乡教育二元标准，构建起了新型的城乡教育关系。

（二）突破了“以县为主”的基础教育管理体制藩篱

成都市城乡教育互动发展联盟模式，以区（市）县“一对一”教育联盟为基本框架，突破行政区划和圈层界限；以学校结对发展为基础，打破学校在县域内自我封闭发展的格局；以干部教师交流为重点，打破了干部教师唯我所有的格局；以优质教育资源辐射为深化，打破优质教育资源唯我独享的格局。

（三）深化了干部教师交流制度和方式

城乡教育互动发展联盟模式的实施，突破“县管校用”干部教师的属地化管理，拓展流动地域、空间、范围，完善流动方式。2012年成都实施城乡教育互动发展联盟模式过程中，区（市）县联盟间互派干部125名（任职一年以上的122人，其中任职三年的38人），互派教师754名（交流期限全部超过半年，一年以上的280人），2 993名骨干教师与4 546名农村学校青年教师结成师徒。

（四）探索了优质教育资源扩大的新模式

一方面通过契约式购买服务，加强联盟纽带和载体建设，促进互动常态化，缩小二、三圈层学校与城区在办学理念、学校管理、师资建设等内涵方面的差异。另一方面，在现行属地化管理体制下，实现学校的人、财、物等资源的跨区域流动，实现优质教育资源的辐射和规模扩大。

四、推进城乡教育互动发展联盟模式的建议

（一）强化城乡互动、“三圈一体”教育优质均衡发展理念

一是教育行政部门和学校领导、教师等要加强对互动交流的认识，积极配合互动交流的推行。二是市教育行政部门要通过宣传促使社会大众了解互动交流对于逐步改善城乡教育失衡状况，实现城乡教育均衡发展的重要意义。三是加强互动教师互动前的培训，明确教师派出的目的、任务与可带回的成果。四是激发结对学校的积极性、主动性和创新性，改变农村学校被动的局面，让互动变得更有价值。

（二）完善市教育行政部门、联盟区（市）县教育行政部门的督导评估机制

一是市教育行政部门应组织专业人员根据区县联盟汇报的情况进行不定期的动态实地监督、抽查。二是健全督导信息公开制度。市教育行政部门应有专门的网站对区县联盟的情况进行公开，而联盟的区县也有专门的网站对学校结对的情况，干部、教师交流情况进行公开，使得社会各界能更好地监督区（市）县的联盟、跨区域学校结对的成果。

（三）完善干部教师交流制度，促进城乡教育深度融合

一是建立动态、灵活的教师编制调整机制。编制部门要会同财政、教育部门，根据学校发展和学生总体数量变化情况，适时调整和核定中小学教职工编制。人事部门要根据教育部门提供的教师需求计划，负责本辖区内农村中小学教师补充计划的综合核定。教育部门要积极探索农村学校教师补充的新机制，促进城镇学校教师向农村学校有序合理流动，严格控制城镇中小学教师编制，适当提高农村中小学中、高级教师专业技术职务的结构比例。二是逐步解决教师绩效工资矛盾。实现教师工资“全域成都”同酬待遇，为全市加快教师交流扫清制度障碍。三是建立和完善一套包含评优评先倾斜、培训机会、经费补贴、奖励等在内的激励机制，吸引教师自愿、主动参与交流。

（课题负责人：成都市教育局局长　吕信伟）

成都市流浪儿童流浪原因及变化趋势研究[①]

流浪儿童是一个特殊的弱势群体，也是最近几年我国社会保障政策关注的重点。自2003年特别是2008年以来，我国政府先后颁布了10多部相关政策和法规，致力解决儿童流浪问题，但成效不显著，流浪儿童绝对数量并无明显减少，且重复流浪率较高。这迫切需要我们从根本上了解儿童流浪的原因及其变化趋势，以便增强政策的针对性。

为此，本课题通过对现有关于儿童流浪原因的研究进行了文献分析，对成都市救助站相关数据进行统计分析，对成都市救助站工作人员做了2次焦点小组讨论，对驻站流浪儿童进行个别访谈等方式，比较系统地研究了成都市最近10年特别是2008年以来，流浪儿童流浪原因及其变化趋势，希望能对相关政策的制定提供一些参考。

一、关于儿童流浪原因的文献分析

文献分析结果表明：流浪儿童流浪原因还没有引起学术界的足够的关注。表现在关于流浪儿童的研究很多，但针对儿童流浪原因的研究较少，且大部分集中在2008年以前。调研时间较早、样本人数较少且缺乏流浪原因纵向时间段的对比分析。

现有的研究文献普遍认为，我国儿童流浪的原因是复杂的且是多方面的，一般集合了儿童社会化过程中的三个基本单位——家庭、学校和社会，同时还涉及政府的保障和社区及村（居）委会的保护力，涉及儿童成长的内外环境和儿童自身的原因。大部分研究都认为家庭因素是导致儿童流浪的根本原因，而社会经济贫困是儿童流浪的重要原因。

二、对儿保中心和救助站相关数据的统计分析

（一）家庭状况是导致儿童流浪的根本原因

1. 家庭遇到突然的困难。在未成年人救助保护中心登记的流浪儿童中，家庭经济贫困者较少，且数据呈下降趋势，以往流浪原因研究中的重点“家庭贫困”已

---

① 项目编号：2014R45。

不再是儿童外出流浪的最主要原因。但是由于这些家庭收入来源多以务工、务农为主，具有不稳定性，抗风险能力较低，所以，遭遇重大变故又无法靠自身力量走出困境是否会导致儿童流浪需要进一步研究了解。

2. 不和谐的家庭关系与家庭结构发生变化导致儿童厌烦家庭环境，最终离家出走流浪街头，是值得关注的儿童流浪原因；留守儿童和服刑人员子女由于父母教育与关爱的长时间缺失，成为流浪儿童的重要潜在人群，家庭环境的缺失也是导致儿童流浪的重要原因。

3. 家庭成员文化水平低和教育方式不当。流浪儿童家庭成员中的文化程度普遍偏低，教育理念和手段欠科学化，无法给予儿童科学的家庭教育和情感沟通，不过，流浪儿童中遭受家庭暴力的比例逐年呈下降趋势，所以笔者需要通过访谈研究来了解家庭教育对儿童流浪行为的影响。

（二）社会环境也是导致儿童流浪的重要原因

1. “外出务工”。随着社会经济的发展，少年“民工潮”的现象愈演愈烈，以“外出务工”为目的的离家儿童人数逐渐增多。

2. 走失。社会人口的流动频繁，与家人走失的儿童比例逐年有上升趋势，成为流浪儿童的重要来源之一。

3. 被拐骗。不法分子拐骗儿童是历来就存在的儿童流浪原因，随着科学技术的发展，不法分子利用高科技手段诱拐儿童离家的事件频频发生，给儿童和家庭带来巨大的伤害和痛苦，也是导致儿童流浪的原因之一。

4. 受媒体的不良影响。社会媒体的宣传和影像的播放容易给价值观不成熟的未成年人造成错误的影响，形成错误的人生观和价值观，促进了儿童流浪。我国现有的亲友救助和社会救助体系不完善是流浪儿童大量存在的重要原因；儿童在流浪初期没有得到亲友或社会及时的救助，儿童沾染恶习后更不易被矫正且难以归家。

（三）学校教育不当也会促使儿童流浪

愈来愈大的学习压力、网络的影响等因素致使愈来愈多的儿童产生厌学情绪，辍学流浪儿童的比例不断增加。厌学辍学是否是导致儿童流浪的重要来源需要笔者进一步验证。

三、对救助站员工和儿童的访谈

通过对救助站的员工的访谈和座谈以及对驻站儿童的个别访谈，我们得出以下结论：

导致儿童流浪的原因纷繁复杂，因个人情况不同而表现各异。从访谈案例中可以看出一个儿童身上会有多种流浪原因的不同排列组合，只不过有的情况复杂，有的情况简单，但无论儿童是因厌学辍学离家还是因务工挣钱离家，所有致使儿童离家流浪的根源都与家庭因素紧密相连。只要儿童拥有健全、和睦的家庭，父母采用沟通交流、尊重信任等科学的教育方法给予认可和关怀，即使学校教育失范或有社会不良影响，儿童都能够在家长正确的引导下摒弃偏激想法，健康成长。所以家庭抗风险能力低、家庭环境缺失和家庭教育失当等家庭原因是导致儿童离家的根本原因。

儿童务工现象是我国近几年来出现的新热潮，有的儿童离家目的就是打工挣钱，这种情况与家庭经济并没有必然联系。由于国家明文禁用童工以及儿童缺乏谋生技能和吃苦耐劳的精神，往往最终走上流浪道路，所以，儿童务工失败是离家儿童走上流浪道路的重要因素。

四、结论

1. 儿童流浪的原因极具复杂性，家庭、学校、社会以及政府对儿童离家流浪问题的产生都有不可推卸的责任，但家庭因素是儿童离家的根本原因。

2. 儿童流浪的原因并不是固定不变的。随着我国经济社会的发展，儿童流浪的原因也在发生着改变，但我国的政策并未及时予以倾斜。就现阶段社会现实问题而言，少年“民工潮”现象愈演愈烈，儿童外出务工失败而流浪街头成为新的流浪原因。

3. 需要对我国相关救助政策加以改进。流浪儿童救助政策的调整需要以解决儿童流浪的根本原因为目的，且伴随着流浪原因的变化而及时调整。

4. 建议制定以社区为基础的流浪儿童救助体系，完善社区功能，加强对风险家庭的干预，从源头解决儿童离家问题；加强教育管理，提升儿童适应社会的能力以减少离家儿童流浪现象，努力解决流浪儿童问题。

（课题负责人：西南交通大学公共管理学院教授　郭红玲）

成都市政府购买公共服务的实践与探索①

近年来，成都市通过建立政府购买公共服务的相关制度，将部分原来由政府直接举办的公共服务事项交由一些社会组织来完成，逐步形成了政府提供公共服务的新机制和改善公共服务的合力，在促进政府职能转变，推进政事、政社分开的同时，拓宽了公共服务的领域，深化了公共服务的内涵，满足了人民群众对公共服务的新需求。

一、成都市政府购买公共服务的现状

成都市在推进规范化服务型政府建设的过程中，以建立城乡均等化公共服务保障体制、健全全市公共服务体系为目标，积极探索公共服务供给多元化机制，不断加大政府购买公共服务的力度，政府购买公共服务的范围、数量、规模都呈现出较大的增长趋势。

（一）购买项目和方式逐渐法定化

2009 年，成都市政府即出台了《关于建立政府购买社会组织服务制度的意见》。此后，各区（市）县也结合实际，制定了具体的实施办法和政府向社会组织购买公共服务项目指导目录。从 2010 年起，成都市政府将政府购买公共服务和社会组织服务项目纳入年度公布的政府采购目录，并逐年调整完善。在购买流程上，成都市除要求市及区（市）县相关行政职能部门在确定购买项目时，将购买资金纳入部门综合预算统筹安排，还规定全市政府集中采购机构必须根据目录，按照政府采购的法定方式和程序采购服务，确定服务提供者。相关行政职能部门要严格按照合同，对服务提供者提供的服务进行管理、监督和考核。政府目标督查部门要组织财政、审计、监察等部门，对实施购买社会组织服务的行政职能部门工作完成情况进行督查和年度绩效考评。

（二）政府购买公共服务的规模逐年增长

目前，成都市已初步建立了政府购买公共服务的目标考核管理机制。每年年初，由政府目标管理部门分解下达包括购买社会组织服务在内的政府购买公共服务目标任务，年终各目标责任部门对自身所承担目标任务完成情况进行自测评价，相

① 项目编号：2014R51。

关部门在此基础上进行目标考核。2009 年以来，成都市政府购买公共服务的项目和资金都呈现出逐年增长的趋势。

（三）政府购买公共服务的范围不断扩大

近年来，成都市政府从政府工程、物品和服务采购开始，逐步扩大至向各种市场组织和社会组织购买与人民群众生活密切相关的公共服务。经过几年的实践探索，目前购买公共服务的范围已涵盖教育、公共卫生、就业培训、法律援助、扶贫、养老、残疾人服务、社区发展、社区矫正、公共文化、城市规划、绿化、环保、公共交通、医疗保险和政策咨询等不同领域。

（四）政府购买公共服务的方式多样化

目前，成都市政府购买公共服务大体上可以分为四种类型：一是面向准社会组织的形式性购买，如向下属事业单位、行业协会或政府发起的社会组织购买服务。二是面向社会组织的非竞争性购买，如向民办非营利养老机构、社区服务组织等购买的公共服务。三是面向市场组织的非竞争性购买，如向家政、保洁公司购买服务。四是面向包括市场组织在内的各类组织的竞争性购买，如成都市城乡居民大病保险服务采购项目。

（五）政府购买公共服务推动了政府职能转变和服务型政府建设

通过向社会组织购买公共服务，成都市在整合社会资源，扩大社会参与的同时，有力推动了政府职能的转变。政府不仅将原来的一些职能转移给了社会，而且通过购买，同社会组织逐渐形成了一种公私合作的“伙伴关系”，共同为公众提供公共服务。政府作为公共服务的提供方，确定公共服务的内容和品质，为公共服务提供资金保障，确保公共资金得到高效使用；而社会组织作为公共服务的生产方，则按照合同要求，向政府指定的服务对象提供他们所生产的公共服务。

二、成都市政府购买公共服务存在的主要问题

从整体上看，成都市政府购买公共服务还存在着规模范围较小、质量效益不高、体制机制不完善等问题。

（一）公共服务在政府采购中所占份额仍然偏低

相比政府的其他购买，公共服务在政府采购中所占的比重仍然偏低，一些不属于公共服务的项目被纳入采购项目，政府向社会组织购买公共服务的数量、规模也偏小。

（二）政府购买的公共服务质量效益还不够高

由于购买服务还处于探索阶段，个别地方和个别部门购买的公共服务也存在成本高、服务质量差等问题。一是供应与生产的分离，提升了公共服务供给的交易成本。二是公共服务市场发育不成熟，政府选择优秀服务生产商受到限制。三是购买主体对购买对象缺乏有效的监督，造成购买对象生产的服务达不到合同的要求。

（三）全市政府购买公共服务推进不平衡

在实践层面，政府购买公共服务的能力则受到政府财力的影响。目前，成都市除市级和高新区、锦江区、青白江区、邛崃市、蒲江县启动了向社会组织购买公共服务外，其余区（市）县虽然在政府购买公共服务方面进行了探索，但暂无数据表明其在向社会组织购买服务方面取得较大进展。

（四）购买主体和购买对象之间的关系还不平等

目前，在成都市政府购买的公共服务中，以非竞争性购买方式购买的公共服务仍然占有很大的份额。其中，民政部门、司法行政部门和街道向社会组织购买的公共服务大多采取谈判和合作模式实现。即使是一些竞争性购买项目，由于市场化程度低，竞争不充分，采购项目也很可能落到了半官方的事业单位和行业协会手上。

三、推进成都市政府购买公共服务的对策

成都市应在总结前期工作经验的基础上，坚持立足需求、量力而为，从人民群众最基本、最紧迫的需求出发，设计、实施购买服务项目，增强政府购买公共服务的针对性和有效性。

（一）科学合理界定政府购买公共服务的范围和事项

各级政府在根据本级财力情况统筹规划和安排新增购买服务内容时，必须认真梳理政府职能职责，科学合理界定购买范围。凡公众有需求而政府又不能直接提供的公共服务或由政府提供的公共服务成本太高的服务项目，应力求做到应采尽采。要以城市流动人口、农村留守人员、困难群体、特殊人群和受灾群众为重点，有计划、有步骤地逐步拓展政府购买服务的领域和范围。但又要防止将一些可由市场或社会提供的服务（如电影放映、文艺演出等项目）纳入政府购买的范围。

（二）健全体制机制，促进购买服务工作顺利开展

成都市应结合政府职能转变和行政体制改革，改革和完善与购买服务相关的体制机制。一是要建立相应的购买公共服务资金增长机制。二是要建立长效机制，促进社会组织的健康发展。三是要进一步推进政事分开，管办分离。

（三）探索有效的购买方式

要依据项目的消费特性、专业化程度、服务机构的可得性等差异，对购买的公共服务内容进行细分，对不同的服务采取不同的购买方式。一是对市场发育充分的项目，如环卫绿化服务、第三方鉴定评估服务、老人的家政和餐饮等服务，通过政府竞争性购买获得服务。二是对市场发育不全的项目，如老人健康咨询和社区日托服务、青少年帮教服务、公共卫生服务和社工专业培训等社区服务，积极探索项目补贴制等购买模式，逐步形成以竞争购买为主体，其他方式为补充的公共服务多元化购买方式。

（四）探索建立绩效评价制度，加强对政府购买公共服务的绩效评估

政府要在加强资金监督和绩效评估的同时，加大信息网络平台的建设，增加购

买服务的透明度，降低集中需求、质量反馈、绩效评估、社会监督等各项成本，使以政府为中心的公共服务购买逐步向以消费者为中心的购买转移，并促进政府从为“生产付费”的购买向为“结果付费”的绩效型购买转变。

（五）培育社会组织，促进购买市场的发展

政府在购买公共服务的过程中，既要积极支持、扶持社会组织发展壮大，又要正确处理和社会组织的关系。政府培育社会组织，不是要让社会组织扮演帮助政府拾遗补阙的角色，而是要通过规范的服务购买机制，最终让政府与社会组织形成协商互动、协同增效的紧密协作关系，发挥社会组织在公共服务供给中不可或缺的作用。

（项目负责人：中共成都市委党校领导科学教研部副教授　李发戈）

成都市民低碳教育的实践路径探讨

在全球变暖的大背景下，低碳经济及低碳生活方式的推广已经成为各国的共识。党的十八大也做出了“五位一体”总布局的战略部署，强调将生态文明建设融入经济建设、政治建设、文化建设、社会建设的各方面和全过程。作为我国西部最大的城市，成都必须肩负起发展低碳经济、培育低碳文化的责任，将“低碳”融入成都市民的日常生活。然而，受价值观、思想、习俗、态度等精神因素影响，当下成都市民的低碳行为很难真正落实。只有通过行之有效的低碳教育才能将低碳意识注入成都市民的思想中从而加强成都市民的低碳观念，形成低碳自觉。

一、成都市民开展低碳教育的背景

低碳教育就是形成低碳世界观、人生观和价值观的引导过程，使低碳成为一种意识，在行为层面约束人们并付诸生活实践，从而有效地实现社会的低碳可持续发展。而低碳教育的推广既适应了国内外发展趋势的需要，又立足于当下成都市民的现状。

（一）国际国内背景

从国际环境来看，气候变化成为全球最大的环境问题。全球变暖与温室效应密不可分，温室效应则是由于二氧化碳、氯氟烃和氧化亚氮等气体向大气中过量排放而造成地球温度上升。因此，减少二氧化碳的排放量刻不容缓，而低碳教育也显得尤为重要。中国目前处于“高碳消耗”状态，排放出大量二氧化碳。面对挑战，我们必须加强低碳教育，提高低碳意识，承担起世界公民的责任。

从国内环境来看，近几年我国的经济实力得到了很大的提升，但在经济发展同时，二氧化碳的排放量也成为世界第一。因此，中国在减排上承受着巨大的压力。如何确保人民生活水平能不断提高，但是又不重复西方发达国家以牺牲环境为发展代价的模式，成为中国发展的一大难题。为此，我国提出了全面协调可持续的科学发展观，在此前提下还需要展开低碳教育，让低碳理念内化于心、外化于行。

（二）成都市低碳教育现状

通过对成都市民展开网上网下相结合的问卷调查，笔者发现：一方面，成都市民对低碳概念的了解程度有限，有待进一步提高；另一方面，成都市民对低碳生活的乐意接受度较强，他们对低碳生活的日常践行情况总体较好，而且有较大的提升空间。因此，开展低碳教育既有其必然性又有可行性。

二、成都市民开展低碳教育的意义

（一）有利于成都市民自觉践行低碳理念

目前低碳教育在中国还没有能够广泛开展，成都关于低碳教育理念的引进也较滞后。正是由于成都市民缺乏有效的低碳教育，才会对低碳概念缺乏深入认识，对低碳生活常识缺乏有效了解，使得部分市民难以在日常生活中真正做到将低碳意识内化于心而外化于行。如果低碳教育能够得到广泛开展，低碳这一概念能够让更多的人了解，能够更加深入人心，让人们不再觉得低碳离自己很遥远，和自己没有什么关系，仅仅是概念上的东西。那么，成都市民便会在不知不觉中养成低碳生活的习惯，让低碳生活不只是说说而已，通过身边的细节，随手的小动作，让生活更低碳，自觉践行低碳理念，从而响应我国政府的低碳号召，为低碳事业做出自己的一份贡献。

（二）有利于成都市民综合素质的提升

成都市拥有 1 400 万的庞大人口数量，人口基数大，人们的经济能力、文化素养各不相同。不同生活习惯、消费观念组成的群体对低碳事业的发展都产生着影响。当前，世界发展绿色低碳经济的大潮对市民的综合素质提出了新的要求，要求广大市民不仅要具备一定的科学文化素质和身体心理素质，而且还要具备良好的生态伦理道德素质。然而，目前成都市民的生态伦理道德素质普遍较低，市民中普遍存在着与科学发展观不相适应的生态、资源及环境意识和讲排场、比阔气、高消费的行为倾向。因此，在成都市民中普及低碳教育势在必行。只有成都市民绿色低碳环保意识和综合素质增强，才能更加有力地杜绝浪费，减少对自然环境的破坏，这样发展低碳事业的各种措施，才能够真正地落到实处，得到积极主动的响应和贯彻，节能减排的各项目标才会得到实现。否则，一切都将是无源之水，无根之木。

（三）有利于推进成都市“世界现代田园城市”的构建

成都市自 2003 年提出了要建设西部地区人居环境最佳、创业环境最优、综合竞争力最强的现代特大中心城市后，2010 年 3 月 4 日，成都市委副书记、市长葛红林表示成都市要建设“世界现代田园城市”。要建设“世界现代田园城市”离不开低碳经济的发展，也就是离不开低耗能、高新、清洁产业的发展。低碳经济并非一朝一夕可以完全迈进，将成都打造为“世界现代田园城市”实际上是成都市低碳发展的一个具体目标，和成都人与自然和谐相处的理念相吻合。为此，加强对广大成都市民的低碳教育，将低碳理念贯穿于市民日常生活的日用常行，让广大成都市民自觉维护成都低碳绿色发展，是将成都打造为“世界现代田园城市”的有效路径。

三、成都市民开展低碳教育的实践路径

（一）成都市民开展低碳教育的政府实践路径

政府是社会管理的主体，具有强大的导向作用。在推崇低碳教育方面，政府的导向作用变得更加直接和突出。政府作为城市中的一个数量庞大的“消费者”，是低碳消费不可或缺的一部分。首先，政府要转变自己的政绩观，把生态环境指标和低碳指标都纳入政府各部门政绩考察，使低碳的理念深入政府内部，树立低碳理念和意识。其次，政府要运用法律手段和经济手段，把低碳教育推广到企业中去。同时，对成都市的交通、建筑以及绿化等进行合理的规划，把节能低碳作为建设的一个重要指标，推进城市建设趋向于低碳节能。此外政府还应该开展多形式的活动，并加强与相关非政府组织之间的合作，整合社会资源，促使低碳理念深入人心，推动低碳教育的发展。

（二）成都市民开展低碳教育的学校实践路径

学校作为知识文化传播的基地，是加强低碳文化传播的一个重要媒介。可以在潜意识中使学生树立低碳环保的意识，所以加强学校的低碳教育成为成都市民开展低碳教育的重中之重。首先，学校可以通过网络、广播、板报、横幅等丰富多彩的形式，大力宣传低碳经济的内涵、意义和实践路径，积极培养学生的低碳意识，建立可持续发展的教育思想。其次，学校应该改革教学内容，创新教学手段，实施低碳教育的信息化，将低碳教育融入课程体系。第三，学校可以实施低碳管理并注重低碳教育实践活动，将理论付诸实践。这样，学校就构建了一个推广低碳教育并可以付诸实践的良好环境，高效实现低碳文化的普及。

（三）成都市民开展低碳教育的家庭实践路径

家庭在低碳教育活动中同样起着重要的基础性作用，充分发挥家庭作为低碳教育的起点与基点作用，可以让低碳意识潜移默化地融入日常习惯。一方面，家庭应该改变高碳生活方式，培养低碳日常生活习惯 ，把低碳变成一种良好的习惯，在生活中主动约束自己的不良行为，在点滴中做到多节约、不浪费。另一方面，可以以家庭为单位，开展低碳教育亲子活动，让家长与孩子共同参与低碳实践。只有家庭成员中的每个人都行动起来，从自己身边一件件小事做起，养成一种良好的低碳生活习惯，积极参与各种低碳实践活动，才能充分发挥家庭作为低碳教育的起点与基点作用，推动低碳教育的新发展。

（四）成都市民开展低碳教育的媒体实践路径

媒体作为连接个体和社会的重要平台，在舆论监督、价值导向方面都有不可或缺的作用。在影响全球人类生存的抉择中，在关系中国未来社会发展走向时，以节能减排为目标的低碳行动在呼唤着全民的觉醒，这场需要改变人们意识观念的革命，赋予新闻媒体担负起舆论宣传的社会责任。一方面，媒体要充分发挥传统媒体和新媒体各自的优势和作用，形成传播合力，让低碳意识的传播形成一些固化仪式

或活动，让低碳传播逐步稳定下来，被社会公众共同传承。另一方面，媒体要满足教育客体的心理需要，尊重低碳文化传播规律，以增强低碳文化传播的实效性。在全民低碳教育的浪潮中，媒体必须启动强大的宣传攻势才能使人们时时关注和应对气候变化及控制温室气体排放，世界上发生的事、国家正在做的事、本地区进行的事和我们自己应该做的事，为低碳行动贡献出自己的力量。

总之，成都市民开展低碳教育有着很大的发展空间和重要意义。然而，低碳教育的开展和推广是一项系统的工程，需要政府、学校、家庭和媒体等社会各界做出努力，彼此间形成合力，共同推动低碳成都的建设。

（项目负责人：西华大学政治学院讲师　朱琳）

城市化进程中流动儿童心理健康辅导策略的研究①

爱生理念即“中国爱生学校国家标准（试行）”所提倡的理念，该标准主要包括全纳与平等、有效的教与学、安全健康与保护、参与与和谐等四个方面。其中，安全健康与维护维度是指儿童情绪、心理及身体的健康、安全及保护。安全、健康与保护是学校一切工作的基础。此维度旨在从学生的视角出发，在充分尊重学生的前提下采取积极的预防措施，保护学生的安全，促进学生身体发展和心理健康。四川省成都市青羊区于2012年4月正式加入“爱生学校”项目，成为中国六个实验区之一。流动儿童是随父母或其他监护人在流入地居住半年以上的，年龄在6～15岁的儿童少年。在中国知网（CNKI）中以“爱生”和“流动儿童”为主题检索，尚未发现爱生理念下流动儿童心理健康教育策略的相关研究。作为青羊区“爱生学校”之一，该试点地处城乡接合部，学生两千余名，70%以上是流动儿童。基于此，该校着重于“安全健康与维护”维度，从师生心理健康教育、增强家长对子女教育能力入手，开展流动儿童心理健康教育策略试点研究。

一、基本状况

（一）学生心理健康状况

心理困惑主要表现在学习焦虑、身体症状、过敏倾向等方面。其中女生的得分高于男生，恐怖倾向维度上女生得分显著高于男生。

（二）教师基本状况

教师的主要压力源为工作业绩。在面对令人头痛的学生时，采取的策略多为点名批评。绝大多数教师表示和家长沟通时最大的困难是家长多以没有时间或没有文化推卸责任。同时，教师表示非常希望了解学生心理发展特点，掌握心理学相关方法，并希望多开展班主任工作交流和培训，以加强学生心理辅导，给予正面引导。

（三）家长状况

24.1%的家长表示自己知识不够，无法辅导孩子，19.5%的家长觉得孩子学习的自觉性不高。认为自己与孩子的关系好或较好的家长占83.9%；84%的家长最关心孩子的健康，其中在与孩子交流、沟通上希望得到帮助的家长比重占55.6%；

① 项目编号：2014R16。

仅有38%的家长每天与孩子交流的时间在20分钟以上。

二、梳理辅导策略

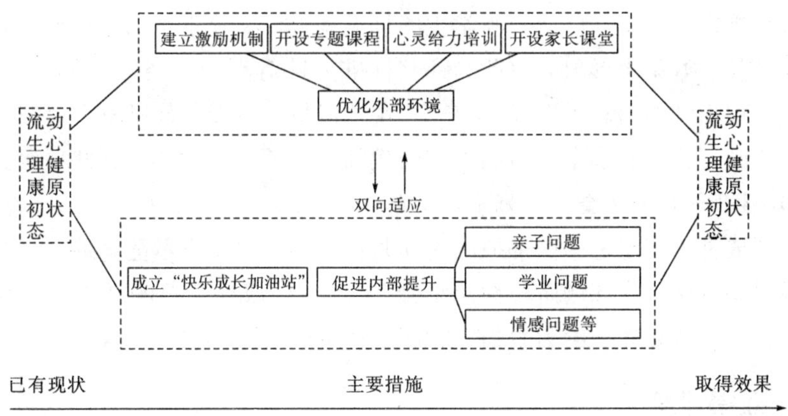

“爱生理念”下流动儿童心理健康教育策略研究内容结构图

三、实施辅导策略

结合学校实际，学校最终选取初一两个实验班的学生及家长、全校教师进行追踪研究。从教师、家长、学生三方面入手，提升教师、家长、学生的心理健康水平，最终使学生受益。

（一）建立“快乐成长加油站”，向学生提供长期服务

整合现有资源，成立“快乐成长加油站”，针对流动儿童的心理需求，由专兼职心理老师和志愿者定期为有需要的教师、家长和学牛开展心理服务，形式包括个案咨询、学生团体活动、亲子沟通工作坊等。每周开半天（每次1个下午），共开放50余周。

（二）开设专题课程，转变教师对家长、学生的认识

针对教师需求，开展不同专题的课程，帮助教师转变学生观，实现从教师中心到学生中心的变革。课程内容主要包括“怎样与家长和学生沟通”“教师职业压力与情绪管理”“发展心理学”“青少年心理健康辅导技能”等，共8次。

（三）组织骨干教师进行“心灵给力培训”，提升教师自身心理健康水平

研究期间，每年暑期结束前组织骨干教师进行“心灵给力培训”。培训主要实现放松情绪、释放压力、提升教师职业价值感、建立积极关注的理念、掌握有效沟通的关键、发现自身更多优势、增强团队凝聚力。培训形式包括心理游戏、角色扮演、观看视频、小组讨论、互动、分享等。

（四）提供“家长课堂”等服务，为家庭教育注活力

针对家长反映出的问题与需求，学校为家庭提供“新生家长会”“家长子女教育经验交流会”“全体家长会”“家长课堂”等服务，全方位对家长进行培训、指导。与此同时，还吸收和借鉴家长在子女教育中的有益经验，加强家长之间的交流

与分享，多举措大大促进了“家校合作”“家家合作”，提升了家长在家庭教育方面的水平。

（五）设立激励机制，为研究的有序推进增添动力

学校积极发动学生，广泛吸收学生的意见和建议，让学生描绘他们心目中的好教师、好家长、好学生形象，以此为评奖标准，针对教师、家长、同学开设奖项，最终由学生评出“给力教师”“好家长”“快乐成长”奖项，鼓励整个研究过程中成长突出的教师、家长和学生，激励更多的教师、家长、学生参与到此项研究中来。

（六）召开评估表彰会，做好阶段性总结工作

召开“成都第三十七中西部地区流动儿童健康人格教育示范基地项目终期评估表彰会暨‘爱生学校’课题阶段性总结会”，项目中成长突出的教师、家长、学生做交流发言，正式颁发“给力教师”“好家长”和“快乐成长”奖。

四、取得成果

项目完成后，教师、家长进行座谈会，以考察研究效益。对学生再次进行心理健康测试（MHT），对比两次测试结果，考察研究效益。

（一）教师收获颇丰

参训教师对培训给予了充分肯定，其中75％的教师自觉培训对释放内心压力很有帮助，78％的教师认为培训对增强信心做好教师工作很有帮助，90％的教师觉得培训对增加团队凝聚力很有帮助。其中一位教师说道：“为期两年的研究，我取得了一些成就。让我、我的学生以及家长们都有了颇丰收获，过去百思不解的一些实际问题今天变得眉目疏朗了许多”。

（二）家长受益匪浅

99％的家长表示学校提供的相关服务有用，91％的家长非常喜欢这样的“家长课堂”，84％的家长表示还会参加这样的家长课堂。一位家长感慨地说：“虽然为人父、为人母，但是以前教育孩子并不是做得很好。‘家长课堂’中教师讲解了很多教育孩子的案例，我也从中找到了适合自己孩子的方法。通过‘家长课堂’的学习，不仅孩子得到了成长，家长也受益匪浅。”

（三）学生心理健康状况总体得到提升

后测结果显示95.8％的学生处于正常水平，2.8％的学生有轻微心理问题，1.4％的学生存在心理障碍，需要接受心理辅导。

五、接下来工作安排

前期研究取得了一定成果，教师、家长、学生的心理健康水平均得到不同程度的提升。接下来，我校将进一步梳理现有研究成果，总结相关活动经验，提炼研究成果；在现有研究的基础上，扩大研究范围，完善研究方法，更好地总结适合我校特点的心理健康辅导策略，建立辅导体系，为学校教育教学做好服务，惠及更多教

师、家长和学生；深入推进“爱生理念”下流动儿童心理健康教育策略研究，最终形成具有自身特色的心理健康教育。

（项目负责人：成都市第十七中学校长　吴成光）

成都市新型城镇化进程中人口城镇化的问题与对策研究[①]

城镇化是工业化发展的必然结果，也是实现现代化的必由之路。传统城镇化重视空间体系的城镇化，“人地分离”的发展模式往往容易造成侵害农民权益、加剧人地矛盾、制约农业现代化发展等问题。新型城镇化之于传统城镇化最大的区别在于以人的城镇化为本质与核心，致力实现农业转移人口市民化。

人口城镇化是指农业转移人口突破城乡二元制度的限制，获得作为城镇居民的身份和平等权利，融入城市社会，成为真正意义上的市民的过程。

一、新型城镇化进程中人口城镇化的目标与意义

城镇化是促进经济增长、产业结构转型升级与城乡一体化的重要推动力，在当前注重城镇化发展质量的新型城镇化战略引领下，更应当注重人口城镇化进程由数量扩张向质量提升的转变。人口城镇化作为实现新型城镇化发展质量的重要内容，强调农业转移人口市民化。农业转移人口的市民化共包含两方面的含义：其一，农业劳动力向非农产业转移，这是工业化进程的基本特征；其二，农村人口向城镇转移，这是城镇化发展的主要内容。这就要求在市民化的实现过程中更为关注转移人口的身份平等、机会平等与发展公平。

1. 身份平等。身份平等是使农业转移人口在其市民化过程中逐步享有与城镇人口同等的身份地位，这是促使农业人口完成非农转移并进一步实现其市民化的关键因素。

2. 机会平等。机会平等是将农业转移人口纳入所在城镇的公共服务体系，使其具备与城镇居民均等的就业及受教育等发展机会，享有公平的住房、社保及医疗卫生等资源。

3. 发展公平。发展公平是赋予农业转移人口与现有城镇居民对等的发展机会，使其得以不断提升自身发展能力，以确保社会和谐与经济可持续发展。

① 项目编号：2014P11。

二、成都当前人口城镇化进程的现状与问题

成都市作为全国统筹城乡综合改革配套试验区，一直全面推进新型城镇化与人口城镇化工作，取得明显成效，2013年成都城镇化率达69.4%，高于全省44.9%的平均水平，城镇化水平与质量均有稳步提升。然而，就目前来看，成都的人口城镇化工作仍存在一些问题与困境，主要表现在以下方面。

（一）人口城镇化慢于土地城镇化

人口城镇化速度与土地城镇化速度不匹配是成都新型城镇化进程中人口城镇化发展面临的一大问题。一方面，城区通过拉大发展框架与设置新城区等不断延伸城镇面积，提高土地城镇化水平；另一方面，城镇就业机会有限与接纳相应农业转移人口的规章制度、政策法规等变革缓慢，因而人口城镇化进程不得不放缓。

（二）半城镇化现象仍然存在

《成都统计年鉴》显示，就户籍人口来看，2012年成都市户籍总人口为1 173.4万人，其中非农村户籍人口716.7万人，户籍人口的城镇化率为61.08%；而就常住人口来看，2012年成都市常住人口为1 417.8万人，其中城镇居民970万人，常住人口的城镇化率为68.42%。也就是说，仍有部分准城镇人口的存在：他们虽已迁居到城区谋生，但由于户籍条件等因素的限制，并未充分享受到与城镇居民对等的公共服务与福利待遇。

（三）新生代农民工持续增加

随着经济社会的不断发展，成都新生代农民工群体逐渐兴起。与传统农民工“亦工亦农”且拥有深厚的土地情结相比，新生代农民工大多出生或生活在城镇，对土地的情结弱化，仅保有户籍上的农民身份而没有务农常识与经验。

三、成都人口城镇化发展困境及原因分析

纵观成都在新型城镇化进程中农业转移人口市民化面临的各项问题与困境，除了一定的历史性原因，还受到经济就业、公共服务与社会文化等方面的影响。

（一）要素结构失衡与“四化”发展不协调的影响

新型城镇化进程中要素结构的失衡与“四化”发展的不协调是制约成都农业转移人口市民化与人口城镇化发展的一项重要因素。其主要表现为以下两方面：其一，工业化与城镇化发展不协调，城镇化滞后于工业化；其二，信息化对工业化与农业现代化的作用不够，近年来虽然经济与工业化发展迅速，但多数只是数量的叠加而非质量的提升。

（二）附着在户籍制度之上的公共服务差异

附着在城乡二元户籍制度之上的就业、教育、社保等社会管理与公共服务差异也是制约成都农业转移人口市民化与人口城镇化进程的又一重要因素。以就业为例，一方面，城乡二元户籍体系与固有用工制度的限制是农业转移人口顺利就业的

一大障碍；另一方面，相关公共服务的不匹配也是制约农业转移人口城镇顺利就业的因素之一，针对农业转移人口的就业技能培训与就业信息流通等公共服务仍存在不足。

（三）固有观念与自身素质的限制

长期以来城乡分割的二元体制导致资源分布的失衡，农村地区教育资源与人力资本投入的不足造成农业人口知识技能的缺失与文化素质的低下，严重影响了其市民化转移与城镇化发展的顺利进行。一方面，部分较年长的农村人口不愿接触新事物，拒绝接受城镇化转移，坚持留在农村；另一方面，部分农业转移人口即使迁居到了城镇，却依然保持原有的生活方式与思想观念，难以融入城镇社会。

四、促进成都人口城镇化发展的对策建议

要解决成都当前人口城镇化进程中的各种现实问题，全面推进农业转移人口市民化，关键是要打破现行发展观念与方式的限制，实现政策创新与体制突破，构建促进农业转移人口市民化的经济就业环境、公共服务环境与社会文化环境。

（一）构建良好的经济就业环境，促进“四化”协调发展

调节新型城镇化进程中人口城镇化发展的经济结构，必须促进“四化”协调同步发展，以构建促进农业转移人口有序市民化的经济环境与条件。其一，应当推进工业化与城镇化良性互动。其二，应当促进信息化与工业化、农业现代化的深度融合。

（二）构建均衡的公共服务环境，促进公共服务均等化

确保农业转移人口市民化与人口城镇化发展目标实现的另一重大举措就是要在权限范围内尽量剥离附着在户籍制度上的公共服务与社会福利差异，使农业转移人口与城镇居民享有均等的基本公共服务与福利待遇，从制度层面确保其成为真正的市民。以农业转移人口的就业问题为例：公平的就业机会与均衡的就业待遇是确保涉农人口有序转移，进而实现人口城镇化的重要基础，因而需要政府、社会与个人三方面共同努力，构建良好就业环境以促进农业转移人口的市民化。

（三）构建协调的社会文化环境，促进文化素质提升

政府与公共部门应当通过加强城镇文教体系建设，营造适宜农业转移人口提升其思想认知与角色转变的文化环境，促进其市民化过程的顺利完成。一方面，应当加强对已转移人口与潜在转移人口的知识技能培训与文化素质教育，使其具备进入城镇谋生的基本知识技能与文化素质；另一方面，也应当通过日常文化活动，促进农业转移人口潜在思想意识与价值观念的转变，使其实现认知与身份的双重转变。

（项目负责人：四川大学公共管理学院教授　吴耀宏）

新媒体应用中的平台错位分析[①]

——地方政府网络舆论引导的困境及对策

一、互联网新媒体环境中党政传统话语权的解构

在互联网新媒体环境中，网络应用和网络信息传播的独有特性，导致政府在传统舆论引导中的超然、垄断地位被打破，使其话语主导权逐渐流失或分散。与传统媒体舆论比较，网络舆论的话语权，无论是表达权还是影响力，都发生着深刻改变。

一是政府话语表达权与公众话语表达权此消彼长。网络的快速普及应用，使所有的人都有表达话语的平台，并获得了自由表达观点、想法的资格和机会。那种在传统媒体环境中，政府通过严格的编审或管控来限制公众表达的现象，在新媒体环境中绝不可能复制。来自政府方面的网络审查再严厉，都可能挂一漏万，无法完全消除质疑、反对或异议的声音。

二是以政府为单中心的话语权结构，逐步向以政府、公众的多中心话语权结构演变。基于话语表达平台和机会的获取，政府与公众的话语影响力也发生了明显改变。传统媒体环境中的话语权结构，是以政府为单中心的、自上而下的“金字塔”式结构，政府位于“金字塔”的顶端，普通公众则处于被动的受众地位，政府通过对传统媒体的把控，控制着话语的源头，从而具有强大的影响力。而在新媒体环境中，政府与公众基本处于同等的地位，既是信息的发布者，也是信息的接受者。原来的单中心话语权结构分散为以众多个体的多中心话语权结构。不仅如此，多中心话语权结构中，由于多主体信息传播的互动或认同，话语权又出现了新的聚合，呈现出“表达权草根化、影响力精英化的二元分割特征”。

二、政府与公众的新媒体应用平台错位及原因——基于成都的实证调研

课题组以成都市民以及成都党政部门为研究对象，在 2013 年 11 月至 2014 年 6 月期间，通过重点访谈、问卷调查（立意抽样和偶遇抽样相结合），对党政部门和普通市民对新媒体的应用状况进行了全面调研。分析表明，在新媒体的平台选择

---

① 项目编号：2014R62。

与应用上，政府与公众之间出现了较为明显的错位或者偏差。

（一）政府与公众新媒体应用平台错位的表现

首先表现在政民信息沟通平台的偏差。

新媒体环境中，公众获取信息的手段和渠道有三个显著特点：一是脱离传统信息中心的趋向。移动互联网、固定互联网已经取代报纸、广播等传统信息渠道，成为人们平常了解信息的主要渠道。二是人们对网络信息获取平台的选择带有很明显的网络社交特性。腾讯QQ、微信、微博、门户网站、社交空间和博客是网民群体获取信息的重要渠道，特别是腾讯QQ，由于是一种相对稳定的网络社交工具，成为公众网络社交的首选。三是网民对商业网站的关注明显超越对其他类型网站的关注。在受调查群体中，对腾讯QQ（68.6%）、新浪网（67.6%）和搜狐网（59.4%）的选择率明显高于其他类型网站。而政府网站，无论新华网等国家级网站还是地方政府门户网站，网民的关注度都不高（分别为10%和4.2%）。

与公众获取信息的渠道选择比较，政府信息公开（或供给）则具有两个明显特点，从中体现了与公众网络行为选择的偏差：一是政府信息公开的主要形式，包括政府公报、政府网站、新闻发布（新闻发布会或新闻通气会）、新闻媒体以及设置公开栏、印发公开资料、召集会议座谈、发送提示短信等其他形式。从数据统计看，传统新闻媒体、传统载体仍然是政府公开各类信息的重要形式。二是社交性特点相对较弱。虽然政府借助门户网站、政务微博尝试推行问政于民，但总体上看，这些新媒体应用的单向信息推送特点明显、双向互动沟通不足。对腾讯QQ之类的网络社交平台的运用，具有较为明显的封闭性，主要限于内部人员的工作交流或事务处理，对QQ公众号等社交性特点很强的平台应用不足。

其次表现在政民对话新平台应用的错位。

调查发现，公众对新兴社交媒体的使用习惯和交流平台往往随网络运用技术的发展而快速改变，而政府对新兴媒体的跟进使用明显滞后于公众。最典型的当属二者对微博、微信平台的应用。根据调查，公众对微信、微博这两大新兴社交媒体使用频率已经出现了明显转变，微信使用比例已经明显超过微博。这与全国层面的数据统计是相吻合的。2013年成都在整合全市各级各类政务微博资源的基础上，建立了“一网覆盖”、互联互通的市、区（市）县、乡镇（街道）、村（社区）四级政务微博体系，全面推进政务微博的应用；对于政务微信的应用则处于初步创建阶段，滞后于公众对微信平台的应用。

政府与公众对微博与微信平台的应用选择，只是一个特例。但是从中反映出，作为有组织的政府，往往滞后于公众的新网络媒体平台应用。这必然对政府与公众的信息沟通和舆论引导造成影响。

（二）政府与市民新媒体应用产生错位的深层次原因

一是传统舆论管控观念的制约影响。通过自上而下的行政权力运作来贯彻发展意志是长期以来政府部门舆论管理的主要方式。而传统媒体的单向线性的传播方式，助长了这种管控式的舆论管理。受此影响，政府网络平台应用的服务意识不强。政府对网络应用的关注点更多的是以政府为中心的信息对外发布，对政民互动的重要性认识不够。在政府网络平台应用实践中，常常忽略网民的行为选择，依靠行政命令方式来推进新媒体应用，鼓励和引导公众参与不足，其信息传播与发布难以引起公众的共鸣。

二是公众的网络平台应用存在强烈的“自我”意识。由于网络独有的虚拟性、隐匿性和开放性，公众在网络上的行为释放了被现实社会约束了的“本我”个性。针对网民的调查表明，约六成的网络言论有“增加社会关注度”的强烈心理需求。正是在这种心理驱动力作用下，网络社会陆续出现了各种失控的网络大 V 和媒体大 V，他们几乎可以任意设置网络话题，左右社会言论。这种以“增加社会关注”为动机的网络“意见领袖”和媒体，同政府欲打造的主流观点代言人有着完全不同的心理背景。正是这种差异，带来了政府与公众的信息关注点差异，进而也带来了网络平台应用的差异。

三是与作为组织的政府比较，作为个体的网民，对新兴网络平台的应用有着更为强烈的“逐新”驱动。这导致政府对新兴网络平台的应用始终滞后于公众的应用。这也是政府与公众的网络平台应用存在错位的重要原因。

三、新媒体时代政府网络舆论引导面对的困境

政府与公众对新媒体应用的平台错位以及新媒体舆论环境的改变，使政府在网络舆论中的话语权发生了极大的改变，给政府的网络舆论引导带来了很大的挑战，应对不当，就会使政府陷入“自说自话”的舆论引导困境：

一是政府的话语权受到质疑。网络信息碎片化、零散化的传递，使公众获取信息并不完整，加之舆论传播中的情绪扩散影响以及现实社会因素影响等，公众对政府的公信力持怀疑态度。不仅政府“发声”的内容易受质疑，而且发声的方式方法也备受关注。在舆论引导中，说什么，怎么说，尺度难以把握。

二是政府的舆论管理和引导的难度增加。由于公众借助自媒体，形成发散式的网状言论传播结构，政府很难通过技术手段的控制来限制信息的上传以及信息在微信、QQ 群等即时通讯平台上的快速传播。同时，与自媒体传播时所依托的便携式电子设备比较，政府的舆情监测必须是对海量信息的筛查，过程比较繁杂，相对滞后，从而使舆情的走向判断变得复杂，舆情引导的难度也相应增加。

四、优化地方政府网络舆论引导的对策建议

必须正视政府与公众在新媒体应用中的平台错位及其背后潜藏的行为选择动因，把握公众的话语特征，加强新媒体应用和营运创新，创新网络舆论引导新机制和新方法。

一是加强现有新媒体应用的营运创新。剖析公众需求变化，对新媒体的选择应

用按照社会化媒体的发展要求及时做出调整，通过引入专业运营团队展开专业策划，加强政府网站与新浪、腾讯、搜狐等大型商业网站合作，健全和完善新闻发言人制度，健全网络听证制度等形式，扩张政府网络平台的影响力，增进政府网络平台的吸引力和公信力。

二是重视和加快新媒体关键技术的研发和应用。重视和加快新媒体关键技术的研发和应用，适当地弥补和缩小与公众的新媒体应用差异。比如，针对微博活跃度下降、微信传播平台利用不成熟等问题，要切实把握公众关注点，加强技术攻关，积极做好政务微信、新闻客户端等新兴媒体平台的建设和应用，加快探索和推广应用以 4G 新技术支持的媒体形态资讯和服务平台。

三是转变网络应用的推进方式和构建常态化的沟通机制。树立“开放、沟通、互动”的网络舆论引导新理念，并在网络新媒体应用的推进中，改变原来的行政化推进方式。比如，对政务微博、微信的推广，不能单纯地依靠下达指标和强力的行政考核方式来提高关注度，而是要把握公众话语特征，加强个性特色服务；契合其他各类媒体属性和媒介特点，建立常态化的沟通机制，形成日渐成熟的网络应对方式。

四是团结网络意见领袖推进网络舆论引导。要团结媒体、学界、作家、自由撰稿人、党政干部等不同行业的网络意见领袖。同时，重视培养具有深厚专业知识、丰富实践经验和较强影响力的网络名博，培养官方亲民的新闻发言人，促进人性化色彩更重、亲和力更强的舆论引导和政民沟通。

（项目负责人：成都市社科院社会学与法制研究所副研究员　胡燕）

完善成都市机构养老模式的政策思路①

一、完善成都市机构养老模式的意义

截至2011年年底，成都市60岁以上人口已达213.98万人，占总人口比例的18.39%，比全国平均水平高出5%，在全国省会城市中位居前列。面对人口老龄化的严峻形势，大力推进养老服务的社会化已成为迫切之举。机构养老是社会化养老服务的重要组成部分，机构养老模式的发展和完善对成都市经济社会发展具有重要意义：

第一，有助于满足成都市老年人社会化养老服务需求，提升老年人福利水平。机构养老是居家和社区养老的必要补充，是社会化养老服务的重要组成部分。完善机构养老模式对满足老年人社会化养老需求和提高老年福利水平意义重大。

第二，有助于推进养老机构建设，实现《成都市"十二五"养老事业发展规划》和《成都市养老设施布局规划（2011—2020）》所提出的要求。上述规划对2015年和2020年全市养老机构的数量和总床位数等做出了要求，然而，截至2012年年末，距离目标差距仍然较大。发展机构养老模式有利于推进养老机构的合理规划与建设，从硬件方面提供保障，如期实现既定目标。

第三，有助于提升成都市养老机构的专业水平和照顾品质，实现管理与监督的规范化。发展机构养老模式有利于提升养老机构的专业服务品质，促进管理与监督的规范化，从软件方面提供保障，进而提高成都市机构养老的效果。

二、成都市机构养老模式的现实困境

（一）成都市养老机构供给落后于老年人口需求，机构养老服务的总体供求之间呈现出严重失衡的状态

截至2012年2月，成都共有养老机构218处，总床位数3.73万张，仅占老年人总数的1.74%。养老机构供求之间存在矛盾，供给落后于老年人口需求。另外，以目前的状况和发展态势看，要达到《成都市"十二五"养老事业发展规划》和《成都市养老设施布局规划（2011—2020）》提出的要求有较大难度。

---

① 项目编号：ZST13－09。

（二）成都市机构养老的功能和目标单一，不能满足老年人多元化的养老服务需求

通过实地调查走访若干成都市公营与民营养老机构，发现目前成都的养老机构在目标和功能方面比较单一，处于保障基本需求的阶段，主要满足大众型消费，发展层次单一，不能很好地适应市场的需求，缺少专门针对高收入老年人和贫困老年人的养老机构。另外，在提供的服务内容方面，几乎没有考虑老年人养护、医疗、精神和心理等方面的需求，许多老年人的生活质量不高，缺少归属感。

（三）成都市养老机构的专业化服务以及相关管理和监督方面有待改善

成都市专业养老看护人员十分短缺，因缺少专业人员，养老机构的专业化服务水平自然也难以提升，照顾品质难以得到保证。2013 年 5 月，成都市出台了居家养老和社区养老两项服务标准，但关于机构养老仍没有专门规范，这导致对养老机构管理和监督存在难度。

（四）成都市机构养老方面对民间和社会资本利用不足

目前，成都在机构养老方面对民间和社会资本进入养老事业的鼓励和刺激措施不足，甚至存在一些障碍。成都民办养老产业现状冷清，民办养老机构占养老机构总数的 17%，远低于北京、上海等约 50%的比例。造成这种局面的原因包括用地、登记、经营能力等方面。

三、促进成都市机构养老模式发展完善的政策思路

机构养老模式属于老年福利政策的研究内容，因此，针对成都市机构养老模式的现实困境，将从社会福利政策分析的四个维度，即服务对象、服务内容、服务输送和资金来源入手，对成都市机构养老模式的发展完善提出相应的政策思路（见图 1）。

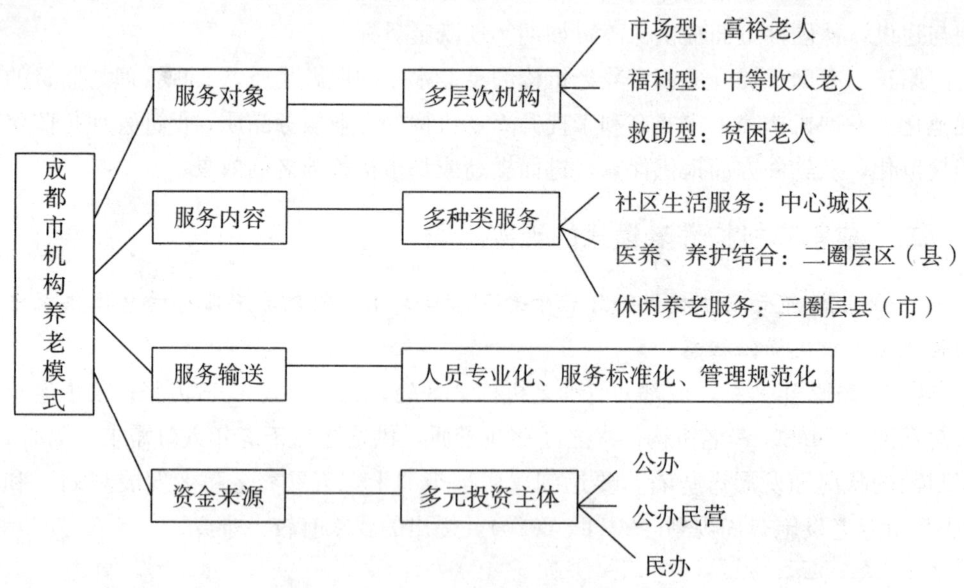

图 1　成都市机构养老模式发展的四个维度和政策思路

（一）服务对象

根据成都市不同社会条件和经济背景下老年人的需求，设计多层次的养老机构，应包括市场型、福利型和救助型机构三个层次，分别面向经济状况较好的老人、中等收入的老人和贫困老人。这种设计可以帮助解决目前成都养老机构目标和功能定位单一、发展缺乏层次的问题。具体来说，第一，对于那些经济非常困难、缺乏儿女照料的老人，政府有责任将这些被迫困在家中的老人解救出来，将其纳入养老机构，其收费标准可参照最低生活保障线由政府财政拨款予以免除。同时，鼓励社会、个人向这类养老机构捐献，这类机构可称为“救助型”养老机构，主要采取公办形式。第二，对于那些占大多数的中等收入老人来说，应该发展建立一批“福利型”养老机构以满足他们的需求，可以采取公办民营的方式，即政府委托民间来经管自己以公共权力兴办的设施和事业。“福利型”养老机构的硬件设施、日常管理等应有统一标准，定期接受专业评估机构的考评，同时政府应根据成都市经济社会发展水平的变化实时地调整“福利型”养老机构的生活水平和申请限制等。第三，对于少部分高收入的老年群体，其需求和对生活质量的要求较高，这就需要“市场型”的养老机构满足他们较高水平的需求。具体应鼓励民办机构进入高端养老市场，目前成都几乎没有专门针对高收入老人的民办养老机构，因此具有发展潜力，这类机构应该以市场为导向，通过高收费保证较高的软硬件水平，提供年轻化、专业化的一对一护理。

（二）服务内容

根据成都市区域特征，提供多种类的服务项目并各有侧重，中心城区主要以社区生活方面的服务为主，二圈层区（县）突出医养结合与养护结合的服务，三圈层县（市）突出休闲养老服务。按离中心城区的远近，成都市域划分为三大圈层，这既是一个地理分区，也是一个经济分区。发展成都市的机构养老模式，应该考虑到以上区域特征，在强调回应老年人多元化养老需求的同时，有侧重地提供养老服务项目。中心城区具有公共服务和社会服务资源丰富的优势，主要可以突出社区生活方面的服务，利用社区的便利让养老机构中的老人满足生活、交往、社交以及精神文化生活等方面的需求，提升其需求满足程度，还可以发展以社区托老服务为主的社区配套型养老机构。二圈层区（县）可以利用交通和医疗服务便利的优势，突出医养结合与养护结合的服务，目前成都市医养结合或养护结合的养老机构很少，对于一些失能需要长期护理的老人与患有老年高危疾病的老人，一般的供养型的养老机构是不能满足其要求的，因此，需要利用二圈层区的优势，将养老机构与医疗资源进行整合和共享，也可以考虑在养老院中建立医疗卫生室并配置医生或三级医院办养老院，通过两者合作使失能老人同时享受医疗护理和生活护理。三圈层县（市）虽然经济不发达，但环境优美、旅游资源丰富、生活成本较低，这样可以突出休闲养老服务，满足一些向往田园式的乡村养老生活的老年人的需求。成都可以借鉴上海的经验，鼓励中心城区老年人到三圈层区的乡村去养老，对中心城区的老人入住郊区养老机构实施相应补贴。

（三）服务输送

服务输送主要以提升专业水准和照顾品质为目标，提出工作人员专业化、服务标准化和管理规范化的要求。目前，成都市养老机构专业护理人员极其短缺，服务水平和管理监督都不尽人意。对此，需要适当提升养老机构专业人员的待遇水平，加大针对养老产业的专业人才培养力度，鼓励高校设置和培养老年社工和老年护理专业人才，同时培训养老机构的主管及各类从业人员，实行持证上岗，只有提升机构养老的专业水平和照顾品质才能吸引更多的老年人乐意进入机构安养晚年。另外，还要对养老机构的服务质量标准进行规制，并加强对养老机构的监督管理，规定奖惩措施和淘汰退出机制等，使养老机构实现人员专业化、服务标准化和管理规范化，切实提升成都市养老服务输送的水平和品质。

（四）资金来源

要拓宽筹资渠道，政府在建立公办机构外，还要鼓励民办和公办民营的养老机构建设。在政府财政投入外，积极利用民间和社会资金，鼓励民办和公办民营的养老机构发展，以满足老年人对机构养老的需求。2011年年末，成都市人民政府出台了《关于加快社会化养老机构发展的意见》，在财政资金补贴、项目用地保障和相关费用减免方面做出了相应规定，但是民间和社会资本的进入仍非常有限，民办养老院所占比例低，这主要是政府相关政策并未落实。为此，成都应该加强政策执行力度，把相关优惠政策真正落实，优先安排养老服务设施的建设用地并放宽登记条件。此外，金融机构应加大对民办与公办民营养老机构及其建设项目的信贷支持，适当放宽贷款条件，提供优惠利率，促进养老“福利”和“产业”的均衡发展。

（课题负责人：四川大学公共管理学院副教授　张浩淼）

成都市创意人才聚集环境发展对策探讨①

创意产业作为一种超门类的产业形态，其主要构成要素已经不再是资源、资本，而是个人的智慧、创意和创新能力。霍金斯（2009）强调，创意人才的培育应该遵循其独特的成长机制和规律，为其营造适合创意生活与创意生产的“创意生态”环境，因而有必要构建具有成都特色的创意人才聚集环境。经过多年的发展，成都创意产业及创意人才聚集环境都取得了长足的进步，但是与北京、上海、广州一线城市相比还有显著差距。基于成都创意人才聚集环境的现状，我们提出以下发展对策。

一、拓展延伸创意产业链

（一）以特色创意为核心，塑造文化创意产业的城市品牌

1. 立足文博资源，发展成都特色的文化旅游、动漫游戏等产业。成都文博资源丰富，拥有锦里古街、建川博物馆、金沙遗址、三星堆遗址、宽窄巷子等一批有特色、有创意的历史文化保护区，可以利用巴蜀文化的资源，开发有城市特色的文博旅游项目。当前，成都的动漫游戏产业发展迅速，已形成一定规模的产业集群，在目前的基础上成都还可以利用巴蜀文化的天然优势，依托先进的制作优势，开发具有城市特色的动漫形象及衍生产品体系，打造区别于日韩动漫的成都动漫形象，形成一定的社会影响力。

2. 创建“美食之都”。成都在2010年年初正式获批加入联合国教科文组织创意城市网络，并被授予“美食之都”称号。成都应加强美食产业、文化创意产业建设，提升成都美食之都在全球的影响力，应重点着力于两点。一是品牌化，品牌创建意识应成为成都美食产业发展的核心动力。成都发展美食产业要重点加强美食文化的挖掘和传承，力争在形象包装、菜品设计、品牌创新和推广等方面独具特色，加快美食之都的品牌推广。二是产业化，成都应加快川菜的标准化、规模化、产业化和国际化进程，促进美食与农业、加工业的结合，建设川菜原料生产基地；推动美食与旅游业的融合，建设美食功能区，以形成良好的规模经济效益。

① 项目编号：ZSR13－03。

（二）构建产业内及产业间的创意产业链

依托中心城区闲置楼宇、旧厂区和都市工业园区，通过定位文化创意产业发展方向，投放鼓励性产业政策，实施产业置换，建设文化创意产业园区、基地。构建创意产业链既要加强创意园区企业之间的合作，又要重视对园区本身和园区外部产业环境的建设。

二、建立健全知识产权保护的法律体系和组织管理体系

（一）根据成都创意产业的特点制定知识产权保护的法规和政策意见

知识产权在创意产业中的保护要具有一定的针对性，需要根据新经济形势下创意产业的特点，全面研究创意产业的运作模式，理清发展规律，制定出相对完善的地方性法规和指导意见，减少当前知识产权在创意产业中的漏洞，给创意产业提供一个更好的发展平台。

（二）强化企业和个人的知识产权保护意识

政府要加大对知识产权的宣传力度，增强企业和个人对知识产权的认识，树立保护意识，加强企业自身对知识产权的管理，鼓励和保护创意行为，保障创意企业的利润空间，加强创意产业的竞争力。

（三）促进知识产权的专业化和集中管理

目前知识产权的管理体制呈现多头管理，这就大大削弱了产权的保护效率，应该尽快将创意产业相关的专利、商标、版权等合为一体，形成集中的管理。同时，对于知识产权的法律体系要进一步地补充与完善，对产权的执法监督力度要进一步加强，切实保护创意相关者的权益。

三、转变政府职能，实施政府引导、市场主导的发展模式

（一）政府的引导作用

决策者，负责对创意产业的整体发展方向有大致的把握，明确创意产业的地位，制定出创意产业的发展计划、发展战略及合理的执行方案，使创意产业步入正规化。

监督者，负责给创意产业营造一个良好的发展环境。通过行业法律制度的不断完善，制定出知识产权保护的法律法规和相关政策，保障创意相关者的利益。通过对市场运行的监督，推动人才、技术、资金等生产要素的合理流动，使市场能够规范有序地发展。

服务者，负责为创意相关者创建公共服务平台，如融资平台、人才交流平台等，加强企业间的交流与合作，推动行业协会和中介组织之间的建设和发展。

（二）市场的主导作用

成都发展创意产业，应遵循市场经济的发展规律，坚持正确的价值观，通过满足人们的精神需要来引导人们的行为，达到经济效益和社会效益的共赢局面。应遵

循版权经济发展规律，保护企业和个人的创意成果，使其创造经济价值；应形成和延伸创意产业链，能够合理有效地将资本、人才、资源等市场要素集合在一起，产生聚集效应，形成规模效益，以此降低交易成本，进而提升成都创意产业的竞争力及影响力；发挥企业的市场主体作用，一方面引导中小企业和民营企业成为创意产业的中坚力量，另一方面开放市场的竞争体系，让部分国有企业参与到文化创意产业中来，实行文化体制改革，以资产为纽带，实现集团化发展。

四、实施创意人才培养计划

（一）营造创意人才培养的大氛围

1. 政府可以将创意人才培养建立在全民性的“创意教育”的基础上。成都市可以仿照英国、新加坡的做法将更多艺术和文化的内容融入中小学生的教程教学，并鼓励学生在学习和实践中创造发挥，培养他们对于创意的浓厚兴趣。

2. 实施创意社区计划，给创意人才提供发展平台，让大家在交流与实践中激发创意灵感，获得经验，增长才干，逐步成为创意精英。

3. 政府可以加大对创意理念的宣传力度，让市民们能够多多接触创意。在公共场所展示艺术作品，营造公共场所的艺术氛围，使市民不断受到文化的熏陶；对获得杰出成就的创意人才给予高的关注，鼓励企业进行各方面的创意活动。

（二）重视创意人才培养的学科、资源、考核体系建设

1. 加快高校创意学科、专业结构调整，扩大培养规模。在人才培养方面，应该了解市场的需求，培养市场紧缺的创意设计或策划人才等具备多方面能力的人才，使学科教育与就业市场能够很好地结合。同时，要保证创意人才链的完整性，扩大教育规模，保证教育质量，不仅设立创意专业，还应该增加独立的创意学院，以此营造更好的学习氛围。

2. 充分利用各种培训渠道和教育资源。首先，应大力发展社会性教育培训，增加创意人才的培养渠道。其次，应鼓励学校与创意机构之间的交流与合作，相互分享教育心得及经验，不断完善各自的教育模式；各文化教育部门也可以设立一些文化项目，吸引更多的创意人才参与，施展他们的才能，同时给予他们一定的指导与帮助，使他们更快地成长。再次，充分利用国外优质教育资源，通过开展国际交流与合作，学习国外的先进教育经验，进一步高效地培养我国的紧缺人才。

3. 建立人才引进考核体系，实施有效的员工激励。加强人才引进考核体系的建设，全面考察引进人才的发展情况，使创意人才在技能、创意思路、科研等方面都能不断提升；实行创意人才动态管理，采取合理的方式给创意者以激励，使他们能够更好地为创意产业献出自己的一份力量。

总之，成都应积极借鉴国内外在创意城市发展方面取得的成功经验，根据自身的特点，将构建“中国文化创意产业的鼎立之城”作为建设“世界现代田园城市”的核心战略，积极推动创意城市的快速、持续、健康发展。通过发挥政府的支持、

引导作用，健全相关的法律法规和组织建设体系，实施创意人才培养等一系列措施，促进创意产业的规模集群化发展，使创意产业链得到进一步的拓展及延伸，打造符合成都特色的创意城市新名片。

（项目负责人：西南民族大学管理学院副教授 冯旭）

参考文献：

成都市文化创意产业发展规划（2009—2012）.

成都职业技术学院课题组. 成都创意产业发展现状、问题及对策建议［J］. 产业经济，2011（5）.

郭鸿雁. 创意产业链与创意产业集群［J］. 当代经济管理，2008（7）.

张京城. 中国创意产业发展报告（2011）［M］. 北京：中国经济出版社，2011.

赵根亮. 我国创意产业发展的人才瓶颈与对策［J］. 经济与管理研究，2010（5）.

Richard Florida. 创意阶层的崛起［M］. 司徒爱勤，译. 北京：中信出版社，2010.

灾后重建中少数民族移民成都发展的对策思考[①]

近年来，四川省频发自然灾害，汶川“5·12”大地震、芦山“4·20”地震、北川和都江堰中心镇“7.9”洪灾等带给人们巨大的伤痛，给当地社会、经济造成重大破坏和损失。灾难伊始至今，几乎所有的目光都聚焦于抗震救灾、灾后基础设施恢复和家园重建，却在很大程度上忽视了灾后重建中棘手、复杂而又长期影响社会经济发展的移民问题。灾后移民的生存发展越来越成为困扰移民地的民族关系、社会稳定和经济发展的难题。

一、汶川“5·12”大地震后，羌族移民成都的概况

汶川“5·12”大地震后，四川省委、省政府在征求多方意见的基础上，将成都邛崃市南宝山确定为受灾严重的汶川、青川两地部分灾民跨市州异地永久性安置点。2009年9月，受灾群众285户，共1 202人，永久性安置在邛崃市南宝山A、C、D三个安置区。其中，汶川龙溪乡的羌族移民有145户，共674人，整体搬迁至南宝山。

南宝山原为农场，总面积约7 700亩，主要是林地、茶园和菜地，分别属于邛崃市的油榨乡和南宝乡。按灾后重建规划，政府牵头，以人均35平方米的建筑标准修建了安置房和配套设施，总建筑面积4.3万平方米。安置房有5种户型，有两层或三层的，水电、光纤等配套设施一应俱全。安置点设有村民活动室、农家书屋、医疗卫生室、警务室，并配套修建了绿化设施、健身休闲场地等。

自2009年羌族移民落户南宝山以来，地方政府积极改善安置点的交通条件，加强教育资源的配套建设，修建了油榨乡小学和南宝乡金华幼儿园，解决了羌族移民子女受教育的后顾之忧。同时，由政府主导、社会资本参与，先后完成了“三通一围”的无线通信铁塔、压缩式垃圾中转站和民政福利综合服务中心的建设，极大地改善了安置点的公共服务设施和服务体系。在发展产业方面，为了帮助移民解决生存和发展问题，中央财政落实南宝山安置帮扶专项资金1.4亿元，用于安置点的基础设施建设和产业发展投入。在四川省农业厅的帮助下，安置点确立了“以茶叶为主导产业，紫色马铃薯和高山猕猴桃种植为特色产业”的现代农业发展方向。

---

① 项目编号：ZSR13－02。

在四川省旅游局的指导下，安置点出台了《南宝山乡村旅游总体规划》，发展旅游第三产业。

“授人以鱼不如授人以渔”，政府在物资方面解决羌族移民暂时问题的同时，从政策、资金和技术多方面积极探索培养少数民族移民的持续生计的路径，如何实现移民“搬得来、稳得住，能发展”的发展目标。

二、灾后重建羌族移民成都后，面临的生存、发展问题

近 5 年来，尽管南宝山安置点基础设施较为完备，基本生活有保障，产业有规划，各方面均有一定程度的发展。但因自然条件和生存环境的改变，带来生产条件、生计方式等诸多方面变化，让南宝山的羌族移民不太适应，严重地影响了产业的发展，阻碍了移民可持续生计的形成与发展。其主要体现在：

（一）产业发展受阻

从 2009 年至今已经快 5 年了，羌族移民产业发展情况却令人担忧，异地安置发展受阻。

雨水多、气温偏低，茶叶生长缓慢；潮湿的气候条件使病虫害非常严重，加之羌族移民气候、土壤、病虫害和精细种植技术的不适应，紫色马铃薯、高山猕猴桃投入大、产量低，投入产出严重失衡，收益情况很不理想。在《南宝山乡村旅游总体规划》的引领下，农家乐和家庭旅馆陆续发展起来，但都是移民利用自己的空闲房屋改装而成的，规模小、条件差，接待能力十分有限，这些问题严重制约着安置点旅游业的发展。

（二）文化传承受限

首先，羌族移民不习惯新的饮食结构。在羌区，家家户户都饲养家禽，种植杂粮，自酿咂酒。搬至南宝山后，因为生产环境和生产条件的局限，羌族移民只能饲养少量的家禽，主要吃大米、面食和肉类等，饮食结构发生较大变化，移民普遍都有不习惯的感觉。其次，羌族移民还面临传统生活方式和观念改变的困扰，生存方式、语言文字使用、风俗习惯、宗教信仰、心理状况等还需要与新环境逐渐适应与融合。

（三）收入减少、成本增加

因文化素质偏低，羌族移民不具备城镇所需劳动力的基本技能，大多数羌族移民家庭的收入方式有局限性，主要依靠政府最低生活保障等生活补贴。加之在安置点的产业发展受挫，其收入水平较之移民前有明显下降。

震前，羌族移民主要是以养殖、种植和采集为主的传统山民生计模式，生活成本较低。灾后搬迁至安置点后，城镇化、电气化的新居环境在为羌族移民提供便捷舒适生活的同时，也增加了移民的生活成本。尤其是移民可持续性生计尚未形成，家庭收入主要靠低保和政府补贴支撑，这使其生活水平有所降低。

（四）难以融入社会

对羌族移民而言，主要的难题是对新环境的社会、文化尤其是心理的适应问题。这些移民面对生产生活方式、人际交往、文化习俗等方面的差异，在社会融合方面存在明显问题。特别是因为远迁他乡，移民原有的社会资源和社会关系逐渐淡化、疏远以致丧失。要获取新资源、建立新关系、融入社会则是一个漫长而艰难的过程。

（五）其他方面问题

此外，羌族移民灾后外迁，在民族关系、民族文化活动方面也存在问题。在民族关系方面。按移民安置的过往经验，在外迁移民与当地民族、居民在民族关系方面大约有10年左右的冲突时期。在民族文化活动方面，安置点的羌族文化需要通过各种活动来实现保护和传承。而羌族移民远迁南宝山后，缺乏举行活动的“圣地”及活动空间、活动场所，更没有周围村寨的群众对羌族文化活动链接、尊重、欣赏和参与。

三、灾后重建中，少数民族移民生存、发展的对策思考

灾后重建中，羌族移民的生存发展问题的解决是其迁至南宝山安置点后的立足之本。可见，这些移民不仅需要解决最基本的衣食住行，更需要政府主导，培育其可持续性生计。因此，就业培训、子女教育和养老保障等“移民后”问题的解决，是确保移民安居乐业的关键因素。基于此，有以下的对策思考。

（一）政府主导，制度改革，多方支持，综合解决

政府主导，从制度层面上推动移民所在地区的土地、产业、就业、教育和保障等制度改革，是解决少数民族移民问题的根本途径。同时，发动社会各方力量，举全社会之力，把少数民族移民灾后重建问题与帮助他们形成可持续性生计能力结合起来，从制度建设、产业发展、能力培养等多方面综合考虑，解决移民生存发展之忧，这也是移民问题“治本”之举。

很显然，要从根本上解决少数民族移民生存发展问题，应从源头、从制度抓起，把解决少数民族移民生存发展问题与其生计资产的配置等问题结合起来，从制度层面加以解决。当然，从羌族移民安置点目前实际情况看，上述“治本”之举，还有一个比较漫长的过程，还需要配套其他措施综合解决。

（二）规划引领、产村相融、一三互促、发展特色

要立足羌族移民产业发展实际情况，制定整体的、统一的科学规划，以规划引领发展，以新村带动产业，以产业促进新村。

1. 规划引领发展，逐步将南宝山安置点的羌族移民从传统农业生计发展的思维中解放出来。

2. 政府支持，发展茶叶等适宜种植的经济作物规模化种植及其配套加工，鼓励移民以土地入股或提供劳务等多渠道、多路径参与其中。

3. 依托特色产业发展现代农业，同时又充分利用南宝山的自然旅游资源，大力发展旅游产业，一三互促，共同发展，培育羌族移民可持续性生计。通过产村相融来恢复和提升南宝山安置点可持续发展能力。

（三）立足项目、整村推进、连片发展、扶贫解困

应立足安置点的实际情况，因地制宜地进行统一规划，以规划引领产业发展，提升移民的文化素质与生产技能，整村推进，连片发展，培育和形成移民的可持续生计，让移民彻底脱贫解困。

1. 加大移民安置点的资金投入。以整体规划为基础，由发改委、农委办和扶贫移民局等部门从不同渠道申请项目，整合项目，聚集发展资金，推动产业的整体规划与具体实施。

2. 在落实产业规划发展时，应结合当地的地理条件尽可能地整村推进，连片发展，实现产业的规模化、集约化经营。

（四）把握政策、凝心聚力、文化传承、和谐共赢

南宝山羌族移民是整村搬迁，搬迁前羌族的文化习俗是保存最完整的村落之一。尽管政府对南宝山少数民族移民异地安置非常重视，为了传承和保护羌族文化，按照羌族的建筑风格集中规划修建了安置点新居，整村安置了羌族移民，但仅是上述举措是远远不够的。政府应利用羌族移民传承和保护本族文化的强烈愿望凝心聚力，以移民的生产生活模式为载体，从政策制定、文化产业发展等方面大力支持。只有这样，才能真正实现羌族文化的传承发展，形成多民族团结和谐发展的新局面。

（项目负责人：西南民族大学经济学院副教授　杨胜利）

参考文献：

《阿坝藏族羌族自治州概况》编写组. 四川阿坝藏族羌族自治州概况［M］. 北京：民族出版社，2009.

沈茂英. 汶川地震灾区受灾人口迁移问题研究［J］. 社会科学研究，2009（4）.

四川省旅游规划设计研究院. 邛崃市南宝山旅游区总体规划［R］. 2010.

王俊鸿. 汶川地震羌族移民异地安置和生计方式转型［J］. 民族学刊，2011（4）.

辛格，纳列什，吉尔曼，乔纳森. 让生计可持续［J］. 国际社会科学杂志：中文版，2000（4）.

Lasse Krantz. *The Sustainable Livelihood Approach to Poverty Reduction*［M］. Swedish International Development Cooperation Agency，2001.

基本公共服务视角下的农业转移人口融城路径研究[①]

我国城镇化的重点是人的城镇化，即农业转移人口市民化，其实质是让广大进城农民能平等享受到城市居民享有的各项公共服务，消除城市新二元结构，实现内在整合的城市化。根据国际经验并结合我国的国情，预计从2011年至2030年的20年间，我国将新增城镇人口3亿人左右。有学者提出我国的城市化不仅存在“低度城市化”问题，即城市化水平滞后于经济发展水平，同时也存在“浅度城市化”的问题（左学金，2010），大量农业转移人口进入城市，却难以融入城市。公共服务理念滞后、公共服务供给二元化、公共财政体制不健全、公共服务法规缺失共同造成了基本公共服务不均下的农业转移人口融入城市困难，其主要表现为：农业转移人口难以融入城市就业体系，难以获取城市教育资源，难以享受城市社会保障，难以纳入城市住房保障等。

结合党的十八大报告提出“要加快改革户籍制度，有序推进农业转移人口市民化，努力实现城镇基本公共服务常住人口全覆盖”的战略任务，确保实现农业转移人口基本公共服务领域的公平享有，笔者仅就基本公共服务视角下的农业转移人口融城路径创新作以下探讨。

一、树立农业转移人口基本公共服务理念

从强化政府服务的理念入手，强化服务意识，增强责任意识。同时，还要通过加强对农业转移人口市民化的教育，建立健全政府公共服务信息系统等方式，积极宣传基本公共服务均等化思想。

二、完善农业转移人口基本公共服务制度

（一）改革户籍管理制度

一是加快户籍制度改革，降低城市入户标准。二是剥离附着在户籍制度上的福利，突破户籍与福利合一的社会管理制度。城乡户籍制度的最大差别在于“含金量”不同，依附在户籍制度上的种种福利和待遇从社会保障到教育、医疗、公共服

① 项目编号：ZSR13－22。

务，“户籍利益”几乎涵盖了所有公民利益。以北京市为例，一个北京户籍上绑定的显性经济利益超过百万元。在人口城镇化进程中，应以去利益化、城乡统筹、迁移自由为目标和方向，逐步减少户籍与福利待遇的关联度，从根本上缩小户籍人口与非户籍人口之间的不平等差距和待遇。

（二）完善公共财政制度

城乡基本公共服务均等化与公共财政体制改革二者之间存在供求关系，只有逐步改革公共财政体制，才能释放出满足推进城乡基本公共服务均等化所需要的相应财力和供给能力。一是构建财权与事权相匹配的财政体制，合理界定中央与地方的公共服务事权和财政支出责任；二是完善财政转移支付制度，优化转移支付结构，将更多资金投向公共服务领域和社会发展领域。

（三）建立多元供给制度

一是打破公共服务的政府垄断，建立政府为主、市场和社会共同参与的多元化供给模式。推动基本公共服务提供主体和提供方式的多元化，加快建立由政府主导、市场和社会共同参与的多元化供给模式；积极引入企业、社会组织等主体参与相关公共服务的生产，通过多种方式打开企业、民间资金进入通道，扩大基本公共服务面向社会资本开放的领域。二是发挥社区在基本公共服务供给中的作用。在城乡两级，高起点、高标准地规划、改造和新建一批社区公共服务中心，提高基本公共服务的可及性。

三、实施农业转移人口基本公共服务举措

（一）促进农业转移人口在城镇稳定就业

在巩固和扩大农业转移人口就业方面，要把农业转移人口纳入所在城市的公共就业服务体系，建立其和所在城市户籍人口统一、平等的竞争的劳动力市场；完善由城市户籍人口与农业转移人口共享的公共就业服务信息管理制度和机制，确保农业转移人口通过所在城镇人力资源市场信息网络享受自助式公共就业服务；建立包括农业转移人口在内的劳动力资源及就业状况调查统计登记分析制度；建立统一开放的劳动力市场，实现社会劳动力就业权与报酬权的平等。

（二）保障农业转移人口子女受教育权

一是坚持教育以人为本，在义务教育阶段，要让包括流动农业转移人口随迁子女在内的每个适龄儿童都能平等地接受教育。二是健全教育投入制度，建立教育经费政府间分担机制和转移支付制度。三是探索借鉴美国“教育券”“流动教育计划”（MEP）等制度的可能性。四是探索实行“义务教育登记卡”制度。由流出地政府及相关部门为每个流出的学生在户籍所在地注册学籍，为所有适龄儿童少年建立义务教育登记卡，当农业转移人口流动时，这种卡也连同流动人口“五证”（身份证、暂住证、务工证、健康证、计划生育证）一起经有关部门检查登记，作为农业转移人口子女随时入学的依据，保障农业转移人口子女的受教育权利。

（三）建立覆盖农业转移人口社会保障体系

一是继续完善和整合碎片化的社会保障体系，扩大社会保障覆盖面。建立健全城镇和农村医保、养保之间的转移衔接办法；制定促进农民工参加养老保险的政策措施；完善在城镇从事个体经营或灵活就业农民工参加养老保险的实施办法；完善失业保险政策；整合经办管理资源，提高农民工的社保服务水平；扩大农民工参保覆盖面。二是建立农业转移人口最低生活保障制度，和城镇居民享受同等待遇；对于流动性较大且年纪普遍较轻的，政府应加大投入力度为其提供免费的技能培训和普及教育，提供劳动机会帮助其自我发展。

（四）多种渠道改善农业转移人口居住条件

一是把农业转移人口纳入城市住房保障体系。住房保障体系由廉租住房、农业转移人口住房、经济适用住房、限价住房组成，根据农业转移人口的特点，研究相关的政策和措施。二是政府组织，部门协作。把农业转移人口的住房建设纳入城市近期建设规划和城市住房建设规划，以集中建设农业转移人口住房小区为主，结合城中村改造，扩大农业转移人口住房保障的房源。三是财政支持，税费优惠或减免。中央和地方财政补贴农业转移人口住房小区公共配套建设、现有房源周边环境整治配套建设和连接农业转移人口社区的公交站点等城市公共基础设施、教育设施建设。四是政府制定或监控农业转移人口住房租赁价格，确保农业转移人口租得起房。

四、构建农业转移人口基本公共服务评价体系

一是要完善政府绩效管理体系，推进以基本公共服务均等化为导向的绩效考核体系和建立以结果为导向的基本公共服务绩效评估体系。

二是健全基本公共服务的监督和约束机制。首先，建立相应的政府问责制度，强化各级政府部门的责任意识。其次，强化社会公众对基本公共服务供给决策及运营的知情权、参与权和监督权，健全基本公共服务需求表达机制和反馈机制，增加决策透明度。

五、健全农业转移人口基本公共服务法律法规

西方发达国家在基本公共服务均等化方面一般都具有完备的法律法规体系，以法律形式来确认政府管理公共服务、提供公共产品等职能。例如，日本的《义务教育法》《生活保障法》、德国的《基本法》等，这些法律法规明确了政府公共服务均等化的基本目标，有效保证了公共服务均等化的实现。因此，我国在推进基本公共服务均等化的过程中，要让立法走在前头，整合现有法律法规体系，提升基本公共服务的法律层次；借鉴国外成功经验，加快基本公共服务均等化的相关立法及法律制度的配套建设，以法律的形式明确界定各级政府在公共服务供给中的职责、权限和分工，并规定相应的问责与监督；同时，加快基本公共服务重大项目立法进程，增强基本公共服务供给的规范性和约束性。

（课题负责人：成都市社科院社会学与法制研究所副研究员　陈艺）

关于新型社区“妇女之家”社会化管理模式的探索与思考①

为拓展优化妇联组织参与社会管理和公共服务的平台载体，近期双流县妇联通过实地走访、座谈交流等方式，对我县新型社区“妇女之家”社会化管理模式运行情况进行了调研，形成了如下报告，以供参考。

一、双流县“妇女之家”建设的基本情况

“妇女之家”是全国妇联创立的建设妇联基层组织阵地的活动品牌。2010 年 11 月起，按照全国妇联《在创先争优活动中建设村、社区妇女之家的意见》的要求，双流县始终坚持党建带妇建，以建设“妇女之家”推动妇联基层组织创新发展，引导广大妇女群众积极投身社会主义新农村建设、和谐社区建设，努力将“妇女之家”建成宣传政策的阵地、传播知识的课堂、传递信息的纽带、联系和服务妇女群众的窗口。目前，双流县以行政村（社区）为单位挂牌建成“妇女之家”255 个，已实现村（社区）“妇女之家”全覆盖。

二、新型社区“妇女之家”社会化管理模式的主要做法

随着新型工业化和新型城镇化的加速推进，双流县越来越多的失地农民住进了集中安置区，原来以行政村（社区）为单位建立的“妇女之家”已难以适应新形势的发展需要。截至 2012 年，双流县集中安置 100 户以上失地农民的新型社区已达 83 个，均未建立“妇女之家”。为完善基层妇联组织体系，提升妇联工作服务水平，双流县将“妇女之家”创建与新型社区自治管理相结合，探索以社会化管理模式在农民集中安置区建立“妇女之家”，促进妇女群众自我管理、自我教育、自我服务、自我监督。

（一）强化指导服务，让“妇女之家”阵地建起来

为加强妇联基层组织建设，解决新型社区妇女服务管理缺位的问题，2013 年 3 月，双流县妇联在胜利云燕小区和永安白果苑小区探索推行“妇女之家”社会化管理模式，并在硬件设施配套、完善规章制度、活动组织开展等方面强化业务指导，

---

① 项目编号：ZSR13-42。

真正把“妇女之家”建成看得见、用得着、帮得上的有形实体。目前，胜利云燕小区和永安白果苑小区“妇女之家”已分别建成70平方米、80平方米的活动阵地。

(二) 创新运行模式，让“妇女之家”机制活起来

一是管理民主化。胜利云燕小区和永安白果苑小区“妇女之家”的管理人员不再进行行政指派，均以会员大会民主推选的方式选举产生。同时，妇女群众以会员形式加入“妇女之家”协会，不仅享受会员权利，也要承担相应义务。二是运行社会化。两个“妇女之家”均采用“协会+基地”“协会+合作社”的产业化运作模式，将灵活就业、技能培训等工作融入其中，着力增强“妇女之家”带动妇女创业就业、增收致富的功能。三是筹资多元化。通过开展妇女儿童和家庭服务、对外承接订单及争取社会公益基金、接受社会企业资助等形式，有效拓宽“妇女之家”资金来源渠道。

(三) 搭建平台载体，让“妇女之家”品牌树起来

根据两个小区妇女群众的现实需求、知识能力和兴趣爱好等特点，积极搭建培训平台、就业平台、信息平台和交流平台，以引入绒（丝）线钩编项目为契机，以丰富活动载体为重点，引导小区妇女在培训中提高技能、在活动中增加收入、在交流中结交朋友，真正把“妇女之家”建成基层妇联联系服务妇女群众的窗口和展示妇女风采的平台。目前，两个社区已组织绒（丝）线钩编初级及提升培训7次，100多人取得绒（丝）线钩编“巧织女”认证，完成加工订单16笔，75人实现了灵活就业。

三、新型社区“妇女之家”社会化管理中存在的问题

(一) 人员素质还需提升

虽然“妇女之家”协会通过妇女群众民主选举的方式，推选出具有一定社会影响力和群众基础的女能人担任会长、副会长，但协会管理人员文化素质整体偏低，组织协调水平有待提高，运用市场理念壮大阵地经济实力、带动群众致富增收的能力还需进一步增强。

(二) 服务功能比较单一

胜利云燕小区和永安白果苑小区“妇女之家”协会，主要组织当地妇女参加钩编技能培训、对外承接订单、帮助妇女实现就近就业，但协会服务功能整体较为单一，宣传服务、排忧解难、维权服务等功能还没有充分发挥。

(三) 社会影响还不够高

双流县“妇女之家”尚在探索起步阶段，组织活动开展较少，内容形式较为简单，群众参与面和知晓率还不高，还未能很好地把妇女群众的能动性调动起来。

(四) 经济实力还不够强

目前，虽然“妇女之家”已通过钩编项目来培育完善经济功能，但钩编项目规模偏小、缺乏自主品牌、市场占有率低，尚未形成带动能力强、具有市场竞争力的

产业链条。

四、深化“妇女之家”社会化管理模式的思考

(一) 因地制宜“抓创建”

在以农村妇女为主的新型社区，突出就业服务、关爱救助、权益维护等功能，倡导健康向上的道德风尚，弘扬尊老爱幼、夫妻和睦、勤俭持家的家庭美德，通过家庭和谐促进社会和谐。在以城镇妇女为主的新型社区，突出妇女人才培养、女性素质提升、妇女联络联谊，开展才艺展、书画展、文艺演出、体育竞赛等活动，展示社区妇女积极、健康、向上的精神风貌，使她们在活动中参与、在参与中受益、在受益中发展。

(二) 针对需求“抓培训”

针对社区妇女不同的民生需求和社会诉求，将妇女就业纳入全县城乡劳动力技能培训。组织“妇女之家”管理人员进行营销策划、思维拓展、能力提升等方面的教育培训，并通过座谈交流、联谊竞赛、关爱互助、项目推广等形式，帮助妇女开阔视野、增长见识、致富增收。

(三) 创新突破“抓项目”

引导“妇女之家”通过与社会组织、专业社工组织合作，承接政府、妇联和社区公益项目等方式，寻求与社会组织合作的互利共赢点，达到完善服务功能、拓展服务领域、承担社会责任的目的。

(四) 围绕发展“抓平台”

结合社区实际，紧扣妇女需求，创新工作机制，引导社区建立具有地域特色的个性化阵地，并积极拓展宣传教育、维权服务、创业就业等功能，着力打造规范有序、方便快捷、功能完善、集约高效的“妇女之家”，真正把“妇女之家”建成党开展妇女工作的坚强阵地和广大妇女信赖热爱的温暖之家。

(课题负责人：双流县妇女联合会主席、高级工程师　简荣莹)

法治政治类

城市管理执法能力建设研究[①]

——以成都市为例

党的十八届三中全会通过的《关于全面深化改革若干重大问题的决定》强调要“坚持依法治理，加强法治保障，运用法治思维和法治方式化解社会矛盾”，这对城市管理工作提出了新的更高的要求。城管执法能力的高低，是城市管理行政执法机关能否充分行使法定职能，履行好法律法规赋予其“保障城市有序运转”职责的关键，同时也是检验城管行政执法水平的重要标志。在成都推进现代化、国际化大都市建设过程中，如何提高城市管理执法能力，促使城管执法者养成自觉运用法治思维和法治方式处理城市管理中的问题，确保城管行政执法权依法规范有效运作，是成都城市管理必须面对的重要课题。

一、加强城市管理执法能力建设的现实意义

（一）提高城管执法能力是建设国际化大都市的需要

建设现代化国际化大都市，是今后一个时期成都发展的总体目标。城管执法者的能力在一定意义上影响和决定了成都建设国际化大都市的快慢与好差。建设现代化国际化大都市，就要坚持城市管理的标准和规范，不断提高城市管理执法能力。

（二）提高城管执法能力是推进依法治市的必然要求

随着城市化进程的加速发展，城市规模不断扩大，城市居民不断增加，各种利益关系错落交织，各种矛盾纷繁复杂，亟须以法治方式保障民生权益和化解社会风险。只有依法治市，才能把城市建设成为管理规范、环境优美、秩序井然的现代化城市。

（三）提高城管执法能力是推动城市精细化管理的需要

随着工业化、信息化、市场化、国际化的深入发展和市民物质文化生活水平的不断提升，人们对城市管理的期望值也越来越高。传统的城市管理手段和方式无法应对当代越来越多的城市问题形成的严峻挑战。现代城市管理面临许多新情况、新问题，如社会治安混乱、交通拥挤、环境污染、生态失衡、贫困失业等问题。为解决城市问题，不断满足居民对改善城市管理的新期待新要求，通过精细化管理，为

① 项目编号：2014P23。

市民提供优质高效的公共服务，从而提升城市管理效能。

二、城市管理执法能力建设的制约因素

为了解决多头执法内耗严重的问题，成都市自2003年率先成立城市管理执法局进行综合执法，尤其是在2006年2月将城市管理执法局、市容环境管理局、市政公用局整合组建为成都市城市管理局（挂成都市城市管理行政执法局牌子）以来，随着各项举措的不断推进和深化，成都市城市管理行政执法能力的确有了明显的提升，执法手段也趋于多样化，但因受制于不完善的法制、不健全的体制、执法主体内部不科学的责任追究机制和考核制度以及执法机构监察能力差等因素，城市管理执法能力建设面临重重困难。

（一）城管执法缺乏有效的法律支撑

到目前为止，全国没有一部统一的城市管理法或者行政法规对城管执法部门的权利和义务、法定职责以及履职范围等问题作出明确的规定。尽管成都市政府颁布出台了《成都市城市管理相对集中行政处罚权暂行办法》，特别是四川省人大常委会制定了《四川省城市管理综合行政执法条例》，使城管执法部门告别了“借法执法”的窘境，但是作为一部地方性法规，它依然还只是对城管执法中存在的突出问题做出原则性规定，其中一些细节规范比较模糊，对许多城管执法在实践中遇到的具体问题未明确。总的来讲，城管执法还缺乏统一权威的直接法律依据，这为城市管理工作的正常开展造成了一定阻碍。

（二）城管执法缺乏良好的社会环境

由于城管行政执法行使了市容、规划、园林、市政、环保、工商、公安交通的全部或者部分行政处罚权，在执法中需要其他部门的配合和支持。而执法实践中相关执法部门之间的配合和支持并没有真正落到实处，这就给城市管理行政执法机关造成了一定的困难。

（三）城管执法缺乏充足的人力资源

城管执法人员配置方面，成都市的总体数量偏低，缺乏高素质执法者。执法人员数量受编制数额限制，城市管理行政执法队伍与所承担的执法任务不相称。在执法队员力量不足的情况下，从事一线工作的城管人员大多是无编制的协管员，他们大多没有较高的学历，其文化素质、法律素质、业务素质等综合素质普遍不高，从而影响城市问题解决的效率，制约了相对集中行政处罚权工作的深入开展。

（四）城管执法缺乏适当的执法手段

执法手段与目的要相互匹配。城管执法实践中呈现执法手段极端化倾向。一方面存在执法手段非人性化情况，另一方面存在执法权威性不足情况。城管执法手段有限，力度弱，甚至出现城管执法被暴力情况，即城管执法相对人对城管执法人员的暴力抗法。

（五）城管执法缺乏有力的资金保障

充分的资金保障是城市管理执法的基本物质条件。目前，城市管理行政执法经费与执法任务极不匹配，给全面准确执法造成了一定困难。

（六）城管执法缺乏完善的监督机制

权力必须受到监督和控制，否则就会被滥用。我国城市管理行政执法缺乏有力监督，主要体现在内部监督不力和外部监督分散上。

三、加强城市管理执法能力建设的基本思路

城市管理执法能力建设是整个城市管理行政能力建设的核心和关键，加强城市管理执法能力建设是造就高素质的城市管理执法队伍、提高城市管理执法人员行政能力和行政水平的重要保证。增强城管执法能力必须立足于现实，正视现阶段我国城管行政执法中存在的突出问题及其原因所在，将城管执法能力建设和城市可持续发展目标联系起来。

因此，我们认为加强城管执法能力建设应该从以下六方面着手。

（一）推进法制建设，为城市管理提供执法依据

为了增强城市管理执法的可操作性和方便执法人员查找执法依据，亟须从国家层面制定一部权威性的城市管理法律或行政法规。由国务院制定统一的《城市管理行政执法条例》应是目前较现实可行的选项。制定的《城市管理行政执法条例》不仅要对城市管理执法权制度予以明确，而且要对城市管理执法权制度进行细化。如，对城市管理执法机构设置、职权配置、人员编制和执法范围、执法种类、执法手段、执法程序、执法监督、执法保障、责任承担以及部门联动机制等方面进行明确具体规定以确保城管执法行为的规范高效和合理有效。当然，时机成熟后应以《城市管理法》来规范。

（二）加大法制宣传，为城市管理营造执法环境

城市管理不只是城市管理执法部门的事，而是每个城市中人的事。因此，城市管理行政执法机关要通过对城市管理法律法规和城管执法工作的大力宣传，使城管执法工作取得全社会的理解、认可和支持，营造有利于城管执法工作开展的舆论氛围。

（三）提供人才保障，为城市管理充实执法力量

执法力量薄弱，已经成为影响城市管理执法能力的重要因素。要保证城市管理执法正常进行，就必须加强城管执法队伍建设，提供执法人才保障，切实改变城管执法力量薄弱的现状。一要增加人员编制，建设一支数量与任务匹配的城市管理行政执法队伍。二要实行科学管理，把好城市管理行政执法人才进出、考核和培训关。执法能力提升的基础是执法队伍素质的提高。

（四）强化法治思维，为城市管理规范执法行为

城管作为国家行政机关，代表国家行使权力。城管执法权力在服务市民、维护

市容市貌的同时，也有可能侵犯人民群众的合法权益。这就要求城管在执法过程中必须摒弃人治思维、德治思维、权治思维、策治思维等一系列“非法治思维”和“非法治方式”的“为城市管人民”的老办法，切实转变和更新城管执法理念，树立“以人为本”和“执法为民”的“为人民管城市”的新理念，自觉运用法治思维正确行使城管执法权。因此，城市管理执法部门应当把法治精神和法治理念贯彻到城市管理工作的各领域和每个环节中去，以法治思维作为执法行为内在化的指引，使城管执法者发自内心地尊重法律，从而依法履行职责和规范行使权力。

（五）增加经费投入，为城市管理夯实执法基础

任何制度都不可能自行发挥作用，它需要执行者的实施、被执行者的自律或两者的良性互动以及一定的工作机构和相应的技术设备等必要条件。城市管理法律制度的实施也需要以一定的经济支持为后盾。为了保障执法有效、公正合理，各地不仅应认真执行处罚与收缴分离的法定原则，而且财政应确保与城管执法任务相匹配的工作经费。

（六）完善监督机制，为城市管理提升执法效果

城管执法的效果无法达到人民群众期望值，缺乏有效性监督机制是城市管理行政执法中的一个重要问题。为了不断促进城管执法水平的提升，势必需要建立起一个严格管理的执法监督机制，才能保证城管执法的依法、文明、高效开展，塑造优良的对外形象。建立健全有效的城管执法监督机制要从内外两方面着手。从内部来说，要建立和完善城管执法的行政监督机制；从外部来说，要强化城管执法的外部监督机制。

（项目负责人：中共成都市委党校法学教研部教授　黄仕红）

权力与权利“相互尊重”塑造成都法治政府形象的研究[①]

自2004年国务院发布的《全面推进依法行政实施纲要》提出“建设法治政府”的目标后，“法治政府”成为我国政治建设的重要内容和目标之一。然而，法治政府建设不仅有政府法治行为建设，而且还有法治政府形象建设。

一、塑造法治政府形象需要权力与权利的“相互尊重”

人们常言的“服务政府”“阳光政府”“诚信政府”“效能政府”“责任政府”“参与式政府”“廉洁政府”“精干政府”“亲民政府”“人民满意的政府”都是法治政府的应有之义，但无论怎样理解“法治政府”，法治政府建设都应当包括政府法治行为和法治政府形象两个重要内容。政府法治行为就是政府如何做、做什么才是法治政府应当做的。而政府法治形象则是公众对政府严格遵循法治精神的行为或活动的认知，肯定评价和在心理上形成的认同印象。如果说政府法治行为是法治政府建设的客观目标的话，那么，法治政府形象就是法治政府建设的主观目标。只有主、客观目标统一，才是完美的法治政府。

怎样才能塑造法治政府形象呢？公众是生活在市场经济中的对自身利益极为关怀的人。马克思认为市场经济中的人作为个体，总是“从自己出发”，但这并不是出于自私自利的本性，而是由于历史的客观条件决定了个人要通过市场追求自身利益。从当下中国社会的现实来看，公众对自身利益和权利同样高度关怀。因此，政府法治行为要得到公众认同和肯定，树立良好的法治政府形象，就必须充分尊重、满足公众合法、合理的权利主张。

但公众权利主张的满足需要权利尊重权力。因为只有公众权利承认政府权力的合法性和权威性，政府权力才有力量以法律为依据，通过严格的法治行为，“帮助”每个公众平等地实现和救济权利。

因此，法治政府形象的塑造就需要权力与权利的相互尊重，就是政府承认公众的法律权利，公众承认政府的法定权力，并彼此确保对方的合法权利（力）实现的价值理念、法律制度规范和行为。

---

① 项目编号：ZST13－06。

二、权力与权利的关系对塑造成都市法治政府形象的实践反思

从实践来看，权力与权利关系不同，对塑造成都市法治政府形象的影响也大相径庭。以“模拟拆迁”和“城管执法冲突”为例，可以发现权力与权利“相互尊重”“相互冲突”关系对塑造法治政府形象的不同影响。

2008年成都市锦江区全国首创“模拟拆迁”。在“模拟拆迁”中，权力充分尊重公众权利，把拆与不拆、何时拆、怎么拆的决定权，如何补偿、如何安置的选择权交给公众，同时，充分保障公众的知情权。作为“权力尊重权利”的交换，权利尊重政府的规划权，即“拆后如何建”的决定权属于政府。“模拟拆迁”中“权力与权利相互尊重”的实现机制是“协商-合作”机制，根据“模拟拆迁”的程序，至少进行三轮协商、谈判，从而实现合作。

而“城管执法冲突”在成都，主要是城管执法与流动商贩、固定摊贩的冲突。本来商贩、摊贩的权利不是法律实然的权利，其权利要求本身缺失合理性、合法性。因此，政府权力严格执法应当得到公众的支持，但为什么偏偏不仅得不到商贩、摊贩的支持、认同，甚至也没有得到作为围观者的公众的支持和认同？重要原因是“在这里，我们所看到的，其实正是十分常见的公权力对私权利的傲慢”，以“命令-服从”为机制。面对政府权力的命令、强迫，商贩、摊贩可能“真实服从”，但多以“虚假服从”和“公开抵抗”回应。

通过对“模拟拆迁”案和“城管执法冲突”案的个案分析（见表1），我们可以看出政府法治行为并不必然有法治政府形象，关键是如何进行法治行为？而成都市的实践不仅证明要坚持“权力与权利相互尊重”的理念，而且提供了实现“权力与权利相互尊重”，将政府法治行为转化为法治政府形象的机制。通过这种协商-合作机制，不仅公众的权利可以得到承认和实现，而且感受到权力对权利的尊重，从而认同、肯定政府的法治行为。

表1　权力与权利不同关系对塑造法治政府形象的影响

	权力与权利关系	实现机制	公众对权力的态度	塑造法治政府形象的作用
模拟拆迁	相互尊重	协商-合作	尊重权力、合作	正面
城管执法冲突	相互冲突	命令-服从	真实服从、虚假服从、公开抵抗	负面

三、实现权力与权利“相互尊重”，塑造成都市法治政府形象的对策

既然只有通过权力与权利相互尊重，才能塑造成都市法治政府形象。那么，如何实现权力与权利的相互尊重呢？

（一）实现权力与权利“相互尊重”的基本原则

基本原则是实现权力与权利“相互尊重”，塑造法治政府形象的基本准则，包

括协商民主、公众参与、法制教育原则，具有指导制度设计、方式设计与选择以及机制实现的功能。

协商民主是与选举民主相对应的概念。作为实现权力与权利“相互尊重”的基本原则，协商民主具有矫正公民私人权利过分扩张，制约政府权力，糅合政府权力与权利，平衡二者利益关系的价值。协商民主涉及“五个W”，即为什么要协商(why)、与谁协商（who)、协商什么（what)、何时协商（when)、于何地协商(where)。因此，协商民主要求：为了合理、合法、高效实施法治行为，政府权力应当从事前、事中到事后整个过程，都通过适合的渠道和方式与公众协商如何行使公共权力。

公众参与原则即公众直接参与政府公共权力的法治行为和活动。如果说协商民主原则提出了“与谁协商”的问题，那么公众参与原则就明确了协商民主是“与公众协商”。公众应当是与政府特定法治行为有利益关系的自然人，比如，在城管执法中公众就应当包括社区居民、摊贩、其他有利害关系的人。公众参与应当是政府权力行使前、行使中和行使后的全程参与，具有确保政府权力行使的正当性、合理性和权威性的价值。

法制教育原则就是对公众进行法制宣传教育，让公众深刻地认知、理解和认同公共权力行为的活动。如果说协商民主原则、公众参与原则是提供了政府权力与公众权利相互了解、协调的活动场景，必然会对公众的身心产生影响，在客观上产生教育的作用，那么，法制教育原则则是政府权力与公众权利有意识地进行相应的法律认知、理解，解释、说明，以法律为依据进行协商、合作，让政府权力和公众权利都认识到彼此的权力、权利的合法性，并依法做出行为选择，从而彼此接受、认同法治行为及其结果。因此，法制教育原则要求在权力与权利的交往中，要明确表明权力、权利和行为所依据的法律，协商、合作是实现法律规定的权力与权利。

（二）实现权力与权利“相互尊重”的具体方式

实现权力与权利“相互尊重”的具体方式主要有公开征求意见、听证、调研、陪同执法、协助执法、模拟执法、法制宣传教育等。公开征求意见就是将政府权力拟进行的行为事先公之于众，并让公众充分发表自己的意见和建议的活动方式。听证是政府权力在执法过程中，通过法定程序听取社会公众对有关执法所涉及的国家、社会、个人利益的举证（即事实、理由），做出如何执法的活动，具有公开性、公众主动参与、论辩性、严格的程序性和公信力较强的特征。调研是公共权力通过向公众了解、搜集与执法相关的情况、材料，并通过分析、研究这些情况和材料，探求有关执法的必要性、可行性以及如何执法的活动和制度。陪同执法则是政府在执法过程中，邀请公众陪同，让公众了解执法的全过程，并理解政府权力执法的法律依据和法治行为。如果说陪同执法中公众只是“观众”，那么，协助执法则要求公众对政府执法提供协作、帮助，不是“观众”，而是执法的“助手”。模拟执法包括模拟拆迁、模拟城市规划等各种模拟执法活动，是通过一系列程序性安排和附生效条件的执法行为，推进执法活动。当生效条件成立时，前期进行的执法行为才发生法律效力。而生效条件是否成立的决定权来自于公众的意见。法制宣传教育就是在执法活动中通过不断地宣传、讲解法律，进行法律解释说明，确立执法的法律依据和公众必须服从的法律依据。这些具体方式既是权力与权利相互协商的方式，也是公众参与法治政府建设的方式，而且也是进行法制宣传教育的重要途径。

（三）实现权力与权利“相互尊重”的保障条件

权力与权利相互尊重的实现还需要树立权力与权利相互尊重的价值观念。只有政府和公众都树立权力与权利相互尊重的价值观念，并以此指导自己的行为，才能建立权力与权利的和谐关系。在制度上，要建立起权力与权利互相尊重的确认制度、实现制度，让上述的基本原则和具体方式成为法律制度，从而成为规范政府公共权力和公众权利行使的行为准则。在素质上，不仅要提高政府依法执法、正确执法的意识和能力，而且还要提高执行法律的能力。不仅要提高公众参与协商、合作的主动性、积极性，而且要提高参与协商、合作的能力，确保参与协商、合作取得良好的效果。在资源支持上，法律职业人、有关专家、学者从权力与权利相互尊重的立场出发，发挥消弭各种冲突、各类法律风险和息纷止争，充当政府的法律顾问，参与信访，促使和规范行政机关依法行政的作用。

因此，根据基本原则，运用行为方式，在保障条件的支持下，政府以协商—合作机制进行法治行为，可以实现“权力与权利相互尊重”，从而达成法治政府形象建设的目标。

（课题负责人：西南交通大学政治学院副教授　饶世权）

论构建法治城市量化评估指标体系的基本原则①

——以成都市法治城市建设为例

在调整经济结构、提高核心竞争力等方面，自主创新能力已经成为越来越受到人们关注的重要影响因素。如何认识并且积极引导企业提高自主创新能力，已成为我国经济快速发展中不可忽视的一个重大问题。成都是西南乃至西部地区重要的经济和科技中心，为本土企业实施自主创新提供了坚实的基础。但是这些创新资源并没有真正转化成企业的自主创新能力，与发达地区相比，成都市本土企业的自主创新仍然存在诸多问题。因此，要不断完善科技创新体系，提升企业自主创新能力。

一、成都市本土企业自主创新现状

在各地方积极开展法治城市建设竞赛的过程中，以数值的量化指标体系评估法治城市建设效果，推动法治城市建设进程的制度创新被称为“以看得见的方式”实现法治的重要举措。科学、合理、系统、全面的量化评估指标体系无疑对真切显示法治建设现状，体现法治建设成效，暴露法治建设的短板和不足具有极为重要的意义。然而，遵循法治建设及量化评估的基本原则，是构建适当的量化评估指标体系并使该项制度得以良性运转的前提。成都市遵循法治城市量化评估指标体系的基本原则，在积极构建与地方实情相匹配的法治量化评估指标体系，并以此评估城市法治水平方面做了积极尝试。

二、背景

国务院继 2004 年发布了《全面推进依法行政实施纲要》后，于 2008 年再次颁布了《关于加强市县政府依法行政的决定》，指导地方政府法治建设工作的循序推进。2006 年，党中央、国务院转发的“五五”普法规划，提出了开展法治城市创建的要求；2008 年，全国普法办专门下发了关于开展法治城市、法治县（区、市）创建活动的意见。由此，全国各地方市县纷纷积极依据自身情况开展法治城市创建工作，并形成了各具特色的诸多模式。在这一系统工程中，法治城市评估指标体系的构建、运行成为众多工作中的一大亮点。法治建设工作推动在前的各地市均根据

① 项目编号：ZSR13－16。

自身情况构建了量化评估法治城市建设情况的指标体系，该指标体系是以量化的方式推进“看得见”的法治工作，被誉为“能计算的正义”，具有重要的现实意义。

三、城市法治量化

量化的指标体系起源于美国斯坦福大学 A. 英克尔教授提出的“现代指标体系和评价标准”，20 世纪 80 年代引入中国后在社会科学研究领域得以广泛应用。我国从最初探索地方法治至今已十年有余，各地法治城市建设效果如何，如何衡量法治城市工作开展后城市的法治状况，是一个具有实际意义的问题。

2008 年余杭区政府与中立研究机构联合组成专家调研组，借鉴香港经验，出台了全国内地首个区域法治指数——“法治余杭量化考核评估体系”，考核范围包括人民群众对党风廉政建设的满意度等 9 个方面。随后，昆明、深圳、无锡、南京等市相继出台了量化评估指标体系，法治城市的建设模式与余杭相似。为推动法治城市创建工作，2009 年成都市主要通过听取汇报、审核材料、问卷调查、实地考察、市民评价等方式采集数据，初次构建了成都市法治城市建设测评体系。该测评体系包含基础指标和特色指标两大部分，基础指标反映各地法治建设基本情况，共 10 个方面 73 条；特色指标反映各地法治创建工作中的特色亮点和地区整体形象，共 4 个方面 5 条。在分值及权重划分上，基础指标 80 分，特色指标 20 分。依据该指标体系进行的测评工作预计每年开展一次，测评结果设置 6 个档次，总分 40 分以下为最低级，每提高 10 分上升一级，90 分以上为最优级。

法治量化指标体系实现了对法治水平测定的由质至量的转换，使得法治测评更精确、动态、持续。法治量化指标体系的发布不仅有利于在本区域达成推动法治建设的共识，明确法治建设的方向和目标，而且，便于各部门对比量化指标检查自己的工作，发挥优势和长处，弥补短板和不足，提升法治质效。

四、构建法治量化指标体系应遵循的原则

构建法治量化指标体系是以看得见的方式推进和实现法治的积极举措，是在法治建设道路上的大胆尝试。在当前社会背景下，为保障我国法治城市量化指标体系的科学性，在构建法治量化指标体系时应遵循以下基本原则：

（一）与法治建设阶段目标相匹配的原则

法治城市建设是依据城市自身的经济社会客观情况循序推进的动态过程。由于各地方社会发展、观念基础及法治水平不同，各地构建的法治量化指标体系应当契合自身的现实条件而各有侧重，即与此区域阶段性的工作目标相匹配。因此，法治量化指标体系的构建亦应当是一个长远目标并兼顾阶段性具体目标的动态过程，量化指标体系不仅要体现法治建设的五年、十年或更长期的目标，更应当与当前阶段性的工作目标相匹配，以量化的数据为推动当前法治工作的重要推手，促使各部门扎扎实实落实每一个具体的当前工作。虽然 2009 年成都市就初次构建了成都市法

治城市建设测评体系，但为突出当前阶段创建全国法治城市中的“创建”任务，尤其是“建”的工作，2012年首次对全市法治县（市、区）创建工作进行考核评估时便对该体系进行了调整，形成用于初次考核的2012年成都市法治县（市、区）创建考核评估指标体系（试行），该指标体系更关注和突出法治工作中法治机制构建的部分，以此与“创建”的目标相契合，重点突出建设、构建、创建。前者更关注法治创建工作中相关法治机制、法律制度及体系的建设和制定，侧重于法治城市建设行为；后者更关注法治城市创建工作推进后城市的法治状态和水平，侧重于法治城市建设效果。显然，突出重点循序推进的方式是更为科学的。随着法治建设工作的推进，量化指标体系亦应随工作重点的转移而得以修正和优化。

（二）系统内化法治精神的原则

随着法治城市建设工作的推进，城市法治机制不断健全，法治水平不断提高，法治指标体系的测评重点亦随之不断转换。为使构建的量化评估指标体系具有动态系统的延续性，则应当以坚实的法治理念为各具体指标的构建基础。根据目前来看，我国各地的法治城市建设指标体系的整体性与系统性不足，然而，法治指标体系并非由各项具体繁杂的工作随意拼凑组合在一起，而是应当以法治精神为支撑而构建的全面系统的有机整体，并且亦是以法治精神为核心的动态延续的系统。

（三）群众基础原则

即使政府是该项工作的主要推动者，法治仍关涉普通民众的切身利益，是千千万万普通人的理想和追求，是惠及广大民众的系统工程。因此，法治量化评估指标体系运行应当遵循群众基础原则：

1. 重视和加强群众的充分参与。群众参与应当在两个紧密相关的环节中落实：首先，在法治量化指标体系的构建过程中，应为群众提供尽可能多的各种形式的参与渠道，充分广泛地听取群众对如何设置法治指标的真实想法和建议，吸纳群众智慧。其次，在以量化指标体系进行评估考核的过程中，落实群众测评。量化评估指标体系构建以后，需要实际应用才具有生命力。群众不仅需要广泛参与指标建立，更需要在评估过程中参与测评。成都市在首次进行法治创建工作考核评估时，便设计了问卷调查环节，由专业的民意测评调查机构组织相关数据的问卷调查，收集群众意见。但是，如果要继续扩大法治城市建设的影响力，得出更加科学真实的评估数据，需要进一步扩展群众参与的广度和深度。

2. 以群众满意为目标。既然法治为民，法治在民，构建法治量化指标体系、建设法治城市应以群众是否满意为评判工作成效的标准。无论量化指标体系构建得多么精美，多么具有逻辑性、系统性，如果不能倾听和吸纳群众的意见，忽视群众的利益，淡化群众的诉求，该体系就没有生命力，没有意义。因此，在构建指标体系时，应站在群众立场设计每一项指标并形成综合体系，反复以群众的要求进行衡量。构建群众满意的指标体系，才能建设群众满意的法治城市。

（四）提炼核心考核指标并兼顾全面性原则

从理论上讲，越全面越精细的指标越能精准考核该区域法治建设及法治水平的真实情况。但是，由于实际运行过程中不仅需要考虑量化评估指标体系的可操作性及效益性，而且仍需重视各地方在法治建设基本问题上的可对比性和贯通性。因此，随着各地法治建设日渐醇熟，在法治量化评估经验更加丰富的情况下，应尝试提炼能集中评估法治建设水平的核心指标，该指标更具普适性和代表性，该指标的得分高低能够大体反映该地区法治的基本水平和情况。如一提到某地区的经济发展水平，就会以地区生产总值、人均收入等核心指标进行衡量一样。同时，这样的核心指标具有极强的普适性，完全可以以此较少的指标衡量和比较各地法治城市建设的优良等级差异。这类核心指标必须具备两方面属性：

1. 产生于法治城市建设的重要领域和方面，如政府依法行政、经济法治建设、社会安全秩序等，这些领域最能体现法治的基本精神，也是法治建设重点关注的方面。

2. 应当是反映重要领域相关部门的核心职能工作的指标。

五、结语

随着余杭、昆明、南京、成都等城市出台和运行法治城市量化评估指标体系，法治城市建设及量化评估在全国大有星星之火可燎原之势。虽然我国在法治量化评估方面积累的经验尚不够丰富，某些指标还存在形式化、碎片化的问题，然而，随着理论研究的持续深入，实践工作的不断试错，各地构建的法治量化指标体系必然更具科学性和实效性，更能反映法治建设情况，以推动法治建设进程。

（课题负责人：成都大学法学系副教授　张丽）

作风建设成效取信于民：来自成都的实践与探索[①]

焦裕禄精神，是一种崇高的共产主义精神。50多年来，焦裕禄跨越了历史时空，响彻神州大地。习近平总书记视察兰考时指出："教育实践活动的主题与焦裕禄精神是高度契合的，要把学习弘扬焦裕禄精神作为一条红线贯穿始终，做到深学、细照、笃行。"他把焦裕禄精神的科学内涵生动地概括为"亲民爱民、艰苦奋斗、科学求实、迎难而上、无私奉献"，指出要学习焦裕禄同志的公仆精神、奋斗精神、求实精神、大无畏精神、奉献精神，这为我们党在新的历史起点上加强党的建设提供了重要遵循，为广大党员干部转作风、强党性确立了坐标，为加强作风建设提供了重要遵循，为成都在全面深化改革的航程中乘风破浪提供了精神动力。

成都全体党员干部以焦裕禄精神作为镜子，深入查摆思想、作风等方面的问题，努力做焦裕禄式的好干部，进一步突出了成都开展党的群众路线教育实践活动的特色和亮点，取得了显著成效，推进了党的作风建设，为进一步凝聚全面深化改革、实现伟大中国梦强大力量提供了重要的经验启示。

一、焦裕禄精神实践意义重大

焦裕禄同志是为民务实清廉的光辉典范。为民，就是亲民爱民，无私奉献，是我们党的根本宗旨。能不能坚持这个宗旨，关系干部党性修养是否坚定，关系作风是否优良，持续深入加强党的作风建设。务实，就是科学求实，实事求是，是中国共产党最根本的思想路线。清廉，就是廉洁奉公，是检验党员干部的试金石。焦裕禄踏遍整个兰考的各大公社，访问了不计其数的群众家庭……新形势下，一些领导干部身上还存在"四风"问题，严重损害了党群干群关系。因此，弘扬焦裕禄精神，坚持不懈地加强作风建设，已成为我们党密切同群众血肉联系的重要课题。

"深学、细照、笃行"的焦裕禄精神是我们共产党人一面永不褪色的旗帜，也是一面时刻帮助我们"正衣冠"的镜子。弘扬焦裕禄精神，就是学深悟透、学用结合，使焦裕禄精神真正入脑入心、入耳入行，切实为群众排忧解难，把党的温暖送到群众心坎上，"一张蓝图绘到底"，像焦裕禄那样成为群众心中永恒的精神之光。

学习弘扬焦裕禄精神是加强领导干部作风建设的重要法宝。要紧密结合习总书

---

① 项目编号：2014R34。

记关于“三严三实”的重要论述，切实“把问题摸透，把情况弄清，找准工作的着力点和突破口；就要认准发展目标并坚定不移走下去，不怕挫折，百折不回，勇往直前”。像焦裕禄一样始终保持与人民群众的血肉联系的心，去联系和服务群众。

二、焦裕禄精神实践成效显著

成都各级领导干部在提高思想认识、改进干部作风、解决突出问题、密切党群干群关系、增强党的创造力凝聚力战斗力等方面，形成了一批富有成都特色、具有推广价值的实践成果，取得了明显成效。

一是把学习和弘扬焦裕禄精神、践行“三严三实”要求作为一条红线贯彻群众路线教育实践活动的始终。大邑县坚持推行“标杆工作法”，金牛区大力推广“民生档案”服务，锦江区改造升级“邻里之家”互助平台，双流永安镇固化“三日”活动，都江堰将群众路线工作法融入生态移民工程，龙泉驿妇联学焦裕禄：让这里成为“温暖之家”，成都基层干部以实际行动积极响应习总书记号召，争做焦裕禄式的好干部。

二是着力解决关系群众切身利益的问题、联系和服务群众“最后一公里”等问题，以反对“四风”的实际成效取信于民。成都各级领导干部主动以身作则，率先垂范，建好、管好、用好问题台账和“五账工作法”，专项整治领导干部“走读”问题和整顿“会所中的歪风”等“四风”11项突出问题，牢固树立了人民至上理念，把群众满意作为衡量活动效果的“第一标准”。推行“三视三问”① 群众工作法，在各项工作中初步形成以群众利益为根本、群众参与为主体、群众评判为标准的群众工作“闭合系统”。同时，常态化开展党员干部进农村、进社区、进企业、进学校、进窗口“五进”活动，推行机关党组织和党员到社区“双报到”，深入开展维护群众权益“九大专项行动”②，搭建了深入基层群众、践行群众路线的平台。

三是持续推进“四风”整治，将务求实效作为一切工作的出发点和立足点，让群众看到了变化，见到了成效。通过召开会议、板报公示、电视报纸、网络平台等渠道，广泛开展“服务群众公开承诺践诺”活动，各地共做出整改承诺19.2万余条。构建改进作风常态化、长效化制度体系，党员干部对党的群众工作、作风建设的规律性认识进一步深化，形成了《成都市“为民、务实、清廉”评价指标体系研究》《成都市“三视三问”群众工作法的长效机制研究》《践行群众路线创新统筹城乡发展研究》《成都市公共资源交易管理办法》《成都市市级公共资源交易目录》《关于认真贯彻“三严三实”要求进一步加强党员干部教育管理监督的意见》《关于对干部从严要求加强管理的十条措施》《关于建立健全作风建设长效机制的意见》

① “三视三问”群众工作法，即“视群众为亲人，问需于民；视群众为老师，问计于民；视群众为裁判，问效于民”。

② “九大专项行动”，指群众反映最强烈、最集中、最持久的社保、教育、医疗、信访接访、政务服务、征地拆迁、涉农资金、城乡环境、食品药品安全等突出问题。

《关于在全市推行“三视三问”群众工作法的通知》《关于深入开展密切联系群众“五进”活动的通知》《关于治理“文山会海”问题的规定》《成都市党员干部直接联系群众十项制度》等一系列制度规定，及时对民主集中制、党风廉政、干部考核评价、群众权益维护等方面制度进行了完善。市、区（市）县两级提出制度建设计划 2 230 项，清理制度规范性文件 2.9 万余件，废止 2 203 件、修改 1.2 万余件。突出问题得到集中解决，进一步密切了党同人民群众的血肉联系，在群众测评中，群众对解决“四风”问题评价为“好”和“较好”的达 99.93%。

三、焦裕禄精神经验启示未来

成都全市党员干部通过学习弘扬焦裕禄精神，积极探索创新，为加强作风建设、密切联系群众积累了宝贵经验，也提供了重要启示。

一是焦裕禄精神永不过时、不褪色。焦裕禄的生命是短暂的，但焦裕禄精神是永恒的，为我们树起一座高山仰止的巍峨丰碑。与焦裕禄时代相比，今天的工作环境、条件和任务都发生了深刻变化。但无论世间万物如何变迁变化，焦裕禄精神永远都不会变异、不能被丢弃。弘扬焦裕禄精神，转变干部作风，就要不断深化作风建设、强化群众观点，切实实现好维护好发展好群众利益。深入开展“三视三问”，大力实施“十大民生工程”，扎实办好以充分就业、充分安居、充分保障等好事实事，有敢于“在困难面前逞英雄”的豪迈气概，按照“三严三实”要求加强干部教育管理监督，确保“群众得真切实惠”。

二是群众路线永无止境、无休止符。群众路线教育实践活动有期限，但坚持群众路线没有休止符，必须坚持群众满意标准，充分相信群众、依靠群众。

三是作风建设永远在路上。加强作风建设是一项长期任务，在新的起点上，我们要巩固运用教育实践活动成果，认真落实从严治党各项要求，推进作风建设常态化长效化。要坚持不懈开展作风建设，从制度层面构架起一条条规范权力运行和党员干部行为的“高压线”，在行动上持续开展正风肃纪专项整治，使党员干部心有所畏、言有所戒、行有所止。要坚持不懈注重强基固本，始终持续用力。加强作风建设，必须树立重视基层的鲜明导向，坚定地推动资源下沉、重心下移，在人力物力财力上向基层倾斜，不断夯实党执政的基层基础。

四是伟大的时代需要伟大的精神。焦裕禄精神为成都在全面深化改革的航程中乘风破浪提供了精神动力。成都响应中央号召，要求全体党员干部以焦裕禄精神作为镜子，努力做焦裕禄式的好党员、好干部，率领 1 417 万成都人民，在 12 390 平方千米的天府沃土上，将这样一种伟大的精神付诸伟大的成都实践，架起党员干部同人民群众的连心桥，凝聚开拓前进的正能量。这必将成为成都凝聚共识、改革创新、全面小康的精神动力，必将成为成都实现干群连心同奔小康、共创和谐的幸福之旅。成都的明天一定会更加美好。

（项目负责人：中共四川省委省直机关党校讲师　郝儒杰）

成都市加快生态文明建设体制机制研究①

党的十八大报告首次把生态文明建设摆在总体布局的高度来论述；十八届三中全会要求把生态文明建设融入经济建设、政治建设、文化建设、社会建设各方面和全过程。四川省委十届四次全会、成都市委十二届三次全会也都提出要深化生态文明体制改革，推进绿色、循环、低碳发展。体制机制建设是生态文明建设的前提和重要组成部分，要顺利推进生态文明建设，就需要改变原有的体制机制，创造利于生态文明建设的体制机制生态环境。

一、推进生态文明体制机制创新意义重大

生态文明体制机制创新具有两大意义。一是创新体制机制，可为生态文明建设创造良好的制度环境，从而更好地推进生态文明建设。二是创新体制机制，可充分释放制度红利，市场主体行为愈加生态化，对生态环境的保护得到增强，水质量、大气质量等不断提高，最终惠及最广大的人民群众。

二、成都市拥有浓郁的体制机制创新环境

通过对成都市历年来体制机制创新实践与探索的分析与总结，本报告认为成都市拥有浓郁的体制机制创新环境。主要的创新实践有：一是结合灾后重建与城市转型升级发展，基本建立了能耗平衡补偿、合同能源管理、碳排放交易市场化、淘汰落后产能、项目准入等机制，实现了生态文明市场化机制创新领域的突破；二是在全国率先探索地区间的横向生态补偿机制，建立的成都-阿坝工业园区是全国唯一的“5·12”汶川特大地震灾后异地重建的产业园区；三是在全省率先探索饮用水源地保护生态补偿机制，市财政每年安排资金 6 000 万元用于郫县饮用水水源保护区；四是在市域内率先探索流域生态补偿机制，科学实施出入境断面水质达标考核，创新设立主要河道跨界断面水质超标资金扣缴制度。这一系列探索与实践为体制机制创新积累了丰富的经验。

① 项目编号：2014R07。

三、成都市生态文明建设体制机制创新路径

在上述发现的基础上，本报告提出了成都市生态文明体制机制创新的思路、框架与路径。

（一）成都市生态文明体制机制创新的总体思路

以把握发展规律、尊重自然为前提，充分考虑成都资源环境承载能力和所处发展阶段特征，秉承全国统筹城乡综合配套改革试验区建设改革创新的勇气、智慧和魄力，致力于破除阻碍生态文明建设的“旧”体制机制，建立“新”的利于生态文明建设的体制机制框架，力争在重点领域和关键环节率先取得突破，逐步构建“市场主导，政府推动，公众参与”的生态文明建设创新驱动机制、城市转型发展倒逼机制，从而更好地推进成都市生态文明建设。

（二）成都市生态文明体制机制创新的基本框架

生态文明体制机制创新是一项系统工程，需要市场、政府与公众的共同参与。市场是体制机制创新的主力军，体制机制创新成功与否，最终要看市场主体的选择；政府是保障，是体制机制创新得以顺利开展的前提；公众是催化剂，辅助体制机制创新工作。三者缺一不可，其中，市场主导下的体制机制创新具有较大的自主选择性，政府推动下的体制机制创新具有极大的强制性，公众参与下的体制机制创新需要政府与市场的引导与培养。

（三）成都市生态文明体制机制创新的基本路径

1. 市场主导下的体制机制创新

在市场主导下的体制机制下，政府应给予市场主体充分的自主选择性，不做任何强制性要求，只是通过税收优惠、政府补贴等方式引导市场主体选择政府期望的行为准则。市场主体则根据政府提供的政策激励手段，结合自身实际情况，运用成本收益比、投资回报率等财务分析手段对投资决策进行合理性判断，从而决定市场主体的行为选择。主要从完善资源有偿使用制度、健全生态补偿制度、探索建立市场交易制度、健全多元投入制度等方面实施创新。

如：在全社会树立资源有偿、生态有价的观念，探索建立全面反映市场供求、资源稀缺程度、生态环境损害成本和修复效益的资源价格形成机制；遵循“谁开发、谁保护，谁破坏、谁恢复，谁受益、谁补偿，谁污染、谁付费”的原则，逐步建立自然保护区、重要生态功能区、市域流域生态补偿机制，引导和鼓励开发、受益与生态保护各区（市）县间通过自愿协商建立横向生态补偿关系；积极推动资源环境领域的股权、物权、债权、特许经营权等权益交易，并制定我市主要污染物排污权有偿使用和交易指导价格，逐步把主要污染物排放权纳入交易品种范围；积极探索发行生态文明建设政府债券、环保彩票，探索启动开发项目缴纳生态环境保证金、补偿金制度。注重运用价格、财税、贷款贴息等政策措施，吸收民间资本和创业投资参与生态文明建设。

2. 政府推动下的体制机制创新

在政府推动的体制机制下，政府需制定法律法规，出台行政措施，对市场主体行为进行强制性的刚性约束，为生态文明建设创造良好的制度环境，从而更好地推动生态文明建设体制机制建设与创新。主要从继续深化落实最严格的耕地保护制度、水资源管理制度、能源总量消费控制制度、资源环境源头管控与过程监管制度，建立领导干部自然资源资产和资源环境离任审计制度等方面实施创新。

如：进一步完善耕保基金制度，对耕地保护实现行政、法律、经济并重的综合管理；全面落实最严格水资源管理制度，“建立三条红线”和“四项制度”；积极探索全市能源总量控制机制，制定与经济社会发展规划相适应的能源消费总量控制目标，出台《成都市控制能源消费总量工作方案》，将化石能源消费总量控制列为全市各区（市）县绩效考核的核心内容之一，实现能源消费总量和强度双控，倒逼全市结构调整和发展方式转变；完善资源开发管理制度，制定严格的土地用途管理制度、耕地保护制度，完善行业用水定额标准，加快水价改革，提高矿产开采准入标准；借鉴企业资产负债表的编制方法，率先编制自然资源资产负债表，将林地、饮用水、湿地等自然资源资产与由各类环境保护资金构成的负债进行纵横向比较，以量化的方式评估自然资源保护与损害情况。

3. 公众参与下的体制机制创新

在公众参与的体制机制下，没有强制性，只有通过潜移默化，不断培养与提高公众的生态文明理念，将生态文明理念培育为社会主流价值观，创造良好的生态文明建设文化环境。主要从健全生态文明教育培训体系、强化生态文明宣传工作、鼓励公众参与监督等方面实施创新。

如：健全生态文明教育培训体系，编制生态文明建设相关教材，加强对企业员工的环境保护岗位培训，定期举办党政干部生态文明专题培训班，积极鼓励广大农村订立生态公约；加强生态文明宣传，建设互联网、报刊、电视、广播、户外广告多重覆盖的立体宣传网络；建立社会舆情引导监督机制，充分利用平面媒体和网络媒体，开设生态文明专栏，加强对生态文明的舆论引导和公众监督。

（项目负责人：成都市经济发展研究院经济师　周若如）

棚户区改造居民自治模式研究[①]

——以成都市金牛区为例

近年来，成都市金牛区直面棚户区改造的现实困境，以破除城市二元结构为切入点，坚持走群众路线，把实现棚户区居民群众的安居梦作为工作的出发点和立足点，把群众工作融入棚户区改造的全过程，创新居民“自治改造”新模式，汇聚基层社会治理正能量，降低了安置成本，加快了拆迁进程，较好地解决了棚户区改造中拆迁这个老大难问题。

一、棚户区改造面临的现实困境

当前棚户区改造面临三个方面的难题：

（一）利益协调难

以金牛区曹家巷一二街坊棚户区改造项目为例，2002 年以来，省市区党委和政府就该片区改造问题多次专题研究，华西集团也多次着手进行自主改造，但都因利益难协调无法启动。一是公房关系复杂。区域内各国有企业事业单位公房2 469户，占整个居民户数的 74%。由于历经数十年，各类公房使用人身份极其复杂，房屋几易其主，对改造主体——公房使用人身份认定难度大。二是居民诉求不一。虽然居民盼望改造意愿强烈，但内部也存在分歧，片区老住户希望尽快拆迁；在片区内有房又在外面居住的住户，稳收房租，对改造不着急；还有些人把拆迁改造看成是这辈子住房升级换代的最后机会，并坚信“晚走多得益”；个别人甚至搭个棚子就说“不按商铺赔偿，我就不搬”。在众口难调的利益诉求面前，协调工作举步维艰。三是整合单位较多。该棚户区与周边单位犬牙交错，若仅仅对棚户区进行改造，将不利于城市整体形象及产业品质提升。但需整合的周边 5 家单位隶属不同主管部门、不同权益主体，各方的利益主体意见不一，达成共识的难度极大。

（二）积存问题多

棚户区改造的启动，容易引发潜伏多年的社会、家庭矛盾和种种遗留问题。虽然政府按照征地拆迁程序做了大量工作，但在推进实施过程中还是出现了“入户调查难、签订协议难、腾退房屋难”等现象，特别是一些历史问题根本是棚户区改造

① 项目编号：2014R53。

无法解决的，这就在很大程度上延缓了棚户区改造进程。

（三）安置成本高

随着拆迁补赔偿标准的不断调整和建筑成本的不断上涨，加上一些群众对旧城改造期望过高，导致拆迁安置成本水涨船高。据初步测算，金牛区多数旧城改造项目都存在不同程度的资金缺口，尽管大多群众拆迁改造愿望强烈，区委、区政府也多次寻求投资商进行开发改造，但终因资金问题而搁浅。

二、坚持走群众路线创新居民自治改造模式

成都市金牛区针对传统改造模式困难重重、投资企业望而却步等现实状况，坚持走群众路线，创新作为、勇于攻坚，在“北改”工程中探索了以“群众主体、政府主导”的居民“自治改造”模式。主要做法是：

（一）创新决策程序，实现还权于民

在推进自治改造过程中，政府将项目业主的委托权交给群众，将补偿安置方案的裁量权交给群众，将项目实施的决定权交给群众，约定只有100％住户和单位签订协议才启动改造。成立“自改委”，代表全体住户议事，代表全体住户进言，从成立之日起就全程参与项目，分户调查、房屋确权等大大小小的事都由“自改委”开会自己讨论、自己决定，让群众真正成为搬迁改造的决策主体，实现“改不改由群众说了算”。

（二）创新控制机制，促进角色归位

在推进自治改造过程中，政府改变了传统拆迁大包大揽的方式，强化组织领导推进，强化规划政策引领，强化监督检查指导，自觉变“划桨人”为“掌舵者”，实现“怎么改由政府说了算”。

（三）创新实施模式，降低改造成本

在推进自治改造过程中，政府坚持以降低成本为导向，引导国有企业参与建设，更多地承担社会责任，最大限度地维护群众利益。一方面，在充分尊重民意的基础上，积极协调投资主体、组建项目公司，由“自改委”代表居民同项目公司签订委托改造协议，委托项目公司具体负责项目规划设计、融资报建等实施工作，并设定启动条件。另一方面，项目公司按照规划条件和居民意愿，在尽可能满足居民返迁安置需要、提高居住环境品质的基础上，将一部分土地用于引进有资金实力、有运作经验、有成功案例的企业进行市场运作，以土地收益弥补前期搬迁补偿成本及后期返迁安置房建设成本，实现拆迁改造资金基本平衡。

（四）创新监督方法，确保公平公正

在推进自治改造过程中，政府坚持及时公开信息，将改造方式、原则、补偿方案、工作流程、住户签约进展等情况公之于众，让群众全程参与、自我监督，真正做到“监督贯穿全过程，一把尺子量到底”，确保了自治改造公开、公正实施。

（五）创新沟通手段，化解矛盾对立

在推进自治改造过程中，政府变“传统改造的先公告后解决矛盾”为“自治改造的先沟通协商再酌情搬迁”，紧紧依靠群众组织去做群众工作，紧紧依靠多数群众去做少数群众工作，强化协商对话，推进柔性管理，有效化解矛盾，减少情绪对立。

三、居民自改模式汇集正能量

经过一年多来的探索与实践，成都市金牛区首创的居民“自改模式”充分调动了居民群众参与棚户区改造的积极性，加快了棚户区改造进程，降低了改造成本，产生了良好的社会效果，受到了上级领导的充分肯定和社会各界的持续关注。

（一）社会各方力量得以整合

金牛区首创的“自改模式”，有效整合了党委政府、社会组织、人民群众三大社会主体的力量，为棚户区改造汇集了强大的正能量。党委政府在“自改模式”中，充分发挥主导作用，把角色从“划桨人”转变为“掌舵者”，为社会组织和居民群众参与棚户区改造提供空间、搭建平台；社会组织在“自改模式”中，充分发挥枢纽作用，实行自治、自律，成为政府和群众间的“连心桥”和“缓冲带”，通过平等沟通、协商协调、教育引导等办法参与棚户区改造，增强了社会弹性，促进了社会融合；居民群众在“自改模式”中，充分发挥主体作用，群众的聪明才智得到了充分发挥，很多难题都是群众自己想出办法来解决，从棚户区改造的“被动参与者”变为“主动参与者”。在曹家巷等棚户区改造中，出现了居民昼夜排队签约争着改、辖区单位主动加快改、社会资本积极参与改的火爆有序场面，加快了改造进度，降低了改造成本。

（二）利益主体合理诉求基本满足

从各地推进棚户区改造的历史看，往往因为群众利益众口难调而使改造从“好事变为坏事、易事变为难事、小事变成大事”。金牛区首创的“自改模式”，始终坚持“让城市得科学发展、让群众得真切实惠”，把棚户区改造作为民生工程、民心工程和发展工程加以推进，通过建立自下而上的民主决策机制、务实有效的利益协调机制和双向互动的协商沟通机制，发动群众攻势，让群众说服群众，让群众教育群众，推动了利益争端低成本高效率解决，智慧地处理好了三类利益诉求：广大群众合法、合规的正当利益得到了切实维护，部分困难群众合情、合理的切身利益得到了圆满解决，极个别人不顾整体利益漫天要价的行为得到了有效遏制。

（三）拆迁舆论正面导向初步显现

棚户区改造是破除城市二元结构、加快城市转型升级的必由之路。传统拆迁办法往往被认为是与民争利，社会舆论难以正向作为。金牛区首创的“自改模式”，为在棚户区改造的进程中发挥群众主体作用、化解矛盾破解难题探寻了一条新的路子，较好地破解了棚户区改造“怕改、难迁”的困局，党委政府充分尊重自改委的意见，把群众的利益放在第一位，尽最大努力来实现居民的安居梦，同时也充分尊重不想改造居民的意愿，让广大人民群众看到自改模式真正体现了一切为了群众、一切依靠群众，拆迁舆论正向导向初步显现，产生了良性循环。

目前，“自改模式”已经在金牛区 10 个北改项目中广泛推广，“居民群众支持改、辖区单位主动改、社会资本参与改”的局面初步形成，累计完成旧房拆除 200 多万平方米，9 000 多户居民将逐步实现安居梦。

（项目负责人：中共成都市委党校公共管理教研部副主任、副教授　汪灏）

扩大公众有序参与　推进治理能力现代化[①]

——以成都市推进协商民主的实践为例

党的十八届三中全会明确提出，“推进协商民主广泛多层制度化发展”，“在党的领导下，以经济社会发展重大问题和涉及群众切身利益的实际问题为内容，在全社会开展广泛协商，坚持协商于决策之前和决策实施之中”。推进协商民主是加强社会主义民主政治建设的重要内容，须放在“完善和发展中国特色社会主义制度，推进国家治理体系和治理能力现代化”的背景下来理解。

一、国家治理体系和治理能力现代化

十八届三中全会以后，国家治理理论已经成为学界的热门话题。有学者将国家治理体系分为政府治理、市场治理和社会治理三个次级体系。国家治理体系和治理能力是一个相辅相成的有机整体，有了好的国家治理体系才能真正提高治理能力，提高国家治理能力才能充分发挥国家治理体系的效能。俞可平（2013）认为，公共权力运行的制度化和规范化、民主化、法治、效率、协调是衡量一个国家的治理体系是否现代化的标准。西方治理理论对于丰富我国的国家治理理论有重要的参考意义，但我国的国家治理理论绝不是对西方理论的简单照搬。坚持和完善中国特色社会主义制度是推进国家治理体系和治理能力现代化的根本前提，一方面要借鉴古今中外治国理政的经验教训，另一方面要在实践中探索推进国家治理体系和治理能力现代化的途径和方法。我们要充分认识到当前我国的国家治理体系和治理能力在总体上是好的，是适合我国经济社会发展实际的。同时要充分吸收古今中外优秀传统文化和先进理论，在实践中探索构建政府、社会和市场主体之间的科学关系。

二、协商民主与国家治理

协商民主指的是自由平等的公民，基于权利和理性，在一种由民主宪法规范的权力相互制约的政治共同体中，通过对话、讨论、辩论等过程，形成合法决策的民主形式。根据陈家刚（2008）的研究，协商民主是20世纪80年代以来西方学术界源于自由主义、共和主义和批判理论而兴起的一股研究热潮，并在21世纪初进入国内学术界视野。2012年，党的十八大报告首次提出“社会主义协商民主是我国

① 项目编号：2014R61。

人民民主的重要形式”，并在此基础上确立“社会主义协商民主制度”概念，表明协商民主已经成为国家基本政治制度的构成要素。协商民主在我国具有丰富的历史经验。在长期的革命斗争过程中，中国共产党和其他民主党派及党外人士的友好合作便是协商民主的成功实践；新中国成立后，我国确立了中国共产党领导的多党合作和政治协商制度的基本政治制度地位，人民政协成为制度化的协商民主机构。党的十八届三中全会决定明确提出，把推进协商民主广泛多层制度化发展作为政治体制改革的重要内容，以此来完善人民有序政治参与，促进决策科学化民主化。从这个意义上来讲，协商民主和国家治理具有必然的联系。

叶小文（2014）等认为，现代国家治理和协商民主是一种高度契合的关系，协商民主是国家治理的重要方面，是社会主义民主政治的重点选择。协商民主是一种法治，契合了现代国家治理的制度化要求；协商民主是一种善治，契合了现代国家治理的公平化要求；协商民主是一种理治，契合了现代国家治理的有序化要求。从世界各国和地区的协商民主实践来看，协商民主作为一种治理技术具有广泛的适应性：往上看，它不仅可以成为国家基本政治制度的有机组成部分，而且可以对基本政治制度本身的改进以及对公共政策的改善提供有效的技术方法；往下看，它还可以为一国乃至跨国的公民社会内部问题的自我解决，特别是为一种民主生活方式的养成，提供实用的操作性技术以及广阔的想象空间。本研究着重从政治制度层面和基层民主层面来探讨协商民主在促进人民有序政治参与方面的积极意义。

三、扩大群众参与提高治理能力的相关建议

近年来，成都市在引导群众有序政治参与，推进协商民主方面进行了一系列卓有成效的尝试，但国家与社会的关系还有待进一步理清，人民政协的作用发挥还比较有限，城市治理水平还有待进一步提高，还未形成多元主体参与的治理格局。建议从以下方面入手，进一步扩大群众参与力度，提高协商民主成效。

（一）发挥人民政协的作用，推进协商民主

人民政协作为政治制度层面的协商机构，是民主党派和无党派人士参与政治协商的重要渠道，在推进协商民主中具有举足轻重的作用。发挥人民政协在推进协商民主中的积极作用，一是要建立健全协商民主制度体系，明确人民政协在党委和政府决策中的功能地位，清晰界定哪些重要决策应该听取政协意见，将政协参与党委政府决策通过制度化的形式固化下来；二是政协要主动作为，就党委政府中心工作、经济社会发展重大问题和群众关心的问题定期、不定期开展专题协商、对口协商、界别协商、提案办理协商，切实发挥政治协商、民主监督和参政议政作用；三是要提高政协委员的参政协商能力，完善委员联络制度，将人民政协打造成广泛收集民意、民智，表达群众合法利益诉求的协商民主机构，为推进国家治理体系和治理能力的现代化建设做出积极贡献。

（二）深化行政体制改革，打造阳光政府

受计划经济体制的影响，政府存在全面介入经济生活与社会事物的惯性，导致

市场活力不足，社会自我管理能力低下等一系列问题的出现。在社会主义市场经济体制日益完善，经济活动较为规范，社会结构深刻变动，多元社会主体格局初步形成，社会利益日趋复杂的情况下，应重新界定政府、市场和社会三者之间的关系，正确发挥政府在经济生活和社会事务中的积极作用。建立公共事务科学决策机制，将公众参与、专家论证、风险评估、合法性审查和集体讨论决定作为政府重大事务决策的必经程序，采取专家论证会、座谈会、部门协调会、听证会等方式广泛听取、充分吸收各方面意见。打造阳光政府，明确界定政府公共部门的权责范围，列出权力清单并向社会公布，让权力在阳光下运行，自觉接受大众监督。

（三）构建现代城市治理体系，提高城市治理水平

现代治理理论提倡在城市治理中政府、市场和社会的多元参与，而非政府单一中心主导。构建“多元共治”的城市治理体系，一是要搭建普通市民、专家学者、政府官员、与城市管理相关的政府部门、公益性社会组织等多元主体共同参与的城市治理平台；二是要建立和完善城市治理制度体系，为实行政府主导、公众参与的城市治理体系提供制度保障和运行规范；三是要健全利益表达渠道，在处理城市公共事务中要理解群众合理诉求，尊重群众合法权益，要以群众需求和群众利益为导向，充分保障群众的知情权、监督权和参与权，不断提高城市治理水平。

（四）完善社区治理机制改革，引导居民广泛参与公共事务

逐步理顺街道与社区之间的关系，将社区自治组织从承接街道繁重的行政事务中解放出来，还原其社区自治管理服务的职能。加强现代公民教育，培育现代公民意识，引导居民形成正确的权利观，强化居民的责任意识和参与意识。以社区公共服务资金使用为引导，广泛发动社区居民参与表达自身利益，形成各类公共服务项目的居民决策制度，从社区和院落两个层面不断强化社区居民行使民主决策、民主执行、民主监督权力的意识和能力，逐渐形成居民主动参与社区事务的新局面。加快培育以满足居民需求为导向的各类社区社会组织，引导社区居民参与社区活动和社区服务，逐步提高社区居民自治水平。

（五）培育和发展社会组织，引导多元主体参与社会治理

按照“党委领导、政府负责、社会协同、公众参与、法制保障”的总体要求，引导多元社会主体参与社会治理，鼓励社会组织承担公共服务职能，强化社会组织能力建设，激发社会组织活力，推动国家治理体系和治理能力现代化。一是继续深入推进社会组织登记管理制度改革，加大政策扶持力度，激励和促进各类社会组织的发展。二是进一步加大培育和扶持基层社会组织的工作力度，降低准入门槛，简化审批流程；以社区需求为导向，优先培育和扶持服务类基层社会组织；引入竞争机制，提高社区社会组织服务质量。三是加强社会组织从业人员队伍建设，鼓励社会有识之士投身于公益事业；加大中高级社工人才培养力度，加强基层社工人才队伍建设，建立健全社会工作专业人才激励机制。

（项目负责人：成都市社科院社会学与法制研究所副研究员　明亮）

基于电子政务环境下政务公开问题调查研究[①]

——以成都市青白江区为例

一、电子政务和政务公开

（一）电子政务

传统政务具有成本高昂、信息失真、结构复杂、流程烦琐的特点，与电子政务相比较，具有办公手段、业务流程、沟通方式三个方面的差异。本文所说电子政务，是指政府以现代信息和通信技术为载体，构建虚拟电子平台，实现政府机关内部信息共享和实时通信、政府和社会的双向信息交流。电子政务具有以电子为载体、以信息通信技术为基础、以软硬件技术为支撑、实时信息共享等特点。

（二）政务公开

政务公开指广义的具有行政职能的政府机关或社会组织，根据公开管理规定和公众需求进行政务公开，以促进公众民主权利的实现，从而促进权力运作公开有序。政务公开具有公开性、民主性、法治性的特点。

（三）电子政务对推动政务公开的重大意义

节约行政成本，有效遏制腐败，促使公共事务“阳光作业”；维护公民利益，推动民主发展，促进公民主动、广泛参与政务，为政府管理与决策建言献策；打破层级限制，网络化办公提高行政效率。

二、青白江区电子政务环境下政务公开举措及初步成效

（一）开通电子政务，搭建公开网络平台

从表1中的数据可以看出，自2009年到2013年，政府主动公开信息数翻了一倍多，政府信息咨询数增加了5倍，其中主要通过公开电话和服务窗口咨询，以窗口咨询居多，数目增加了7倍多，政民互动频率在不断增加。

① 项目编号：2014R25。

表1 青白江区2009—2013年度政府信息公开部分指标对比数据

指标	年份				
	2009	2010	2011	2012	2013
主动公开信息数	64 363	85 537	121 197	102 024	138 660
政府信息公开查询点受理查询数	4 894	26 672	3 099	11 300	13 231
政府信息咨询数	55 887	293 656	323 960	319 075	301 279
其中：1. 公开电话	21 852	110 500	123 113	103 738	76 830
2. 服务窗口	29 250	177 351	196 217	212 631	221 401
3. 网络信箱（论坛）	2 242	1 919	1 486	1 970	2 379
4. 其他	2 543	3 886	3 144	736	669

（二）创设精品栏目，打造青白江区名片

开通“区长信箱”，由应急办负责，发给相关责任单位及时处理，群众满意度非常高；创新打造“政务公开”“政民互动”精品栏目，获“全国电子政务2013年度精品栏目”奖项；充分运用政府网站各大赛事和活动期间，开设专栏，充分展示青白江魅力。

（三）增加投入力度，力促基层政务公开

升级改造全区120个村（社区）网络带宽，将带宽由原来的1M扩宽至8M，新增网络经费20元/点/月，由原来的每月60元/点/月增加至80元/点/月，确保网络畅通。优化升级基层公开综合服务监管平台，建成一体化的“宣传平台、工作平台、实用平台”，发布公开信息26 421条。

（四）打造阳光政府，提升政务处理效率

2013年，主动公开政府信息共138 660条，通过政府信息公开目录分类公开的信息共5 571条。政府充分运用微博、微信、新型网络社区等新媒体，深化政务公开，完善“青白江区政务微博发布厅”功能；依托网上政务大厅，开通网上审批，促进部门内部流转和部门间合作，并联审批提速率59.5%。

三、青白江区电子政务环境下政务公开存在的问题

（一）网站建设运维资金不足，专业技术人才短缺

1. 网站建设依赖外援，缺乏纯技术（编码等）人才。网站建设主要依赖技术服务外包，每年运行费用仅有10万左右，很难做到定期维护。

2. 后期运维保障不足。前期投入相对不足，互联网出口很小，只有电信100M、联通200M，查阅高峰期网速过慢。后期维运资金人员不足，引进设备维运搁置，面临黑客攻击潜在问题。

3. 单位差异较为明显。据调查，较为专业的包括人社局、房管局、农发局、弥牟镇等，而相对不足的单位由于缺乏专业人才，无法判断并及时独立解决网络

问题。

(二) 政务公开内容相对陈旧，公开深度广度不够

主要为原始信息、孤立分散性信息、工作总结行政类信息，而随时加工整理、学习共享、互动交流、动态反馈信息较少，信息的完整性、实用性、公开性、及时性都不能达到公众预期，信息公开质量不高，避重就轻；政务公开只公开例行通用事项，对涉及单位利益的信息不愿公开，很难完全公开透明，公开深度和广度不够。

(三) 公众缺乏政务公开认知，网站推广力度不足

由于政府部门的宣传渠道单一、力度不够，公众对政务公开缺少基本认知度，缺乏主动要求公开意识，用非法律途径代替。例如，自开通“青白江服务”政务微博至 5 月中旬以来，接到网民诉求仅 30 条，新浪、腾讯平台粉丝不足 300 人。

(四) 考核奖惩无法完全落实，管理体制存在问题

具体情况详见表 2。

表 2　2014 年县（市、区）政府门户网站绩效评估指标及权重

一级指标（5 项）	二级指标（14 项）	三级指标（58 项）	权重（百分制）
政府信息公开	基本信息公开	概况信息、公告、动态、政策解读、人事招考、招标采购等	39
	重点信息公开		
	公开保障		
办事服务	民生领域服务	医疗、教育、卫生、社保、身份证、户口、公积金等	38
	重点办事服务		
公众参与	咨询投诉	渠道建设、征集调查、信件数量、质量等	8
	征集调查		
网站管理	网站维护、安全	网站性能、链接、可用性、安全性等	10
新技术应用	微博、微信、智能搜索等	开通更新、维护情况、特殊服务等	5

负责公共信息网站部门严格按照要求扣除相应分值，但同时也没有奖励措施，造成部分单位只是例行公事完成目标分数。据了解，青白江区在全省政府门户网站绩效评估中排名由 2010 年第 3 名落后至 2014 年的第 27 名。

四、完善电子政务环境下政务公开的对策建议

(一) 加大资金投入，大力引进人才，强化业务培训

加大网站建设和维运资金投入，引进先进设备，加大互联网出口带宽，建立统一完善的政务管理信息系统。选择三方专业机构，长期合作解决专业技术难题；提供优厚待遇和条件，引进高端专业技术人才，增加网站建设部门编制人员，成立专

门信息管理机构，培养较高水平的信息队伍；建立信息员制度，选择网络管理联络人，由网络信息管理中心牵头建立联合机制，定期加强业务培训，提高其信息处理技能。

（二）提高公开意识，改善管理体制，严格监督考核

转变政府职能，提高服务意识，树立“人民公仆”的权力观，做到“应公开、尽公开”；整合负责网站建设和维运部门，设立与省市统一的管理部门，保证专业负责人不随意调动；建立以公众为监督主体的评议机制和奖励机制，鼓励作优网站；尝试建立首席信息官制度，改变管理层和技术层人员分割现状，通过加大信息官处置权限提高服务水准。

（三）完善公开制度，引导公众参与，提供个性服务

规范公开范围和程序，界定保密事务，明确公开主体对保密以外事务拒绝公开的举证责任，对依申请公开的程序严格按照法律规定，正确行驶自由裁量权；提供畅通的公众交流平台，通过协商对话、开门办公、新闻媒体宣传等，加大政府网站宣传力度，引导公众参与政策制定，发表合理意见；关注弱势群体，针对个性需求，提供可行性的特殊信息服务，树立“公众需求什么、政府提供什么”的服务理念，提高信息服务内容和方式的主动性。

（项目负责人：中共成都市青白江区委党校教育科工作人员　张王豆）

推进社会组织改革发展　构建现代社会治理模式[①]

——以成都市为例

党的十八届三中全会审议通过的《中共中央关于全面深化改革若干重大问题的决定》，提出了“完善和发展中国特色社会主义制度，推进国家治理体系和治理能力现代化”的总目标。而“国家治理”的核心，一是要有多元主体并存，形成协同共治的“善治”格局；二是主体之间实现各归其位、各尽其责的良性互动。社会组织作为与政府、市场相并列的社会三大部门，是构建多元社会治理格局的重要主体，是中国特色社会主义事业的重要建设者。因此，推进社会组织改革发展，对构建现代社会治理模式具有重要意义。近年来，成都市在培育和发展社会组织方面进行了大胆创新和改革，一些改革措施和成效也走在了全国前列，社会组织在数量和质量上也有了突破性发展。但与发达国家相比，成都社会组织发展目前仍处于初级发展阶段，社会组织培育发展、监督管理、服务能力、队伍建设等方面仍然面临诸多问题和挑战。

一、国内外社会组织发展比较

与西方国家相比，经济和社会转型期特殊的制度复杂性，导致我国社会组织发展呈现和面临着截然不同的特征与问题，集中表现在以下五个方面：(1) 政府对社会组织的“管控”意识仍然很强烈，社会组织活跃度还不够高；(2) 支持和有效维持社会组织发展的社会环境和法律环境还不健全，社会组织发展缓慢；(3) 社会组织的影响力较弱，社会对社会组织的认可度还不够高；(4) 大量社会组织（如行业协会、群团组织等）具有半官半民的性质，行政化倾向严重，而民间草根社会组织发展又相对较缓慢；(5) 公民参与志愿服务意识不强，社工人才队伍成长缓慢。

二、成都市社会组织发展现状与问题

（一）成都社会组织发展实践

在新的发展历史机遇下，全国许多城市（北京、上海、广州等）就当前社会组织面临的主要问题和相关改革进行了积极探索，积累了不少宝贵经验。成都近年来

① 项目编号：2014R63。

也在培育和发展社会组织方面进行了大胆创新和改革，推动全市社会组织总数维持在10%左右的增长速度。

创新社会组织监督与管理机制。大力推进登记制度改革，实行直接登记和备案管理“双轨制”；出台《成都市社会组织评估管理办法》，建立社会组织星级评估机制，引入第三方评估机构，不断提升社会组织监管水平；推动社会组织参与社会诚信体系建设，加强社会组织自身诚信建设与内部监管力度。

建立完善社会组织培育发展支持体系。初步建成社会组织培育孵化体系，建成社会组织资金支持体系，出台《成都市社区公益创投活动管理办法》，鼓励和支持社会组织承接各类社区公益服务项目。

全面推进社会组织政策体系建设。出台了《关于建立政府购买社会组织服务制度的意见》《政府向社会组织购买服务操作办法》《政府向社会组织购买服务项目指南》《社会组织发展和公民志愿服务机制建设实施纲要》《成都市民政局关于大力推进“三社互动”的工作意见》《成都市社区公益创投活动管理办法》《成都市培育发展社会组织专项资金管理试行办法》等政策文件，为建设与全市经济社会发展相适应的社会组织体系，形成政府管理、社会监督、广泛支持和社会组织自律相结合的社会组织管理与发展格局奠定了坚实基础。

（二）面临的问题与挑战

近年来，全市社会组织有了突破性发展，但整体而言仍然在数量、质量、监督管理以及发展环境等方面与国内外先进城市存在较大差距，其主要表现在：

（1）社会组织发展不均、总数不足，社区居民生活中急需的服务型和慈善公益型社会组织数量明显不足，不能满足群众多元化社会服务需求；（2）社会组织自身能力较弱、收入渠道单一、人才队伍建设不足，不能很好地承接政府转移的职能；（3）社会组织支持体系建设不足，如登记管理准入门槛仍然过高，政府政策支持落实不到位，社会支持与关注度不高，导致社会组织发展缓慢；（4）政府监管力度明显不够，影响了对社会组织的服务和管理质量与水平。

三、国内社会组织发展经验

目前，上海、广州、深圳等地已在登记管理制度、购买服务机制、税收优惠政策、网络信息化平台建设、地方立法工作、行业协会改革以及社会组织体系构架等方面进行了卓有成效的探索，对我市乃至全国社会组织发展有一定的借鉴和指导意义。

（一）加快社会组织监管体制改革

一直以来，我国社会组织就面临着门槛过高、双重管理体制不尽合理的制度约束，促使社会组织发展速度不能满足日益增长的多元社会服务需求和政府职能转变的需要，因此，降低社会组织准入门槛是大力发展社会组织的基本要求。另一方面，在改革登记管理制度的同时，上海、广州、深圳等地进一步加强监督管理，通过建设高效统一的社会组织监管信息系统，引入第三方评估机构，拓宽社会监督渠道等措施，为社会组织的健康发展提供了坚实保障。

（二）充分发挥政府的引领和支持作用

当前，我国社会组织还处于发展的初级阶段，离不开政府在资金、人力、场地以及相关政策和法律保障等方面大力的支持。如上海、广州、深圳等地目前已建立了孵化基地，完善政府购买服务制度，引入社会资金支持社会组织公益服务活动，出台税收优惠政策，引进社工专业督导，开展社会组织立法工作等，卓有成效。

（三）大力推进社会组织自身能力建设

一方面，上海、广州、深圳等地通过采取强化社会组织法人治理机制、开展行业自律、推进信用体系建设、吸引和培养优秀人才等措施，培养和发展了一大批专业能力强、自治水平高的优秀社会组织；另一方面，通过进一步理清政府职能边界，加大对社会组织的放权和赋权，使社会组织的独立性和可持续性发展得到不断提升。

（四）深入推进相关机构改革创新

针对社会组织管理体制不顺、力量薄弱、政社不分等问题，上海、广州、深圳等地采取了系列改革措施，如深圳创新社会组织构架，成立了市社会组织总会；上海在民政局设置了独立的二级局单位——社团局，负责全市社会组织的管理服务工作；深圳探索实行行业协会无行政业务主管，从行业协会（商会）入手加快政社分开等。通过理顺社会组织体系构架，创新社会组织管理体制，从而保障和推动社会组织健康有序发展。

四、加快成都社会组织发展的对策建议

根据当前成都社会组织发展面临的主要问题，并结合国内外先进城市经验，本文认为当前成都社会组织发展迫切须从支持体系建设、监管体制创新、服务能力提升三方面着力，以充分激发社会组织活力，规范社会组织行为，提高社会组织专业化服务水平，增强社会组织公信力，从而改进社会治理方式，创新现代社会治理模式，加快推进国家治理体系和治理能力现代化建设的步伐。

（一）厘清政社权责关系，充分发挥政府对社会组织的支持与引导作用

建议要加大对行业协会商会的赋权，支持行业协会商会自我发展，加快实现其与行政机关的脱钩；要加大政府购买社会组织服务力度，建立和完善购买服务制度化、常态化机制，推动政府职能转变；要完善社会组织服务体系建设，充分发挥社会组织网络服务平台及枢纽型社会组织作用，为社会组织发展提供良好服务。

（二）加快建立和完善社会组织监管体制，构建依法自治的现代社会组织体系

一是要健全社会组织监督评估机制，推动社会组织规范化运作。二是要建立社会组织信用信息管理机制，将社会组织纳入诚信监管体系，并建立健全相关鼓励与惩戒机制，加大对失信社会组织的处理力度和信誉良好社会组织的支持力度。三是

要进一步拓宽社会监督渠道，形成政府监管、媒体监督、社会评估和公众评价并存的他律机制，提升社会组织的社会公信力。

（三）大力推进社会组织专业化发展，提升社会组织服务能力与水平

一是要加大社会组织规范化管理制度建设，完善社会组织内部治理结构。二是要按照“公平、公开、透明”原则，引入竞争机制，让社会组织在市场决定资源配置的规则下磨炼成长，促进社会组织能力的提升。三是按照不同阶段和重点开展社会组织能力培训工作，并从省外及发达地区引入优势社会组织，高起点推动全市社会组织专业化发展。四是加大社工人才队伍建设，将社会组织专职从业人员纳入全市人才队伍体系建设的社工系列，加大社工人才培训工作，引入优秀社工人才，保障和提高其工资待遇水平，从而整体提升社会组织专业化水平。

（项目负责人：成都市社科院社会学与法制研究所助理研究员　李春艳）

一个服务型基层党组织工作案例分析[①]

——对驷马桥党工委推进旧城拆迁改造工作的调查和思考

成都市驷马桥街道党工委，按照“服务型”党组织建设的要求努力实践，在推动旧城改造拆迁中取得了重大的成效，中央电视台《走基层》以“曹家巷拆迁记”为题对此进行了系列报道。这个服务型基层党组织建设的生动案例，值得我们认真分析和深入研究。

一、坚持“群众主体”原则，依靠群众、服务群众

建设服务型政党，从根本上说，就必须改变过去在计划经济体制下党的执政方式和领导方式，运用现代“服务”原则，履行服务功能，来实现对社会和国家的有效治理。

今天我们许多地方的社会治理，都有应对旧城改造、居民拆迁的现实任务。驷马桥街道党工委在处理这一矛盾时，坚持依靠群众、服务群众的群众主体原则，为化解这一矛盾奠定了基础。

曹家巷一、二街坊，是成都市区一环路内最大的棚户区，也是近年来第一批推进旧城改造必须拆迁的地区。长期以来，这个有着强烈改造愿望的棚户区，却因为公房关系复杂、利益诉求不一、整合单位较多、拆迁安置成本巨大等诸多复杂原因，被人们称为“十年拆不动的曹家巷”。

金牛区委、区政府经过反复论证，提出了以“片区住户自治搬迁改造”的具体方案。

“自治改造”，这在全国旧城改造中是一个新词。它的基本要求是，顺应群众的意愿，发挥群众的主体作用，让群众发挥正能量。具体说来，就是要求我们团结引导“群众”正向发挥作用，把过去“政府主体”大包大揽的拆迁活动，改变为“政府主导”“群众主体”的拆迁，变“带民做主”为“由民做主”。这种拆迁理念确认了群众的主体地位，体现了依靠群众、服务群众的原则。

---

① 项目编号：ZSR13-20。

二、依托“自治组织”，促进社会协同、群众参与

城市拆迁，旧城改造，涉及方方面面的利益关系。一方面必须服从城市建设的统一规划，这是社会公益；另一方面，作为拆迁户更是有不同的安置和补偿的利益诉求。这些都需要通过正常渠道来表达，以发出他们的声音。因此，必须要搭建利益表达的制度性平台，实现上通下达，推动政府、各类组织和群众共同参与，在交流中和碰撞中，逐步达到相互协同，推出得到政府和多数居民普遍认可的拆迁政策。

搭建这样的平台，实际上是要形成一种社会治理格局，改变过去由政府大包大揽、用单一的行政权力来管控拆迁的传统方式，实现向民主参与、法治保障方式的转变。

为此，金牛区委、区政府按照居民自治组织法，首先在曹家巷一、二街坊批准成立了一个自治性的群众组织，即“自改委”。

“自改委”委员有着广泛的代表性，按照当地的话说，就是“住红砖房要有代表，住平房要有代表，住商品房也要有代表”。同时，“自改委”的代表还有三条要求，一要有服务群众的热情，二是要有一定的政策理论水平，三是要有大公无私、勇于奉献的精神。

为了保证“自改委”有序开展工作，驷马桥党工委及时地以当选的 13 名自改委委员中的 5 名党员，组建了“自改委”临时党支部。这样，在整个拆迁过程中，就有了街道党工委、社区党支部和“自改委”的临时党支部三级党组织直接发挥的领导群众和服务群众的作用。

三个层级的基层党组织，依托“自改委”就主动地承载了万千群众安居梦的重担；同时，三个层级的基层党组织也依托“自改委”，推出“自治改造”的“先沟通协商再启动签约”的新方式，形成了基层民主协商沟通机制，建立了矛盾争议调解小组，让群众成为搬迁改造的决策主体。这样的工作格局，实际上铺垫了各类人群和组织表达各自的需要，协调相互间的矛盾，实现各自愿望的制度性的条件。

三、坚持群众路线，深入开展过细的思想工作

毛泽东同志说过：“我们的人民政府是真正代表人民利益的政府，是为人民服务的政府，但是它同人民群众之间也有一定的矛盾。这种矛盾包括国家利益、集体利益同个人利益之间的矛盾，民主同集中的矛盾，领导或被领导之间的矛盾，国家机关某些工作人员的官僚主义作风同群众之间的矛盾”。

毫无疑问，曹家巷的拆迁改造工作，是符合这里居民的根本利益的，是这里多数居民长期的愿望。但是要让群众从根本上明白拆迁的具体政策，并且拥护这一政策，第一步就是要克服官僚主义，向群众原原本本地宣传、解释政策，拿“自改委”领导、驷马桥街道党工委书记车成志的话说，政府的政策群众不买账，不外乎

就是“第一个我们没有想清楚。第二个我们没有给老百姓讲明白，特别是没有用老百姓听得懂的语言去给他讲这个道理。第三个，对于我们这个群体当中有极少数的对政府老是抱着不信任、不欢迎的，还在于我们的工作还没做到家”。

为此，党工委、社区党支部找到了一种做群众思想工作的方法。他们把这个方法总结为拉家常，动之以情，晓之以理，做好耐心的解释、疏导工作。对那些迟迟不来签约的群众，要深入了解他们的困难，分析其中的原因。政策能够解决的坚决解决，政策暂时不能解决的，要看是不是程序性的问题，总之，尽量想办法去解决。

“拉家常”这样深入细致的群众工作，大大缓解群众诉求与政府政策在一些比较棘手问题上的冲突，有利于政府与居民最后达成共识。

在拆迁工作当中走群众路线，“自改委”制定了这样的工作原则：“如果是能够按照政策和法规规定，能够给老百姓解决的，我们就按法规规定政策去办，解决不了的，我们就和老百姓商量着办，如果商量着办还不行的，我们就团结和引导老百姓，大家共同地按照良心去办，这样，我们就能把老百姓的实事办实，好事办好、办妥。”

驷马桥街道党工委后来把这种办法归结为“把握‘两个依靠’”——即“紧紧依靠群众组织去做群众工作、依靠绝大多数群众去做少数群众工作”。这“两个依靠”保证了这次旧城改造中的“群众主体、政府主导、市场运作、依法改造”的原则得以实现。

四、维护多数居民的权益，兼顾少数居民的利益

我们党代表的中国最广大人民群众的最根本利益，在一定意义上讲就是公共利益。而在现实生活中，我们必须高度关注群众“最关心最直接最现实的利益”，在一定意义上讲就是个别利益、具体利益。

要知道，公共利益不等于不同个体利益简单的累积，也不能用少数服从多数的原则，来否定公民个体的权益。

服务型执政党推行的服务，正是上述原则的体现。我们的拆迁政策在满足了多数人的利益的同时，也必须尊重少数人的合法利益，维护他们的正当权益。

曹家巷一、二街坊的拆迁，绝大多数人居民的利益得到了基本满足，这在一定意义上讲就是维护了居民的公共利益，这是特别重要的。但也必须承认，个别居民也感到自己利益受损。对此，我们不能完全无视，更不能草率处理。需要在维护公共利益时，考虑“卡尔多-希克斯”标准，对改革中相对利益受损者进行足够的补偿。

曹家巷一、二街坊也遇到了这样的情况，通过三级党组织和“自改委”的细致工作，80天以后，一、二街坊棚户区只剩下一户不签署搬迁协定。

在这样的情况下，已经签署了协定的多数群众，感到不能容忍，下决心惩罚这

户居民。

驷马桥党工委注意到了这种情况，一方面，他们加大了对这多数群众的工作，阻止了威胁这户居民的行为；另一方面，又通过对这户居民的细致工作，在政策和程序允许的基础上，满足了他的合理要求，维护了他的正当权益，化解了可能产生的新矛盾。

这一情况表明，基层党组织的服务，可以在相当层面上化解政策的原则性和执行的灵活性之间的矛盾。基层组织通过的自己精心服务，能够广泛收集与反映社情民意，能使我们上级机关更为清楚地把握群众的根本利益和具体利益，对政策进行校验、调整和纠错，使我们在满足最大多数居民的利益的同时，也能维护个别群众的合理利益诉求。

五、结语：服务型党组织建设是促进社会和谐的根本

2013 年 3 月 9 日，曹家巷一、二街坊的拆迁签约正式开始了，同年 9 月 18 日，随着 3 000 多户居民搬迁的基本完毕，这个棚户区自治改造进入房屋拆除阶段。

驷马桥街道党工委推进旧城拆迁、改造这一成功的案例，充分说明了加强服务型党组织建设，运用全面、细致和多方面的有效服务，能够培育区域内各类组织和人群对党的认同感和归属感，推进社会和谐进步，巩固和拓展党执政的群众基础。

（课题负责人：中共四川省委党校党建教研部教授　彭穗宁）

历史文化类

新型城镇化背景下成都乡村旅游可持续发展研究[①]

——基于乡村文化角度的思考

乡村旅游是以乡村文化、乡村生活体验以及乡村田园风光为吸引对象的休闲度假体验活动，缺乏乡村文化内涵的支撑，乡村旅游就缺少生命力和竞争力。因此，乡村文化是乡村旅游的立足点和灵魂。挖掘乡村文化的内涵，依托成都丰富的自然环境、人文资源、农业基础，发展集农耕文明、观赏、娱乐、体验等为一体的特色旅游文化品牌，是促进乡村旅游可持续发展的有效途径。

一、乡村文化是乡村旅游可持续发展的源泉

什么是吸引城市人向往乡村旅游的核心要素？人们的物质消费要求让位于文化旅游消费，是以前者得到满足为前提的，在这种情况下，农村人向往现代城市生活，而城市居民向往现代农村生活，这种动机促成了旅游活动的实现。乡村旅游以其清新的田园风光、恬静的自然环境满足了都市人远离喧嚣、返璞归真的情感需求。从文化的角度看，乡村旅游是一种依赖于乡村资源，并感受和体验乡村文化的旅游活动。乡村旅游的“聚焦点”就在于乡村区别于城市的文化特性和本真属性。

（一）诗意乡村与心灵关怀

环境恶化、金融危机、食品安全、生存压力等一系列社会问题令都市人感到身心疲惫。乡村旅游的主要服务对象是城市居民，许多人渴望返璞归真，融入自然、愉悦身心。乡村的自然与人文风情皆清新怡人，远离俗世的纷繁嘈杂，迎合了游客的审美需求，尤其是心灵需求。

（二）风土人情与文化传承

正是在体验乡村生活和乡村文化的一系列过程中，人们对乡村再次形成一种认同感和归属感。乡村生活方式传承和延续了传统文化的血脉精髓，这种延续也成为乡村旅游兴盛开展的先决条件。脱离乡村文化则乡村旅游业的可持续性发展将无从谈起。因此，文化是乡村旅游发展的核心竞争力，是可持续发展的源泉和驱动力。

---

① 项目编号：2014z44。

二、乡村旅游发展中存在的文化缺失和消极影响

尽管成都乡村旅游发展现状可谓风生水起，其产业规模和效益名列前茅，并形成了全国知名的文化产业示范基地。但乡村旅游在发展过程中，仍然面临种种问题和困惑，诸如乡村生态文化的破坏、乡村体验流于肤浅以及乡村旅游企业如“农家乐”发展的小、散、乱、差等问题。

（一）遗失与变异，乡村文化的城市化危机

现代城市代表着先进的文明，而乡村文化的生命力愈见式微，可以说当前乡村文化正面临危机。一些地方在新农村建设中，不顾乡村自然环境、历史积淀、文化传统等现实因素，大拆大建盲目模仿，甚至将城镇化等同于高楼大厦的拔地而起，这将导致乡村文化多样性、原生性的丧失。在成都某些乡村旅游景点，由于一些人面对经济效益急功近利，存在着人工化和商业化气息浓重的现象。

（二）乡村化产品缺乏，同质化现象明显

由于大多数农家乐模式相同，增加了竞争的激烈性，甚至导致部分农家乐举步维艰或者关门歇业。此外，乡村古镇旅游同质化现象明显，乡土特产千篇一律。这种雷同体现在建筑风格景观千人一面，给人似曾相识的感觉，缺乏鲜明特色；旅游纪念品雷同，档次较低的各种小工艺品充斥于各个古镇的店铺中；乡村旅游饮食品种和风格的丰富性有待进一步开发。由于忽视对当地民俗、工艺、传说等文化资源的挖掘，乡村旅游产品缺乏知识性、体验性和参与性。

（三）乡村文化意境缺失，文化品牌有待提升

乡村旅游项目的设计和产品的开发如果忽视乡土性的文化内涵，失去古朴诗意的乡村意境，就无法产生吸引力和生命力。一味照搬工业化城市化的旅游产品形式，游客心中的田园牧歌意境将会渐行渐远，寻找心灵慰藉的愿望无法实现。同时，许多乡村旅游点的经营还存在低、小、散、乱的现象。

（四）乡村旅游发展与乡村文化保护存在消极互动倾向

一是文化的商品化和金钱化带来的冲击，改变甚至取代了传统文化中的价值取向和思想观念，这极大地破坏了乡村文化本真性，包括对乡村元素的破坏，对物质文化遗产的破坏，对非物质文化遗产的破坏，等等。二是环境保护和生态意识的缺乏使乡村生态环境面临严峻挑战。乡村旅游开发仅被作为脱贫致富的手段，某些农家乐经营不规范，卫生条件差，随意排放污水对环境造成污染和破坏，甚至被戏称为“苍蝇农家乐”。某些经营者乱搭乱建，无序扩大开发，破坏了乡村特色景观和生态景观。

三、提升乡村文化内涵实现成都乡村旅游可持续发展的思考

乡村旅游最核心的“看点”和“卖点”在于乡村文化这一特质。因此，要进一步挖掘成都乡村文化资源，保护利用乡村特色文化元素，丰富和提升旅游产品的文

化内涵，促进形成乡村旅游可持续发展的良好态势。

（一）依托历史人文资源，深挖特色文化主题，提升旅游品牌效应

针对乡村旅游产品缺乏鲜明文化个性的状况，乡村旅游项目的策划设计需要提档升级，由初级阶段向高级阶段过渡。充分发挥历史传说故事、民间戏曲工艺等人文资源的价值，设计开展文化主题特色突出的项目，将地方传统文化因子注入旅游工艺品的开发，从而满足游客多层次、多角度的需求。只有做到人无我有、人有我新，才能抓住游客的眼球和流连忘返的心，这对于避免旅游产品同质化现象，塑造特色旅游品牌具有重要作用。

（二）依托生态自然景观，重视文化的体验性，增强旅游竞争力

乡村田园景观和生态农业是发展乡村旅游的基础，乡村旅游要打造自然观光与文化体验有机结合的项目和产品，因地制宜突出特点，从而实现错位发展增强竞争能力。结合丰富的自然资源打造出复合化、差异化、文化多元的体验型旅游模式，可以延长游客驻足停留的时间，创造更多消费点，这应该是乡村旅游发展的一个重要趋势。

（三）文化创意与乡村旅游结合，创新经营模式，开发多样化旅游产品

根据各地自然、生态资源优势，发挥艺术家的创造力，对原生态的乡村文化“点石成金”，开发创意旅游项目包括推广各种形式的创意农业园区等。这些创意旅游产品将文化创意、科技手段与自然资源融合，产生了新的市场兴奋点，拓宽了乡村旅游点的消费市场，从而实现乡村旅游业的持续健康发展。

（四）加大对外宣传营销，塑造品牌形象，增强成都乡村旅游影响力

突出文化特色，找准旅游品牌定位，以建立区域旅游品牌为目的，集合各个景点展开联合营销；加强与媒体的合作，特别是利用互联网的广阔平台，整合传统和新兴媒体资源，提高营销策划能力，进行统一、系统、深度的推介，帮助成都迅速地在更大范围内树立乡村旅游品牌。

（项目负责人：中共成都市委党校、成都市社会主义学院文化建设教研部讲师李洁）

参考文献：

金毅．论全球化背景下的民族文化旅游［J］．内蒙古大学学报：人文社会科学版，2004（2）．
邹统钎．乡村旅游发展的围城效应与对策［J］．旅游学刊，2006（3）．

具有西蜀地域文化的特色产品设计研究[①]

——推动成都文化“走出去”之路

成都作为西蜀的历史文化中心名城，在城市品牌打造和文化推广的宏观层面有较多的相关策略和开发措施，但在具体特色产品设计的微观层面缺少特色资源的产品设计转化研究。名人资源、古镇（城）资源、山水资源、休闲资源中有大量的设计元素可以为特色产品设计所用。在此基础上的特色产品设计方向应以宏观形态层面、中观形态层面和微观形态层面进行分层次、分类别的设计，并且遵循资源的转换创新和就地取材，发挥本土资源优势。本研究利用产品系列化设计的方法将提取的设计元素及符号纳入产品设计的整体框架，进行西蜀地域文化特色产品系列化设计，争取建立自主品牌并大力培养相关人才，完善相关配套服务，打造良好的内部环境为“走出去”奠定基础；坚持以国际赛事为向导、以项目合作为向导和以企业投资为向导的方向，真正实现成都文化的“走出去”。

一、西蜀地域的文化资源研究现状

成都在文化产业规划和建设等宏观层面有较多的相关创新策略和措施可以借鉴，然而，在文化创意产业的微观层面则缺少针对本区域资源的特色产品设计研究。成都文化创意产业之都的打造不仅需要有硬环境的改造，同样也需要软环境的支撑。相对于宏观层面，特色产品设计的研究是从与人们生活更加密切相关的微观层面来补充这一研究领域的不足的，应做到文化资源、市场经济、社会发展和典型性特色产品的综合性开发。因此，西蜀地域文化的特色产品设计在理论及其应用上还有诸多方面值得深入。

当前，西蜀地域的文化资源研究主要有名人资源分类研究、古镇（城）资源分类研究、山水资源分类研究、休闲资源分类研究等。以上研究成果均以表格形式直观展示。本研究认为，将特色文化资源作为创意思维的供给，通过资源整合承载于符合当今市场需求的产品中，逐步推出特色文化资源产品，有利于建立优势城市品牌。

---

① 项目编号：2014R49。

二、特色文化资源的开发利用

特色文化资源开发利用应立足以下四个层面：(1) 产品开发的设计角度。以设计的视角重新审视特色文化资源，深度挖掘资源的物质和精神内涵。资源转换时应避免抽象和具象的分离表达，抓住资源的外部形态特征和内部人文精神内核，准确定位产品，同时注意产品的实用性和易用性，并且防止产品不恰当的低龄化表现。充分体现特色文化资源的各方面价值。(2) 特色文化资源系统的整体性与差异化。特色文化资源：名人资源、古镇资源、山水资源和休闲资源。它们彼此之间存在着固有的联系，其中有资源的重叠部分。因此，在进行产品开发时，需要从整体上进行统筹把握，又要分别对不同分类进行差别化的利用。系统化地运用各特色文化资源，形成多层次有机的产品开发系统。(3) 特色文化资源的地理分布关系。产品开发时应密切关注所对应的特色资源地理分布情况，有针对性地进行分析和利用。对不同地理的资源进行利用时侧重点应有所区别。(4) 特色文化资源的可持续性开发利用。将生态美学融入特色文化资源的开发利用，高度重视产品开发过程中的可持续问题，坚持遵循可持续发展的原则。

三、利用特色文化资源开发特色产品的意义

特色文化资源与产品设计的关系主要有三方面：第一，产品设计是推进文化资源保护、利用开发的有效途径；第二，文化资源是产品设计的基础；第三，文化资源和产品设计两者关系密切，共同推动文化产业的发展。因此，利用特色文化资源开发特色产品具有战略性意义。

1. 利用特色文化资源开发特色产品，是文化产业改革的内在要求。固有的文化产业模式已经不能适应社会的发展，文化产业的改革势在必行。利用特色文化资源开发特色产品，正好符合这种改革的要求。通过设计手段促使特色文化资源焕发新的活力和能量，创造文化生产力发展条件，不断孵化特色产品，生产经济资本，使成都地区创造出更多的精神文化财富。

2. 利用特色文化资源开发特色产品，是文化创意产业结构调整的必然趋势。当前，成都地区的丰富文化资源尚未充分整合和开发，新兴文化创意产业和具有特色文化资源的特色产品还未形成产业集群效应。在以文化创意产业为主导的国际和国内，成都特色文化产品尚处于弱势。如果加快利用特色文化资源开发特色产品，进行有力的资源整体，形成文化产业链的联动状态，对文化创意产业结构的调整将是大有裨益的。

3. 利用特色文化资源开发特色产品，是文化资源“活态”保护的助力器。对文化资源的保护不应该是静止的，而应该是一种“活态”的保护。利用特色文化资源开发特色产品正好与文化资源的“活态”保护形成呼应。特色产品的不断开发，形成了文化资源“活态”保护持续的支持动力，打造了成都的文化品牌，提升了其

文化资源的核心价值和竞争力量。

4. 利用特色文化资源开发特色产品，是推动城市文化“走出去”的动力。推动成都文化“走出去”需要有很好的智力支持，特色产品的开发正是这种强有力的支持。利用特色文化资源开发特色产品，是营造城市对外形象非常具有实效的举措，深刻体现出文化资源作为经济生产力的巨大创造性和活力。

四、西蜀地域文化的系列化特色产品设计路径

就特色产品开发的效率而言，系列化无疑是实现特色文化资源开发产品的最佳选择：一是系列化设计可以有效防止特色产品的型号和规格杂乱，形成较高的视觉辨识；二是系列化设计便于设计团队的组织、协作生产，形成统一管理模式；三是系列化设计便于特色产品的改良，机动灵活地发展新品种，形成特色产品的长期品牌效应。对消费者而言，首先，系列化的特色产品在同一标准下发展起来，具有统一的形态，极易给消费者强烈的整体感和秩序感，视觉形象完整；其次，系列化特色产品的文化主题利于营销推广，尤其在当今快节奏的信息化时代，系列化特色产品更容易形成消费者的再次购买动机，形成产品的持续性，从而提高产品的市场占有率。

借力西蜀地域文化系列化特色产品，推动成都文化“走出去”的建议和对策如下：

1. 建立自主品牌，培养人才。建立自主品牌是打造城市形象的重要举措。以政府有关部门牵头，与企业共同建立代表成都的自主品牌。在此过程中，人才的培养是关键。拥有一批高素质的设计人才是设计创意产业的核心。一方面，人才的培养不能只依赖学校，而是扩大社会职业教育的作用，多渠道地进行设计人才的培养工作，以提高其设计能力。另一方面，要通过政府主导、专家主持、相关企业支持以及社会各界广泛参与的一系列政策的规划与实施，来重点着力打造自主品牌和一流设计人才多级梯队。

2. 完善相关配套服务。特色产品的开发和设计应积极利用信息化、智能化、数字化提升产品品质，使之与时代发展相协调。其中，可以采取政府与社会共同出资打造国际化的展览馆、比赛场馆和建立专门网络平台（包括移动网络）等。

推动成都文化“走出去”的方式主要有：

1. 以国际赛事为向导的“走出去”。可针对产品设计及相关行业，面向国际，建立以成都地区为核心的国际赛事体制。首先，国际赛事的组织方式可以参照现有的知名国际设计大赛，如“IF、red dot”等，采用独立于政府和企业之外的第三方权威组织主办，政府提供政策平台，企业则以赞助形式参加协办。当然，第三方权威组织可以由政府牵头，在全国甚至世界范围内招标产生。其次，在赛事进行期间，相关的活动，如工作坊、线上线下的设计作品投票等同时进行，以扩大赛事的影响力。当然，赛事的最终目的是鼓励设计师不断创新，并向世界推荐成都地区丰

富的旅游、文化资源，推动成都文化“走出去”。

2. 以项目合作为向导的“走出去”。项目合作的形式可以是多元化的，既可以是政府与投资机构，也可以是高校等企事业单位之间的合作形式。无论是哪种项目的合作形式，都可以以股份形式进行前期资金投入和后期效益分成方式展开合作。第一阶段，面向社会，将大赛获奖作品委托专门的产品制造生产机构进行样品制作；第二阶段，将制作的样品委托专门的营销推广机构进行市场推广；第三阶段，对于市场反应好的样品进行具体的商业操作。通过各机构之间的项目合作形式，最终让优秀的产品设计方案转变为实际的市场商品，实现其经济效益。

3. 以企业投资为向导的“走出去”。以政府相关部门牵头并搭建平台，针对各相关企业的实现生产需求整理出各种产品设计需求，以设计甲方的身份面向各科研单位及高校相关部门征集设计方案，然后对各设计方案进行比较分析，最终向各企业提交可行设计方案，最后实现产品的量产。当然在整个过程中需要政府专门工作人员的全程跟进和协调服务，同时资金投入主要以设计需求企业为主。

（项目负责人：西华大学艺术学院讲师　王蓉）

“新型城镇化”视域下的文化支撑建设[①]

——以蜀绣“成都举措”为例

近年来，成都在全国率先开展了城乡一体化的“新型城镇化”道路探索，“新型城镇化”视域下的文化支撑建设取得突出成效。本文从我国首批国家级非物质文化遗产——蜀绣与新型城镇化的关系入手，通过田野调查和实证分析，指出振兴蜀绣、提升城镇化发展质量的机制与意义，以期为成都新型城镇化的文化支撑建设提供理论和实践借鉴。

一、文化支撑建设的“中国经验”

新型城镇化的主要目标是实现农业经济的现代化与人的全面发展，需要从精神指引、制度规范与物质标识三方面为其提供坚实的文化支撑。“奋击百万，沃野千里，蓄积饶多，地势形便”的成都平原通过引导农村剩余劳动力居家发展蜀绣，积极探索蜀绣产业与富民工程、教育产业、文化产业和旅游产业相结合的“新型城镇化”发展模式。这一“成都举措”促成了文化支撑建设与新型城镇化的良性共赢，被联合国教科文组织赞誉为“中国经验”。

二、蜀绣“成都举措”之机制解读

蜀绣早期源起于四川民间，在川西城乡有广泛的群众基础，通过成都市相关部门的努力，在全市先后确定和建立起10余个蜀绣居家灵活就业基地，上百个培训生产绣坊，并结合非遗保护，探索出因地制宜的“绣娘+绣坊（庄）+基地+合作社（公司）”的就业推动模式。

（一）培训绣娘，提高从业人员数量和技能

蜀绣是技术型劳动密集型产业，绣娘是蜀绣生产和传承的载体。在绣娘技能培训方面，成都市采用“绣娘+绣坊（庄）+基地+合作社（公司）”的培训方式，由引进的公司、企业、大师工作室负责技术指导，对参加培训的绣娘，分别开展15天的初级培训和6个月的技能提升培训，培训期间由政府提供生活补助。对已培训结业绣娘的调查结果显示，其中80%以上开始承接订单，月收入在400元至

① 项目编号：2014P21。

3 000元，逐步形成高、中、低各层次绣娘人才库，为成都储备了蜀绣技术人才，推动了蜀绣产业发展。

以郫县为例，2008 年年底，安靖镇建立了以蜀绣为主题的“成都市居家灵活就业示范基地”，仅一年多时间就培训绣娘 1 032 人，其中 150 名获得了劳动部门颁发的蜀绣技能合格证书，44 名绣娘取得中级职业技能鉴定职业资格证书，全县已形成高、中、低分级管理的绣娘队伍人才库。郫县还成立“成都天府绣娘刺绣专业合作社”，组织绣娘抱团闯市场；成立郫县工商联蜀绣产业商会，完成“天府绣娘”“蜀都绣娘”的商标注册申请和“蜀绣之乡”的域名登记，建立蜀绣之乡网站；与成都纺织高等专科学校等校企联手，建立合作协议，开展人才培训及科研合作，着力解决制约蜀绣产业发展的关键技术问题。

（二）依托公司，探索培训就业无缝对接

通过与业务公司合作开展培训，帮助绣娘获得较为稳定的订单及收入。如都江堰市在古城区创建了“都江堰市蜀绣文化创意示范园”，依托有能力解决绣娘就业的蜀绣专营企业开展培训，约定由妇联负责组织动员、公司负责培训和就业，将蜀绣纳入农村劳动力培训计划，培训成本和参加培训妇女的补贴由政府买单。由于与蜀绣专营企业合作，“原料不用管，销路无须愁”“只要有技术，天天有收入”的现实吸引越来越多妇女参加培训、提升技能。

（三）搭建平台，建立覆盖全域蜀绣经济产业链

政府按照“绣娘+绣坊（庄）+基地+公司（合作社）”模式，扶持基地建设，组织绣娘规模化生产，形成全域蜀绣生产网络。基地既是蜀绣展示、销售的窗口，也为绣娘提供订单，帮助更多妇女实现居家灵活就业。基地还影响和带动当地旅游、会展、文化创意等相关产业，形成以点带面的蜀绣经济产业链。

三、蜀绣“成都举措”之缘起

蜀绣“成都举措”缘起于新型城镇化背景下农民工居家就业的动力推动：

（一）以人为核心的新型城镇化道路的趋势选择

成都是我国新型城镇化建设的前沿阵地。新型城镇化的核心是人的城镇化，关键在于提高城镇化质量，走出生态、节能、集约的城镇化路子。可是，就目前已城镇化的失地农民而言，实际上并没有完全享受到城镇化市民的待遇，日益严重的城镇失业问题已经引起党和国家的高度重视。让农民工成为名副其实的市民，让他们在城镇安居乐业，应成为现阶段城镇化的要务。

（二）农民工居家就业的需求剖析

就业问题是我国经济社会持续发展的重要风险因素，我国的劳动力市场将长时间处于供大于求的状态，由此看出我国就业问题的严峻性和长期性。我国是一个二元经济结构的人口大国，城镇的高失业率和持续上涨的就业压力凸显了我国劳动力供求矛盾。女性群体是农民工群体的重要组成部分，成都市 95％的城乡失业和失

地女性就业的最大愿望是兼顾就业增收和照顾家庭。基于这一情况，成都市创新探索了“居家灵活就业”模式，探索解决农民工的居家就业途径。

（三）兼顾文化传承与经济发展的可行性分析

成都是历史文化名城，蜀绣更是四大名绣之一。在充分利用传统文化资源的基础上，尊重失业妇女迫切希望家庭、就业兼顾的意愿，成都市推动传统手工业发展作为引导和帮助灾区妇女、农村留守妇女、失业失地妇女、残疾妇女、单亲家庭妇女、中老年妇女等就业困难群体就地、就近灵活就业的重要渠道，挖掘了10余个适宜居家就业的传统手工产业项目。蜀绣以其投入少、就业方式灵活、传承文化、绿色环保等特点，成为成都市灵活就业基地试点建设的首选。

四、蜀绣“成都举措”之实践意义

（一）破解城乡二元矛盾的有效方式

蜀绣居家灵活就业基地极好地契合了农村留守妇女、失业失地妇女以及中老年妇女群体的就业愿景。在川西乡镇社区，妇女走上几步路或者骑一段自行车就赶到了居家灵活就业基地工作。如遇家里有急事，随时可以赶回照应，甚至可以把工作带回家做，按时交工就行，这样就形成了妇女居家灵活就业与传统优势手工业联动发展的新模式，解决了妇女群体的就业难题，成为破解城乡二元矛盾的有效方式。

（二）化解留守儿童和空巢老人问题的主要途径

随着工业化与城镇化加快，大批青壮年离开家乡外出务工，农村留守儿童无人看管、空巢老人没人照顾等社会问题越来越突出。建立妇女居家灵活就业基地，强化妇女技能培训，争取更多妇女就近务工，促进妇女实现就近创业、就业，增收致富，可以从源头上解决留守儿童和空巢老人的突出问题。

（三）维护社会和谐稳定的一剂良方

在以前，受条件所限而无法外出打工的妇女，农闲时节总爱聚在一起，聊家长里短打发时间，极易引发家庭矛盾和邻里纠纷；或者有“热闹”（包括群访、群闹事件）就趋迎附和，形成不利于社会和谐的边缘化人群。开展蜀绣技能培训不仅提高妇女就业的人力资本和心理资本，增强其就业信心，更重要的是让她们找到了心灵和社会角色的归属感，从而拓宽了就业面，改善了生活质量，传承了传统文化，促进了家庭和睦、社会稳定。

（四）群团组织参与社会管理创新的重要路径

妇联等群团组织将做好妇女居家灵活就业工作作为参与社会管理创新的重要路径，充分发挥了党联系群众的桥梁纽带作用，转变了群团工作思路，创新了群团工作载体。面对下岗失业失地妇女特别是“4050人员”、残疾妇女、贫困妇女和农村富余妇女劳动力等群众群体，基层政府的社会管理难以有效影响具体社会成员，政府管理职能到基层后或断缺，或重叠，或冲突，降低了管理效率。因此建立居家灵活就业示范基地是在“离群众最近的地方创新社会管理”的有效载体，服务了发展、服务了妇女，成为实实在在的民生工程和惠民产业。

5. 发展文化创意产业的关键环节

蜀绣产业既是劳动密集型产业，又是文化创意产业，通过绣娘们对以蜀风、蜀韵为内核的蜀绣产品的研发、生产，可丰富成都文化旅游产品，促进旅游产业的多元化、高层次发展。如今，在郫县、都江堰等地都有集展场、卖场、蜀绣创意生活体验馆为一体的大师工作室、蜀绣家居、装饰、生活用品场馆、绣娘作品展场等蜀绣专营窗口，形成集研发、设计、生产、加工、制作为一体的游、购、娱新型旅游观光模式，使蜀绣基地、大师工作室成为赏绣、闻香、品茶、鉴艺的旅游文化场所，让蜀绣与旅游观光、旅游体验充分结合。

6. 建设创新型城镇的动力引擎

产业发展是提升城镇化质量的主题。在推进城镇化进程中，以现代化产业为支撑才能实现整个区域的繁荣。郫县、都江堰等地地处成都城市用水的重要水源地，仅郫县一地，就提供了近85%的成都城市供水。这类特殊地域显然不能够发展装备制造业等现代工业，政府必须为其产业发展提供正确的发展路径和政策倾斜。蜀绣产业正是政府突破城镇化常规思路的创新工作思路。正如著名经济学家舒尔茨所说“制度是为经济提供服务”，市政府用良好的制度安排为特色产业发展提供正确的发展途径，使其能够以最小的成本获得更多的经济利益，引导古“针”新“线”成为川西特色乡镇繁荣区域经济、建设新型城镇的动力引擎。

（项目负责人：成都市社科院历史文化所副研究员　孙艳）

参考文献：

陈显丹. 论蜀绣蜀锦的起源［J］. 四川文物，1992（3）.

段渝. 黄帝嫘祖与中国丝绸的起源时代［J］. 中华文化论坛，1996（4）.

顾军等. 文化遗产报告——世界文化遗产保护运动的理论与实践［M］. 北京：社会科学文献出版社，2005.

焦成根，谢洋慧，孙舜尧. 湖南沙坪湘绣转型与发展的调研报告［J］. 内蒙古大学艺术学院学报，2013（2）.

沈淑济. 四川省发展手工编织促进妇女居家灵活就业工作的实践与思考［J］. 中国妇运，2012（11）.

蜀绣产业发展办公室. 成都市郫县安靖镇蜀绣产业发展再创辉煌［J］. 四川蚕业，2013（1）.

孙佩兰. 中华锦绣丛书——吴地苏绣［M］. 苏州：苏州大学出版社，2009.

王磊. 蜀绣市场发展现状及营销策略探究［J］. 现代商贸工业，2009（22）.

许凡. 现代湘绣发展的抉择和对策［J］. 纺织学报，2011（4）.

叶圣燕，贾礼民. 传统手工技艺传承与创新的人才培养模式研究——以苏绣为例［J］. 中国职业技术教育，2011（5）.

张序贵. 蜀绣原生态产业链的打造［J］. 丝绸，2009（10）.

赵敏. 中国蜀绣［M］. 成都：四川科技出版社，2011.

科技创新与旅游公共导视系统的建设发展[①]

——以成都市为例

随着我国国民经济与社会事业的快速发展，旅游业已经成为现代服务业的重要组成部分。因此，加快旅游业的改革发展，是适应人民群众消费升级和产业结构调整的必然要求，对于扩大就业、增加收入，进而推动中西部发展和贫困地区脱贫致富，促进经济平稳增长和生态环境改善意义重大，有利于提高人民生活质量，深入培育和践行社会主义核心价值观。2014年颁布实施的《国务院关于促进旅游业改革发展的若干意见》(国发〔2014〕31号) 明确提出，要完善旅游发展政策、加强旅游基础设施建设，就必须围绕重点旅游区和旅游线路，进一步完善游客咨询、标志标牌等公共服务设施。从专业角度讲，就是要强化旅游公共导视系统的建设与发展。

一、旅游公共导视系统的研究基础

旅游公共导视系统就是通过对旅游景区、景点的指示为游客传递线路，指明景区、景点位置，方便游客到达旅游目的地的指示系统。旅游公共导视系统主要包括两个方面，一是旅游景区、景点外围的指示体系，二是景区内部的导视系统。

旅游公共导视系统作为重要的旅游服务设施之一，也应具备引导、解说和指示等重要的功能。旅游公共导视系统也是旅游品牌价值的有形载体，在推广旅游文化、营造旅游氛围和完善旅游服务功能方面发挥着重要的作用，已经成为旅游发展布局的重要环节。

旅游公共导视系统首先是属于导视系统的一部分，具有导视系统的特点，但是作为旅游的指向性系统，它也具有自己的特点。一方面，系统指示内容主要是景区、景点，引导游客进入景区。旅游公共导视系统能够起到宣传旅游景区的作用，扩大旅游区影响力和知名度。另一方面，旅游公共导视系统在颜色、字体、规格、位置等方面都区别于其他导视系统。

导视系统设计在西方发达国家已经形成一门独立的学科，在城市中的运用也十分普遍。1968年，国际上公认的关于公路标志和信号协定在奥地利维也纳签署，

① 项目编码号：2014R57。

形成了统一的道路导视系统标准。在我国，部分发达城市的导视系统已经相当成熟，如北京、上海、广州等地区，这些地区代表着中国导视系统设计的发展前沿。新材料和新技术的广泛应用，大大提升了导视的功能。

二、成都现状分析

旅游公共导视系统是城市旅游业发展的重要支撑。成都作为我国西部特大中心城市，人口与机动车数量的明显增加对旅游公共导视系统提出了新的建设要求。目前，成都市旅游公共导视系统的建设与发展虽然取得了显著的成绩，但仍然存在较为明显的功能缺陷，与国内外先进城市相比，差距明显，制约着成都地区旅游业的可持续发展。课题组经历时半年的实地调研，归纳出以下几个主要问题：

（一）导视系统存在语言文字及方位标识缺陷

导视系统主要以视觉的平面导视牌为主。通过实地调查发现，来自于北方的游客不能快速准确识别成都导视牌，其主要原因是导视牌未形成有效的方位指示，而旅游景区指示牌标明指向的则更少。通过对在成都旅游的外国游客调查，课题组发现导视系统国际化较弱，存在部分标志标牌外文翻译错误、部分标志标牌缺乏双语导视功能等问题。

（二）导视系统缺乏科学布局

从整体范围看，成都地区旅游业没有形成科学的布局体系，特别是专门针对旅游景点的导视系统点少面窄，有部分景区仅在景区门口设置导视牌，游客视觉反应时间短；导视牌的设置过低或被其他物体遮挡，对自助游客、自驾车游客难以发挥有效的引导作用。

（三）技术含量低，未能发挥旅游的宣传营销功能

旅游公共导视系统仍采用传统的平面导视，缺少全方位声、光、电的展陈导视技术，且现有的电子导视系统导视内容单一，未能表现出电子导视系统的可换内容性强、时时更新等特点，没有展示城市文化、旅游形象。现有的电子导视牌容易损坏，维护不及时，不能发挥旅游导视及宣传营销功能。

三、对策与建议

邓小平同志早在20世纪70年代就敏锐提出：科学技术是第一生产力。我国改革开放36年的经验成果证明，科技水平是支撑各种产业跨越式发展的关键。在西方，以熊彼特为代表的经济学派也认为，现代经济发展的核心动力在于创新，技术与方式的变革显得十分重要。成都作为中国最佳旅游城市，也是旅游标准化示范城市，需要对旅游公共导视系统存在的问题高度重视，以科技创新为主导，加以合理化解决。

（一）基本原则

要坚持“国际化、现代化、信息化、生态化、特色化”的旅游公共导视系统建

设原则。首先，要按照国际旅游目的地城市的建设标准，统一规划设立符合国际通行规范的旅游公共导视系统；其次，要按照科技兴旅的战略要求，积极推行智慧旅游城市建设，全面升级改造旅游公共导视系统；再次，要坚持绿色环保低碳的发展理念，以生态化的视域强化对旅游公共导视系统的宣传推广；最后，要把成都特色、天府元素有机融入旅游公共导视系统的规划设计，彰显地方文化风采。

（二）科技创新举措

以科技创新手段推进导视手段的国际化、现代化，也就是要建设先进的、科技含量高的成都旅游公共导视系统。

1．改造现有单一的平面导视，增加其科技含量

对现有的导视体系升级改造，提高其科技含量。如，采用先进技术、材料对现有的平面导视牌进行技术升级，使其在夜间可视性能更强，更不容易受环境影响。加强对电子导视系统、平面导视系统、滚动翻牌导视系统的综合运用，传播城市文化、引导人群、加强旅游宣传的综合功能。各主要集散点设立电子宣传导视系统。在大型公交站、火车站、汽车站、机场及人群集散点的公园等地设置视屏导视查询系统，主要介绍成都市旅游景区、美食，并且提供离此地点最优的景点游览路线、公共交通乘坐方式。

2．建设综合性立体导视系统

要面向世界先进水平，设立声、光、电综合性立体的成都旅游公共导视系统。综合运用人们能够接受信息的各种感觉，利用立体的导视体系加强旅游宣传营销，如公交车、地铁的报站信息可以加入站点附近的旅游信息。车载导航系统可以加入景区雷达语音提示，让进入城区内的自助游客方便快捷地找到景区位置。开设专门的旅游广播电台或专用频道，实时播报旅游景区及外围交通状况，介绍景区概况及最优路线选择，并且与景区智能识别系统实时交换数据，发布景区流量预警，提早分流景区游客。特别是要充分发挥二环高架、绕城高速等旅游交通环状路网体系中的电子信息平台功能，不仅要保证正常的显示功能，而且要同时发挥道路交通指示、疏导与旅游专项信息服务的积极作用。

3．加强互联网、手机终端建设

网络是现代生活必不可分的信息来源媒介，它可以传递比静态指引牌更为庞大的信息量；可结合多方面媒介的优点；可提供文字信息和语音信息，支持多种语言；可及时进行更新。应在各主要交通节点、停车场设立免费无线网络信息亭，通过手机客户端下载免费上网，了解旅游信息。加强同百度、谷歌等地图运营商及手机软件开发商的合作，重点加强成都景区、景点宣传，实时更新，并在互联网上发布，让游客随时了解景区动态，方便游客查询到达路线。

4．建设地区智能电子识别系统

探索在成都市各主要路口及景区外围设置智能电子识别系统，该系统不同于普通的电子眼，而是专门监控景区流量的智能识别系统，具有旅游导识导流功能。此

系统实时监控车流情况，智能识别游客量，特别具备人脸（人头）高清识别抓拍功能，并与各电子路牌、景区视屏、电子信息亭等导视系统相连互通，随时更新景区游客容量，及时发布流量预警，引导游客进入其他游客量较少景区，实现由传统的引导向导流功能的转变。

5. 组建旅游公共导视系统志愿者队伍

组建成都市旅游公共导视系统监控测评志愿者服务队伍，该队伍由专门的高校旅游专业人才以及普通市民组成。高校专业人才由各大高校本科及其以上学历的学生组成，普遍具有旅游或道路交通专业知识，市民志愿者队伍由热心成都建设事业、关心成都旅游发展且具有一定科技专业知识的普通市民组成。该队伍随时观察道路、景区导视系统的变化情况，及时向有关部门反映。对成都市旅游公共导视系统进行质量评价并向有关部门报告旅游公共导视系统建设发展情况。同时，该队伍也应是成都旅游引导员及宣传员，负责指引景区、景点方位，介绍成都旅游。通过智能手机终端如微信、QQ 等方式为附近的游客提供咨询及引导服务。

（项目负责人：成都大学旅游文化产业学院副教授　袁力）

统筹城乡一体化视角下的公共文化服务体系构建[①]

构建完善的公共文化服务体系既是我国文化改革发展的重要目标，也是政府公共服务的重要内容。统筹建设城乡一体化的公共文化服务体系，中共十七届六中全会提出“深化文化体制改革、推动社会主义文化大发展大繁荣”。近年来，成都、大连、青岛等国家首批公共文化服务体系示范区创建城市已充分发挥政府与政策的扶持与保障作用，积极推进各项具体的公共文化服务工作，并且对公共文化服务进行科学管理以及机制创新，取得了一定成绩。但如何突破深度发展瓶颈，在顶层设计中关注城乡统筹，公共文化服务体系建设如何向农村深度拓展辐射，全面提升城乡公共文化服务体系的服务能力水平，提高实际利用率是进一步发展过程中亟待解决的问题。统筹城乡一体化发展的公共文化服务体系建设的改革路径是什么，当如何践行，如何让更广大人民群众享受公共文化成果的惠民工程等一系列问题需要理论界和实践层做出科学的回答。

一、背景

马克思、恩格斯指出：“消灭城乡之间的对立，是社会统一的首要条件之一。”在《共产党宣言》中也明确主张：“把工业和农业结合起来，促使城乡对立逐步消失。”当代中国最大的差距为城乡发展差距，最难以破解的难题是改革发展中的城乡二元结构。公共文化服务体系作为面向大众的、具有公益性质的文化服务体系，其内容包含文化知识的传授与普及，先进文化的传播，满足人民群众文化需求的文艺精品创作、文化娱乐服务、传统文化传承等各种公益性文化机构和服务等重要内容，并在实施过程中与公众文化生活需求相互映衬、相辅相成。公共文化服务体系建设对繁荣社会主义先进文化，引领先进文化的发展方向，提高全民族的文化生活和道德素养有着深远而重大的意义。而“统筹城乡”则是实现城乡互动发展，实现双赢，充分发挥城市对农村的辐射和带动作用，促进城乡协调发展。因此，要形成城乡良性互动的发展格局就必须加快建设社会主义新农村，并与稳步推进城镇化结合起来。党的十六届三中全会提出的“五个统筹”中第一个就是“统筹城乡发展”，党的十八大指出，“解决好农业农村农民问题是全党工作重中之重，城乡发展一体

---

① 项目编号：2014P21。

化是解决‘三农’问题的根本途径”，强调“要加大统筹城乡发展力度”。公共文化服务体系的建设，不仅仅关乎政府文化管理职能和公民文化权利的实施问题，更关系到城市精神世界的拓展和文化空间的构建。在统筹城乡一体化视角下的城市公共文化服务体系建设是一项系统工程，理念构建和顶层设计，对未来长期发展至关重要，它不仅要求管理者和决策者不断提高自身的管理及服务职能，提供及时的、合适的公共文化产品，以满足市民的文化需求，更需要鼓励和引导其他社会组织参与公共文化服务建设。

城乡一体化的公共文化服务体系是通过对文化资源的开发、保护和再创造而使其形成一定市场价值的经济活动，大力发展公共文化服务体系，是建设社会主义精神文明的内在要求，也是全面建设小康社会的重要组成部分。

二、实施路径

（一）加强顶层设计

在公共文化服务体系建设中实现城乡一体化更需要加强顶层设计，全域把控。在公共文化服务体系建设中，理念先行，思想主导，才能准确定位城乡文化资源优势、精品文化品牌、差异性核心竞争力，从而更为宏观、理性地选择可持续性的公共文化服务体系的发展模式。

首先，提高认识，强化概念。深刻领会城乡一体化发展及城乡一体化发展中的城市公共文化服务体系的内涵与对社会统筹发展的战略意义，总结和借鉴国内外城乡一体化模式下公共文化服务体系建设已有的经验教训，并在此基础上提出进一步完善公共文化服务体系的模式和机制，切实保障广大城乡居民的基本文化权利与利益。

其次，顶层设计对长效可持续发展至关重要。顶层设计将成为未来统筹发展和深化改革的基础与动力。深入研究文化产业及文化服务体系的困境、开发模式、发展路径，在理论层面开展广泛而深刻的探讨。

最后，将文化建设以及公共文化服务体系建设纳入政府工作规划，建立城乡均等化的公共文化服务经费保障机制。充分发挥政府的主体作用，有助于经费、活动、人员、设施等基本问题的解决。

（二）明确服务客体

鲁迅先生曾在《且介亭杂文集》中说：“只有民族的，才是世界的。”文化产生和发展的根基在于受大众欢迎与认可，文化服务体系的建设必须明确服务客体究竟为谁？客体的需求为何？脱离了文化客体的文化服务体系乃是一派空言，部分公共文化服务活动缺乏群众参与性，注重形式主义而忽略了实效性。未能满足客体需求的文化服务体系再“高大上”也只能作为形象工程昙花一现。地方文化特色一旦形成，就会造成一种牢固的“特色占有”，成为最稳定的知识产权。特色文化具有厚重的历史底蕴和不可复制的独特性，应当作为公共文化服务体系构建的基础资源，站在长远的角度对其进行有效开发与利用。而地方特色来源于民间，植根于民间，更发展于民间，仅在办公室里归纳总结是难以完成的，真正的民间特色往往都是通过深入调研得来的。长效机制要想实现可能性，首先务必结合实际，了解公民的文化权利诉求；因地制宜，创办凸显地方特色的文化品牌活动。树立地区文化品牌，打造特色文化创意设计平台，发展特色精品文化产业，并以品牌的影响力、辐射力、凝聚力带动和促进城乡居民参与文化活动，活跃基层文化生活。其次，要注重文化建设在各级地方党委政府考核指标中所占的比重，实现刚性的约束机制和有效的激励机制相结合的综合考核体系。

（三）大力提升公共文化服务设施建设

规划并且建设一批必备的、具有标志性意义的公共文化设施。如建立以城乡“两馆一站一室一点”为基本主线的公共文化服务体系。文化流动服务网络建设的城乡全域覆盖，数字图书馆城乡联网，文化综合执法数字监管平台建设，图书馆、美术馆、文化馆以及艺术团专车配备，都为文化下乡提供了基础设施与交通工具保障。缩小文化事业经费投入的城乡差距和区域差距，进一步加大公共文化服务经费的投入力度，特别是保障城市农民工群体的基本文化权益。同时，乡镇等基层地区由于各自地理位置、经济发展情况等原因在公共文化服务体系建设上也存在不平衡，因此，加强对农村和老少边穷地区的投入有助于对农村基层和老少边穷地区文化设施落后、文化产品和服务供给水平较低等问题的解决。

（四）大力发展群众文化

尊重当地文化传统，呵护民族文化之根，特别是在对文化的传承与保护上，要大力发展特色化、公益性质的群众文化活动。在公共文化服务体系建设中注重民族文化特色和历史文化特色、地域优势和区位优势相结合的发展思路，构建文化资源系统特性发展、集群优势发展、差异性发展相结合的综合立体式发展模式。

（五）打造多层次全方位文化服务体系

加强公共文化服务体系的层次化建设、个性化建设，在公共文化服务体系的服务形式及载体方面进一步完善“公共文化数字化服务管理”的网络体系建设，整合全市文化、文物数字资源，建成城乡数字文化文物信息平台公众导航系统；建立包括市民学习、民生服务、图书管理、资源共享、监督考核及信息互动六大公共文化数字化服务管理平台，形成省、市、社区三级数字联动的管理结构；以社区文化活动中心为平台，打造公共文化服务圈。积极运用多项宣传方式，建立系统的城乡一体公共文化宣传机制，搭建公共文化短信平台，同时利用互联网的便利条件设立官方微博等现代化手段以扩大公共文化的宣传力度。

公共文化服务体系只有符合群众的需要及特点才具有旺盛的生命力，要始终把统筹城乡一体化前提下的公共文化服务体系构建作为文化建设的重要方面，始终把公共文化服务体系建设作为民生工作的重要内容，才能真正提高文化聚合力、吸引力和影响力，增强文化创新能力，拓展文化发展空间，进而提高全民族的文化素养。

（项目负责人：西华大学政治学院讲师　刘英）

城市国际化视域中的成都城市形象定位研究[①]

经济全球化的突飞猛进导致了城市之间的竞争日益加剧。为推动城市经济社会可持续发展，不少城市已开始实施城市国际化战略。近年来，成都市科学把握国内外发展趋势，积极参与国际分工合作，大力提升城市辐射力、竞争力和影响力。在成都市第十二次党代会上，成都市政府提出了在发展新阶段的更高要求，全面实施国际化城市建设行动纲要，加快推进现代化和国际化进程，完成在中西部地区率先建成国际化大都市的历史使命。在国际化城市建设的大背景下，成都要在激烈的竞争环境中脱颖而出，亟须定位、塑造与时俱进的国际化城市形象。

一、构建城市国际化视域中成都城市形象定位的意义

良好的城市形象有助于提升城市竞争力，促进城市经济社会发展。构建城市国际化视域中的城市形象定位对成都市经济社会发展的具体意义表现在：对内有助于协调成都的内部发展，提炼城市精神，端正城市行为形象，提高城市人口素质，提升城市凝聚力，增强城市归属感和城市自豪感，形成城市特色；对外有利于扩大成都的城市影响力和知名度，宣传成都的特色和文化，吸引更多的中外游客来体验成都，同时还可吸引人才和招商引资，提升成都城市的综合实力与软实力，加强成都与成渝经济区内部各城市间的交流与互动，促进成渝经济区各城市的协调一体化，推动成渝经济区对外交往与合作。

在成都市第十二次党代会上，成都市政府提出了全面实施国际化城市建设行动纲要，担当实现国际化城市建设目标的重任（见表 1），这进一步凸显了构建城市国际化视域中的成都城市形象定位的必要性和紧迫性。

表 1　成都国际化城市建设目标

建设阶段	实现目标
第一阶段（2012—2016 年）	国际化城市基本框架初步建立，建成充满活力的国际交往中心

① 项目编号：2014P01。

续表1

建设阶段	实现目标
第二阶段（2017—2030 年）	成为亚洲地区有重要影响力的开放型区域中心，成为世界三级城市
第三阶段（2031—2050 年）	建成以经济功能为主的综合型国际化城市，成为世界二级城市

注：根据成都出台的《国际化城市建设行动纲要（2012—2016 年）》整理。

二、成都城市形象定位的现状分析

成都市是四川省的省会城市，是一座拥有璀璨古蜀文明的历史文化名城，自古就有“天府之国”“蜀都”“锦官城”“蓉城”等美雅之称。进入 21 世纪以来，成都城市形象定位与塑造一直被各级政府、行业组织、媒体、专家学者等关注和探讨着，并由此涌现了一波城市形象定位的浪潮，出现了各种各样的成都城市名号。成都现已成为中国乃至全世界形象定位最多的城市之一。

通过对成都城市形象定位的现状分析，本课题组发现当前成都城市形象定位主要存在以下三方面的不足。

一是定位模糊。一方面，成都城市形象定位的丰富多样，直接暴露了成都城市形象定位模糊不清；另一方面，成都城市形象定位变化过于频繁，诸如“中国第四城”“一座来了就不想离开的城市”“东方伊甸园”等之类的城市形象定位只有短短几年的生命力。城市形象定位变化的频繁加大了社会公众对成都形象的认知难度。

二是缺乏专属性。例如，以“世界现代田园城市”定位其形象的城市，除了成都，还有美国加州的洛杉矶、亚利桑那州的凤凰城和图森。如果将“田园城市”的英文“Garden City”理解为“花园城市”，那么还有新加坡。再如，“休闲之都”已有杭州走在先列，享有“商业之都”之称的城市比比皆是如广州、青岛、义乌等，而冠名“会展之都”“美食之都”的城市更是不胜其数。

三是缺乏完善性。政府文件中的一些城市形象定位，例如“国际产业聚集高地”“中国西部金融中心”“西部‘两枢纽、三中心、四基地’”“中国西部中心旅游城市”等，主要描述的是成都经济发展目标或者交通、旅游规划等方面，均未高度概括成都特有的历史文化元素，因此不能单独作为成都的主体形象。即使要将其打造为成都的次级城市形象，还需要进一步整合、提炼。

三、重新定位与塑造成都城市形象

为了重新定位国际化视域中的成都城市形象，本课题组提出首先应扬长避短，尽量突出成都在经济社会发展、文化资源环境、地理区域环境等方面的优势，同时，也要尽量规避当前存在的城市空气污染和交通拥堵问题、备受争议的城市形象等。在此基础上，本课题组根据成都国际化城市建设目标，并且按照规范性、特色性、导向性、美誉性、认同性等原则，建议将城市国际化视域中的成都城市形象定位为“幸福天府·世界宜人之都”，英文名“Happy Tianfu · the World Pleasant City”。

“幸福天府·世界宜人之都”的塑造策略主要包括目标与宗旨、推广策略、VI设计策略、整合营销传播策略等方面的内容。为了更好地实施成都城市形象塑造策略，针对当前成都城市形象中存在的不足，本课题组提出如下建议：

一是有效解决城市空气污染和交通拥堵等问题。针对此类问题，成都市政府及相关部门近年来已大力开展工作，如2012年提出了实施“交通先行”战略，2014年又向全市印发了《成都市大气污染防治行动方案（2014－2017年）》，这些工作需要不断扎实推进。

二是进一步完善城市服务功能，同时抓好物质文明、生态文明、精神文明建设，营造具有国际水平的生产服务环境、国际品质的生活服务环境和国际领先的政务服务环境，增强公众对成都的幸福感和宜人感。对影响交通和市容市貌的街头打麻将、“斗地主”等现象，亟须出台相关治理措施。

三是建立和健全集约型一体化的成都城市形象管理体系，统一规划和管理成都城市形象。以“幸福天府·世界宜人之都”的构成要素为基础，构建其中的成都城市形象综合评价指标体系，并搭建相关的政民互动平台，逐步形成广大市民参与城市形象塑造的有效机制。

（项目负责人：成都市经济发展研究院科研部主任、经济师　眭海霞）

“节事活动”对成都城市知名度的影响研究[①]

随着我国旅游业的不断发展，许多大型“节事活动”在各地纷纷举办，吸引着越来越多的旅游者的目光。一些与旅游密切相关的事件、活动不仅对当地旅游产生直接影响，同时与这些事件、活动相关的措施和新闻报道也进一步对举办地城市形象及知名度产生影响。

成都是中国内陆繁华的大都会，中国西部地区第一大城市，六大国家区域中心城市之一；是西南地区的政治、经济、金融、商业、文化、科教、物流、军事和国际交往中心，国家首批历史文化名城，内陆地区居民幸福感最强城市及最大航空中心，西南地区综合交通枢纽；成都也是西部会议展览重地，2013 年成功举办了《财富》全球论坛和第十二届世界华商大会。

大型“节事活动”耗费大量的人力、物力、财力，也带来了一定的经济、社会、环境效益。对“节事活动”影响的分析、评价，尚属起步阶段，需要学术界进一步的研究。基于此，本论文主要以成都成功举办 2013《财富》全球论坛为例，对其知名度方面的影响进行整理、分析，对成都城市知名度方面的影响进行总结，探讨“节事活动”对于城市发展的作用。

一、“节事活动”的概念及特点

（一）“节事活动”的概念

“节事活动”（Festival & Special Event），是节日和特殊事件的总称。特殊事件一般是指通过精心策划和举办的某个特定的仪式、演讲、表演、庆典、各种节假日及传统节日以及在新时期创新的各种节日和事件活动。包括文化庆典（如节日、宗教事件、狂欢节、历史纪念活动等）、文化娱乐事件（如文艺展览、音乐会、歌舞会等）、会展及商贸活动（如会议、展览会、博览会等）、体育赛事（如职业比赛、商业性体育活动等）、政治事件（如群众集会、就职典礼等）、休闲事件（如娱乐事件、演唱会等）。

（二）“节事活动”的特点

“节事活动”一般具有以下特点。

① 项目编号：ZSR13－17。

1．地域性和文化性

地域性，指“节事活动”是在某一具体地域开展，具有明显的地域特征。文化性，指“节事活动”具有浓郁的文化韵味和地方特色，其本身就是文化活动。

2．体验性与双重性

体验性，指“节事活动”需要大众的参与和亲身体验，参与者旨在通过活动来达到休闲和娱乐的目的。双重性，指“节事活动”的参与者同时也是旅游者。

3．多样性和交融性

多样性，指“节事活动”开展的内容丰富、内涵广泛、形式多样。交融性，指“节事活动”是文化活动、商业活动、大众参与的集合。

4．时效性和吸引性

时效性，指“节事活动”有时间或季节的限制。吸引性，指“节事活动”应该具备强大的吸引功能，让参与者有强烈的感知参与愿望。

二、成都的“节事活动”

成都历史悠久，文化底蕴深厚，成都是中国历史文化名城、中国优秀旅游城市、“中国最佳旅游城市”，是西南地区的政治、文化、商贸、金融、科教、军事和国际交往中心，也是西南地区的交通、通信枢纽及最大航空港。

成都的“节事活动”众多，以 2012 年为例，成都市所辖九区六县及代管的 4 个县级市共举办各种“节事活动”147 个。

三、“节事活动”对成都城市知名度的影响

（一）城市知名度及“节事活动”对城市知名度的影响

城市知名度，是指旅游者对旅游目的地城市的认知、理解的程度。“节事活动”对城市知名度的影响主要体现在：一是通过各类媒体曝光“节事活动”的举办地点、时间、内容，甚至一些“节事活动”是以城市的名义来举行的。如，2008 年北京奥运会、2010 年上海世博会、2013 年成都《财富》全球论坛等，在宣传过程中，对于城市的宣传甚至超过了对活动本身的宣传。“节事活动”的曝光直接或间接地对举办地的城市知名度产生影响，提高人们对活动举办地城市的认知程度。二是“节事活动”曝光越来越充分，相关的信息会广泛地传达给受众群体，有助于人们深入地了解活动及举办城市，以便筛选相关信息，形成对该“节事活动”及举办活动城市的相对稳固的印象。进而产生连锁效应刺激人们对活动举办城市进行更深入的了解，并向亲朋好友进行推荐，从而产生旅游动机、旅游行为，强化人们对城市的认同度，进一步提高城市的知名度。

（二）“节事活动”对成都城市知名度的影响——以成都举办 2013 年《财富》全球论坛为例

2013 年 6 月 1 日至 6 月 25 日，课题组在成都市各大景点、酒店就成都举办

2013年《财富》全球论坛活动（以下简称“《财富》论坛”），以现场发放调查问卷的形式进行了调查，共发放问卷300份，回收有效问卷265份，有效率为88.33%。在数据分析的基础上，将“《财富》论坛”对成都城市知名度的影响分析如下。

1. 旅游者对于成都举办“《财富》论坛”活动的认知度

旅游者对“节事活动”的认知度，是用知道该“节事活动”的人数占被调查总人数的百分比来表示，即

认知度=知道该“节事活动”的人数÷被调查总人数×100%

调查数据显示，完全知道成都举办“《财富》论坛”有41人，占15.48%；知道的有185人，占69.82%；不清楚的有21人，占7.92%；不知道的有13人，占4.91%；完全不知道的有5人，占1.87%。具体见图1。

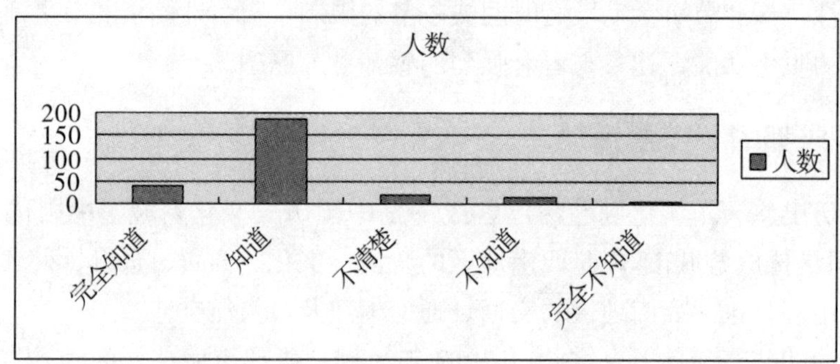

图1　旅游者对成都举办“财富论坛”活动的认知情况

旅游者对成都举办“《财富》论坛”活动的认知度=226÷265×100%=85.28%

从计算出来的认知度可知，通过成都举办“《财富》论坛”，旅游者对成都的认知、理解度非常高。

2. “《财富》论坛”对于旅游者选择成都作为旅游目的地的影响

在调查旅游者选择成都作为旅游目的地的原因时，共列出自然风光、人文景观、“《财富》论坛”等8个因素，结果见表1。

表1　旅游者选择成都作为旅游目的地的原因

项目	选择人次（可多选）	占全部选择人次的比例（%）	占样本数的比例（%）
自然风光	90	29.6	42.9
人文景观	72	23.7	34.3
“《财富》论坛”	41	13.5	19.5
商务	38	12.5	18.1
探亲访友	17	5.6	8.1
宗教因素	23	7.6	10.9
度假	16	5.3	7.6
其他	7	2.3	3.3
总计	304	100.00	144.76

从表 1 可以看出，旅游者选择到成都旅游的最重要的原因是四川独特的自然风光和悠久的历史文化，这两个传统因素影响其决策的占到了七成以上，“财富论坛”列第三，近 20%的旅游者将“《财富》论坛”作为选择成都作为旅游目的地的影响因素，这充分说明了“《财富》论坛”在宣传方面的影响力，进一步扩大了成都的知名度，并成为吸引旅游者来访的重要因素。

3. “《财富》论坛”对成都城市知名度的整体影响

课题组还专门对旅游者自身感知的“《财富》论坛”对成都旅游知名度的影响效果进行测评，具体见表 2。

表 2　“《财富》论坛”对成都城市知名度的整体影响

项目	选择人次（可多选）	占全部选择人次的比例（%）	占样本数的比例（%）
“《财富》论坛”扩大了成都旅游的国内知名度	163	42.2	77.6
“《财富》论坛”扩大了成都旅游的国际知名度	78	20.2	37.1
“《财富》论坛”拉近了您与成都的感知距离	126	32.6	60.0
“《财富》论坛”破坏了成都城市的形象	19	5.0	9.1
总计	386	100.0	183.8

从表 2 可以看出，60%的旅游者认为“《财富》论坛”拉近了旅游者与成都的感知距离；77.6%的旅游者认为“《财富》论坛”扩大了成都旅游的国内知名度；37.1%的旅游者认为“《财富》论坛”扩大了成都旅游的国际知名度；只有 9.1%的旅游者认为“《财富》论坛”破坏了成都的城市形象（主要是认为论坛的举办带来了城市交通、消费等方面的压力）。

（三）结论

“《财富》论坛”的成功举办让更多的人知道、了解了成都，不仅提升了成都的国际、国内知名度，而且对成都旅游知名度的影响也得到了大多数旅游者的认同。

当然，“《财富》论坛”作为旅游者选择旅游目的地的因素影响力还是有限的，不足以成为诱导游客做出倾向性决策的决定性因素。需要成都市政府持续、有效地开展“节事活动”，同时，加强宣传，最大限度地发挥媒体对“节事活动”的宣传效应和曝光效应，最大限度地发挥其积极影响，减少负面作用，实现“节事活动”经济功能、社会功能和环境功能的最大化，从而促进成都市旅游业的可持续发展。

（课题负责人：成都大学旅游文化产业学院教授　张学梅）

天府古镇建设中的“文态”塑造研究[①]

“文化是城市活的灵魂”，进一步保护、发掘天府古镇的自然文化、历史文化、美食文化、民俗文化等特色资源，是构筑成都城市新型城乡形态的基础，也是促进城乡互动发展、增加农民收入、扩大内需、助推城乡经济社会全面协调发展的重要路径。

一、天府古镇概况

（一）基本情况

成都古镇数量众多，自然资源丰富，文化底蕴深厚，其中 24 个历史文化名镇可被视为天府古镇的代表。

（二）主要特点

一是古镇建设经济成效显著。截至 2012 年年底，全市 5 个国家级历史文化名镇地区生产总值均达到了 5 亿元以上，农民年人均纯收入和城镇居民年人均可支配收入大幅提高，经济社会呈现出协调持续快速发展的强劲态势（见表 1）。

表 1　全市国家级历史文化名镇 2012 年主要经济指标

文化名镇	地区生产总值（单位：亿元）	农民年人均纯收入（单位：元）	城镇居民年人均可支配收入（单位：元）
黄龙溪镇	5.05	12 890	15 084
洛带镇	18.10	12 298	23 898
平乐镇	5.66	10 327	17 017
安仁镇	13.39	11 267	20 800
新场镇	6.05	10 192	19 894

二是古镇各自风格特色初步形成。天府古镇依托其地理和资源优势，在漫长的历史中，逐渐累积了厚重的历史文化底蕴和丰富的文化资源。如，黄龙溪古镇作为中国第三批历史文化名镇、国家 4A 级旅游景区，现存“龙、狮、茶、盐、佛、水、古蜀、民居、码头、农耕”十大文化，传承千年、历史悠久，并且留存了川西

① 项目编号：ZSR13-28。

临水古镇形态和大量明清民居院落。

三是古镇旅游成为主导产业。近年来，古镇旅游呈现出蓬勃发展的良好态势，已成为成都旅游的一大特色和游客出游的重要选择，5个国家级历史文化名镇的旅游收入和接待人数都有较快增长，并且在其所辖区（市）县旅游产业发展中扮演了重要角色（见表2）。

表2　2010年至2012年全市国家历史文化名镇旅游产业发展情况（一）

文化名镇	2010年		2011年		2012年	
	旅游总收入（单位：亿元）	接待人数（单位：万人）	旅游总收入（单位：亿元）	接待人数（单位：万人）	旅游总收入（单位：亿元）	接待人数（单位：万人）
黄龙溪镇	4.30	606	5.24	638	6.01	658
洛带镇	8.20	412	8.50	429	8.60	430
平乐镇	5.60	300	5.50	360	6.30	400
安仁镇	1.86	108	2.60	150	5.37	370
新场镇	0.53	65	0.35	40	0.79	84

表3　2010年至2012年全市国家历史文化名镇旅游产业发展情况（二）

文化名镇	2010年		2011年		2012年	
	旅游总收入占所在区（市）县旅游总收入比	接待人数占所在区（市）县旅游人数比	旅游总收入占所在区（市）县旅游总收入比	接待人数占所在区（市）县旅游人数比	旅游总收入占所在区（市）县旅游总收入比	接待人数占所在区（市）县旅游人数比
黄龙溪镇	22.8%	29.8%	23.4%	40.3%	21%	38.5%
洛带镇	28.3%	35.5%	23%	31.2%	19.4%	27.2%
平乐镇	51.8%	49.7%	45.1%	53.5%	46.5%	53.4%
安仁镇	20.7%	21.4%	23.7%	26.6%	28.79%	38.2%
新场镇	5.9%	12.9%	3.1%	7.1%	4.2%	8.6%

四是古镇基础设施及配套逐渐完善。各级政府财政性资金投入古镇基础设施建设的力度不断加大，古镇街道整治、石板路铺设、管线下地、雨污分流及风貌整治等工程成效显著，生态环境和场镇面貌明显好转。给排水工程、天然气、电力供应基本上实现了场镇全覆盖，光纤、网络、污水处理厂等设施趋于完善。

二、天府古镇“文态”塑造的困难和不足

（一）文化主题定位不明确

文化的多元性发展，虽体现了古镇文化的深厚底蕴和丰富内涵，但同时也凸显了古镇文化主题不鲜明的问题。

（二）保护与开发矛盾并存

受限于当地财政投入不足、保护专项资金不充分等因素的影响，弃置甚至破坏古镇历史文化资源的情况在一些地方仍然存在。有的地方虽有利用历史文化资源的意识，但就如何立足现实，科学合理、充分有效地利用现存的古镇历史文化资源，推动经济和社会发展方面的思路和办法还不多。

（三）文化特色的彰显不足

部分古镇没有制定科学和系统的古镇发展规划，对古镇固有的文化特色风貌建筑物保护和开发明显滞后，古镇内老建筑与新建筑杂混一体，经营业态水平较低，菜市、超市、茶楼充斥其间，使古镇特色风貌建筑物湮没于市井之间，古镇特色文化难以充分展示。部分古镇虽然对文化保护和开发的愿望强烈，但由于地理位置的限制，经济社会发展相对滞后，难以吸引企业参与，只能依托政府有限的投入进行零星打造，基础设施和文化服务配套设施建设还不完善，古镇文化风貌难以得到完整的展示。

（四）同质化现象比较严重

我市古镇同属川西区域，无论在平原还是在丘陵，其地域特征大致相同，共性特点突出而差异性较小。因此，开发利用上的同质化现象比较严重。

（五）“四态融合”的意识有待加强

在调研中，我们发现在商业化的古镇打造理念的指导下，部分古镇虽已形成了高端化、特色化的城市业态，但生态与“文态”结合、业态与“文态”结合的意识仍需加强。

三、天府古镇“文态”塑造的对策和建议

（一）统筹规划和科学指导天府古镇的“文态”建设

一是着眼长远，统筹规划。要树立全市古镇“一盘棋”发展的理念，绘制全市古镇布局建设“地图”，建立健全古镇建设发展体系，加大对中心、节点古镇的保护建设力度。二是规范审查，科学指导。要制定天府古镇体系整体设计方案，高起点进行古镇设计与建设，并借鉴欧洲特别是英国主要以城市更新手法进行古镇开发建设的经验，完善科学的古镇设计和建设标准。对天府古镇重大维修、改建和新建项目，应严格按照保护规划确定的范围和建设控制要求进行专项审查。三是分批分期，因势利导。要立足长远，使古镇的修葺保护和开发建设经得起时间和历史的检验，使其成为古镇历史文化的一部分。由于规划期限的限制，对天府古镇的规划应分期分批进行，尽量避免大拆大建，防止对天府古镇“文态”的进一步破坏。要注重因势利导，多听取原住民对古镇打造和建设的意见，积极争取当地群众的参与和支持，切实保护群众的利益，防止古镇开发的过度商业化，确保“文态”延续的“原汁原味”。

（二）准确定位古镇特色文态发展方向

一是摸清古镇文化资源家底。各级古镇要摸清自身文化资源家底，建好台账和档案，做到如数家珍。组织好各级古镇参与《天府古镇羊皮书》编制工作，使其成为记载、传承古镇文化资源的载体。二是找准古镇“文态”发展方向。各地要在充分掌握自身文化资源家底的基础上，结合古镇地理位置和产业基础，因地制宜，充分挖掘特色文化资源，找准古镇文态发展方向，形成差异化、多元化发展格局。各级古镇要在三产互动上做文章，使文态发展和产业发展相结合，使古镇真正成为旅游休闲的胜地、观光审美的殿堂、“诗意栖居”的精神家园。

（三）深度挖掘具有地方特色的古镇文化内涵

一是深度挖掘独具特色的民风民俗文化。组织专门力量对古镇独具特色的民风民俗进行搜集、整理、提炼、包装，形成品牌化效应，确保继承和延续传统文化与艺术。二是筛选、开发民间节庆资源。充分利用民间节庆日开展节庆活动，让民间节庆活动与旅游联姻、与山水相融。如黄龙溪古镇的“火龙”、洛带古镇的“水龙”等都是较有特色的旅游节庆活动。

（四）打造特色鲜明的古镇文化品牌

如大邑县安仁古镇以打造“中国博物馆小镇”为切入点，利用其丰富的文博旅游资源，强化旅游服务配套。2009 年以来，该镇博物馆数量由 13 座增至 27 座，国家一级文物总数由 134 件增至 166 件，并先后被住建部、国家文物局授予“中国历史文化名镇”称号；被中国博物馆协会命名为“中国博物馆小镇”，也是目前国内唯一一座获此称号的小镇；被中国文物学会授予“中国文物保护示范小镇”称号。

（五）强化古镇建设的“四态融合”意识

要凸显天府古镇的生态资源优势，彰显天府古镇的文化特性，增强天府古镇的吸引力，就必须突出保护优先的理念，摒弃急功近利的思想，强化“四态融合”的意识，努力实现交通网络和生态网络、古镇形态和古镇“文态”的有机结合，使天府古镇既能在白天吸引游客，又能在夜间留住游客，使古镇成为集聚人气的重要载体。

（六）构建“小古镇、大旅游”的格局

要根据“三圈一体”战略要求，摒弃地域意识和地方保护主义的观念，着眼于全市古镇文化资源开发的整体优化，避免同行业、同地区的恶性竞争，充分实现优势互补和区域旅游资源的整合，实现区域经济效益、环境效益和社会效益的持续增长。

（课题负责人：中共成都市委政研室区县处处长　杨玉华）

成都城市多语种标识标牌规范化标准化研究[①]

成都是国家区域中心城市、西部重要经济中心、全国重要综合交通枢纽、商贸物流金融中心。近几年，在经济全球化背景下，中国的西部地区赶超了东部沿海及中部地区，成为中国国内生产总值增速最快的区域，中国西部的巨大发展潜力已经得到国内外认同。作为西部经济中心兼旅游之都的成都吸引了大量外商与外国游客，但是，成都各地多语种标识标牌存在许多问题，给国外友人带来许多疑虑与不便，有损成都市的城市形象。

一、城市多语种标识标牌的作用

作为国际交流语言，英语是成都多语种标识标牌中必不可少的目标语言，也是课题组开展本次调查的重点。公共标识标牌是城市形象工程的一部分，给公众以直接视觉印象。标识标牌涉及许多社会、文化、专业技术和习惯的因素，要做到准确的翻译相当困难，必须有明确的指导思想、完整的工作程序和多方面的信息反馈，方能形成正确和谐的译文。在全球化的今天，成都的多语种标识标牌以中英两种语言为主，可翻译质量却存在很大问题。成都标识标牌的英文翻译不只是摆设，而是旨在为身在成都的外国友人提供帮助的同时，展示城市名片。错误的英语公共标识标牌会严重影响城市国际形象。外国友人看到这种不纯正的英文，有可能会产生理解障碍，导致不便，对中国人使用英语的水平产生疑问，这样一来，会严重损害成都市的城市形象。城市要发展，文化要融合，标识标牌的翻译问题不容忽视。

二、成都多语种标识标牌存在的问题

鉴于以上情况，成都市人民政府外事办公室牵头、成都翻译协会具体协调成立了“成都多语种标识标牌专家委员会”，专家委员会下设 4 个专家小组。政务窗口组主要负责对市政务中心的多语种标识标牌进行排查；交通口岸组主要负责对地铁线、火车站、机场等的标识标牌的排查；道路组主要负责对人民路北起火车北站南至世纪城的标识标牌的排查；旅游景点组则负责对熊猫基地、黄龙溪古镇、青城山、宽窄巷子等景点的标识标牌的排查。

---

① 项目编号：ZSR13－45。

经过几个月的工作，各小组共采集各类标识标牌的电子文件、照片共930件，发现成都多语种标识标牌存在以下问题。

（一）多语种标识标牌存在错译、乱译、机器翻译等现象

排查过程中各调查小组发现一些多语种标识标牌“语出惊人”，严重影响城市国际化发展的整体风貌。例如，在双流汽车客运中心，“二楼”赫然翻译为“two floor”，完全不符合英语交流习惯，用词极为不准确；旅游景点的“民族风情园”标牌翻译为“NARY AMOROUS FEELINGS GARDEN”，词句生硬，为机器翻译，译文无法准确地传递原文的信息。这种翻译会影响国外游客对该景点的审美感官，无法给游客带来应有的美感，由于初步印象大打折扣，其旅游质量也会有所下降。可以看出，公共标识标牌汉译英的错误常发生于词汇、语法、用法、句子结构方面。译者往往按原文词句、内容、结构或顺序直接翻译，不按照英语语言习惯做一定调整，索性对号入座，让人感到晦涩难懂。（见图1）

图1 多语种标识标牌存在错译、乱译、机器翻译等现象

（二）多语种标识标牌译文存在低级错误现象

调查发现，导致这类问题的主要原因是：翻译环节出错和印刷排版出错。采样点出现低级错误的现象虽然不多，但是这类问题的影响也很严重，有损城市的形象。例如，政务服务中心LED显示屏上“设置平面交叉道口审批”译作“Approval for Setting Level Roal Crossing”，“road”写成了“roal”；“市房管局”译作“The Urban and Rural Real Estae Mangement Bureau of Chengdu”，其中，“Estate Management”写作“Estae Mangement”；“市侨办”翻译成“The Overseas Chinese Affais Offce of Chengdu”，出现两处明显的拼写错误；而在黄龙溪景区中，也存在这种现象，如“担水巷”译作“Yuqiu Alley”，让人不知所云；而地铁站出口处的“地下停车场”则译成了“Undergroun Parking”。这种粗枝大叶造成的拼

写错误会给外国友人留下非常不好的印象，严重损害了成都的城市形象。(见图 2)

图 2　多语种标识标牌拼写错误现象

（三）多语种标识标牌存在翻译不统一现象

在整个排查过程中，此类问题层出不穷，在各采样点也频频出现。在各旅游景区，对是否采用缩写标准不统一，对人民币“元”的翻译不统一，翻译采用英式英语还是美式英语不统一，指示牌翻译也不统一。而道路指示牌中翻译不统一现象也比较严重。铁路方面，有的将“成都东站”译作“Chengdu East Station”，有的则将其译作“CHENGDU EAST RAILWAY STATION”。道路标牌中对“路、街、方位词”的翻译不统一。如，“人民南路二段”译作“SECTION 2，RENMIN RD. S.”，而“人民南路三段”却成了“RENMINNANLU 3 DUAN”。宽窄巷子指示牌的“井巷子”也出现至少三种译法，“JINGXIANGZI ALLEY”“JINGXIANGZI”和“Jing Alley”。翻译不统一会造成混淆，对于外国朋友而言，他们甚至可能会觉得整个城市都很不规范。(见图 3)

图 3　多语种标识标牌翻译不统一现象

公共标识牌外语的翻译代表着一个国家的文化素质、国民综合素质，体现了一个国家外语应用能力水平的高低，也是反映经济发展水平的一个重要指标。随着成都经济发展，国际化水平的提高，规范标识牌翻译已经到了刻不容缓的地步。

三、成都多语种标识标牌不规范的原因分析

总体上讲，多语种标识标牌不规范，产生误译、漏译、死译、硬译现象的原因有很多。如，对原文理解失误，从而导致误译，或译文不忠实于原文而导致误译。而导致死译或硬译的原因极有可能是译者对原文真正的含义缺乏理解，或是在翻译时害怕遗漏掉原文的内容，或不知语言乃是文化的载体。而就成都地方多语种标识标牌不规范性而言，专家委员会总结出具体原因，本文将之总结如下：

1. 没有统一的关于“成都多语种标识标牌”地方标准，设置单位无法可依、各自为政。

2. 标识标牌设置单位没有指定同时熟悉中文和外文的专业人员负责此项工作，责任无法落实。

3. 无规范的工作程序，工作存在临时性和随意性。

4. 没有中文和外文的质量监管机构，无法对标识标牌的中外文名称是否规范、翻译质量是否合格进行监督、审定。

四、关于规范成都市多语种标识标牌工作的建议

依照成都城市经济文化发展水平和现有的大环境趋势，根据中共成都市委、成都市人民政府的《成都市国际化城市建设纲要（2012－2016 年）》的精神，专家委员在具体分析了成都多语种标识标牌不规范的问题产生的原因后，进行了细致、深入的探讨，提出了如下整改建议，以期形成一套全面而准确的翻译系统，建立完善的翻译机制，推动成都现代化进程，促使成都在国际舞台上的表现更为出色。

1. 加强“规范城市多语种标识标牌”重要性宣传，提高标识标牌设置单位领导及负责具体工作人员的责任意识，做到依法、按规范程序进行标识标牌设置工作。

2. 制订《成都市多语种标识标牌地方标准》，使标识标牌设置工作有法可依。

3. 建立标识标牌中文/译文质量监督机构。建议中文由成都市语委会负责，外文翻译由成都翻译协会负责。

4. 设计一套规范的标识标牌设置程序，标识标牌设置单位应按规范程序进行设置工作。

5. 标识标牌设置单位的设置方案确定后，通过市场招标方式，选择翻译机构，签订责任合同。实行翻译机构缴纳保证金制度，如出现译文差错，委托机构可根据合同实施处罚。

6. 对标识标牌的大小尺寸、颜色、字体、字号及设置位置均应做到规范、

合理。

7. 组织网上多语种标识标牌纠错活动，开通外文标识标牌纠错热线，发动群众力量，对已设置的多语种标识标牌进行纠错和监督。

8. 监管机构开展经常性的检查工作，发现问题及时解决。

五、总结

多语种标识标牌翻译反映城市文化形象，其规范与统一是经济全球化大环境下的必然发展趋势。成都市作为历史文化古都和经济发展迅猛之城，势必向世界敞开大门，让世界了解成都，让成都走向世界，公共场所多语种标识标牌的作用不可忽视。近年来，国际会议在成都频频召开，促进成都经济发展，城市形象升级，规范这一领域的翻译已成当务之急。

（项目负责人：成都翻译协会会长、教授　孙光成）

参考文献：

王亚民，王晓萍．公共标识标牌英译的基本理念［J］．网络财富，2009（17）．

夏康明．公共标牌和标识英译指瑕［J］．乐山师范学院学报，2005（12）．

张恩华．城市公示语的汉英翻译［J］．成功（教育），2008（5）．

成都市旅游宣传翻译策略探讨①

随着中国对外开放的深入和旅游业的发展，中国的悠久文化吸引了越来越多的国际游客。成都作为西部大开发的核心城市，也受到了来自世界的关注。西部博览会已经在成都成功举办了十三届，第一届“《财富》论坛”也在成都举行，成都以耀眼的光芒吸引着全球的目光。怎样让外国游客在欣赏风景的同时，感受成都文化，是旅游翻译应该考究的问题。目前成都旅游翻译还存在着这样那样的问题，比如一些旅游参考资料大多是中文直译，造成译文累赘冗长，中式英语层出不穷，语法和词语搭配错误也很常见。为了促进成都旅游业的发展和文化的对外交流，提升成都的国际形象，指导、规范旅游文本翻译，提高旅游翻译质量刻不容缓。

一、翻译策略的理论基础

基于成都市旅游翻译的特色，我们可以应用赖斯的文本翻译策略作为理论基础。赖斯指出，不同类型的文本应该使用不同的翻译方法：信息类文本描述物体和事实，语言注重逻辑性，译文应该传递指示内容，翻译时用直白的语言，按照需要明晰化；表达类文本表达信息发出者的态度，语言具有审美性，译文应该传递审美形式和艺术形式，翻译时使用“同一”策略，采用原语作者的观点；感染类文本对接收者发出召唤，语言具有对话性，译文应该唤起所需反应，翻译时应采取“顺应”或等效策略。翻译的时候，首先要确定文本类型，那么相应的翻译方法也就确定了。信息文本翻译的首要目的要保证信息的精确，表达类文本关心修辞结构的相应美学效果，感染类文本要达到原文的目的。此外，赖斯还罗列了一系列的言内言外的指导标准来评估译文的充分性。它们是：言内标准，这个标准主要关注译文在词义、词汇、语法和风格上的特点；相对应的言外标准，主要判定的对象是情景、主题、时间、地点、接受者、发出者及“感情暗示”等。

根据赖斯的思路和分析可以看出语意功能－文本类型（决定）－内容与形式（决定）－翻译策略，以上这个关系就是翻译类型学，由此可以得出文本类型能够决定翻译策略的结论。

---

① 项目编号：ZSR13－13。

二、成都旅游宣传翻译案例分析及对应策略

旅游宣传翻译主要可分为旅游广告翻译、景点告示说明牌翻译、公示语翻译、宣传册翻译四种类型，不能笼统地划归为某一类型，在翻译时应该具体分析文本类型，根据其特点使用相应的翻译策略，同时应该关注原文本的信息价值，否则很容易导致译文在译文文化中缺乏表达功能，达不到原文本的效果。

（一）旅游广告翻译

旅游广告文本属于感染性文本，目的在于“引起读者反映”，呼吁读者到某地旅游。为了号召读者采取行动，动身出发旅游，在翻译此类广告时应该灵活生动，注重译文的感染力。另外，利用电视、广播传播的旅游广告还应该注意语言的优美，使读者能身临其境，获得愉悦感。

“成都，一座来了就不想离开的城市。”这句出现于成都城市宣传片里的口号，被许多旅游公司翻译引用，出现了很多不同的译文版本，比如，“Chengdu—once you come，you'd never leave”“Chengdu—a city you never want to leave after you come here”，这句宣传语想传达的是成都安逸的生活方式、悠闲的生活节奏、休闲之都的概念，因此在翻译时应该强调成都这方面的特点，可译成“Chengdu—the city you will never want to leave once you come”，用定冠词“the”强调成都的唯一性，用“once”引导条件从句，读来一气呵成，更有说服力。

（二）景点告示说明牌翻译

景点告示说明文本属于信息类文本，重点是信息的传递，但值得注意的是景点的告示说明牌一般是对景点或文物的介绍和描述，一般会包含一些文化信息，在翻译时应酌情增译文化背景，使外国游客更容易理解。

以下文本选自四川省博物馆的一个说明牌上关于蜀锦的一段描述，“蜀锦是中国四大名锦之一。早在汉代，蜀锦的发展就进入兴盛期，成都当时即以‘锦官城’闻名天下。蜀锦的图案主要分为流霞锦、雨丝锦、散地锦、浣花锦、方方锦等八种。蜀锦具有质地坚韧、色泽艳丽、构图多样的特点”。

原译文为：“Sichuan Brocade is one of the Four Famous Brocades in China. The development of Sichuan brocade entered flouring period in Han Dynasty. Chengdu was known as ‘Brocade Official City ’ at that time. The patterns of Sichuan brocade include rosy clouds，rain，sandi，huanhua，squares，paving，stripes and folk satin. The Sichuan brocade is tensile，bright and rich in varieties.”首先，该译文中将四大名锦译成“Four Brocades”，首字母大写，读者可能会好奇是哪四锦，因此可以用注释的方法补充其他三锦。中国四大名锦为四川的蜀锦、南京的云锦、江苏的宋锦和广西的壮锦。蜀锦，因其历史最为悠久和独特的工艺，为中国织锦发展史上的第一座里程碑，也是四大名锦之首。其次，锦官城译成“Brocade Official City”感觉有点莫名其妙，这里可以增译出锦官城的来历，对这

个特殊名词进行解释。锦官城也是成都的别名，三国蜀汉时期，成都的织锦手工业特别发达，蜀锦是蜀汉对外贸易的主要商品，成为蜀汉政权财政收入的大宗来源。因此，蜀汉王朝专门设置锦官以管理蜀锦生产，并且特别筑城以保护蜀锦生产，被称为锦官城（杨武，邱沛篁，1995）。另外，在翻译蜀锦图案的时候，译文补充出了中文说明里没有提到的其他三种花纹，将花纹的名字意译出来，但是“浣花”和“散地”却是直接用的拼音，这里为了统一应该把这两种名称也意译出来。浣花锦又称花锦，它是由古代名锦“落花流水锦”发展而来的，传说唐代卜居成都浣花溪的贵妇人根据溪水荡漾的变化而设计的花纹，而且在锦织成后，多数在锦江上游溪水潭内洗涤，故名。其特点是组织采用平纹或缎纹以曲水纹、浪花纹与落花组合图案，纹样图案简练古朴，典雅大方。因此浣花可以意义为“water ripple”。散地锦也称散花锦，特点是花纹布满锦地，常见的图案有如意牡丹、瑞草云鹤、百鸟朝凤、五谷丰登、龙爪菊、云雁等，富于浓厚的地方色彩和民族风格。因此可以参照铺地锦“paving”，将其意译为“scattering”。最后，译文里“bright and rich in varieties”这个搭配容易引起歧义，结构上应稍作调整。

因此，以上文本可以改译为：“Sichuan Brocade is one of the Four Famous Brocades（Sichuan Brocade，Nanking Brocade，Jiangsu Brocade，Guangxi Brocade）in China. The development of Sichuan brocade entered flouring period in Han Dynasty. Chengdu was known as ‘Brocade Official City’，a city was built and government officials were appointed to protect the production of Sichuan Brocade during the Three Kingdoms of the Shu－Han Dynasty at that time. The patterns of Sichuan brocade include rosy clouds，rain，scattering，water ripple，squares，paving，stripes and folk satin. The Sichuan brocade is tensile，bright in color and rich in varieties.”

（三）公示语翻译

公示语文本属于信息类文本，只需要直接、清晰地用读者能理解的方式表达出来即可。一般采用直译法，但翻译时切忌生搬硬套译成中式英语。

在很多旅游景区里有“小心碰头”“小心地滑”等字样，有些翻译为“take care of your head”和“be careful of the floor”，以上翻译并无语法错误，但如此表达并不地道，正确的翻译应该是“Mind Your Head”和“watch your step”，“caution：slippery”或者“warning：wet floor”。有些景区还把休息室翻译成“restroom”，而事实上《21世纪大英汉词典》对“restroom”只有两种解释，即①（美国英语）（公共场所内附设洗手间的）休息室；②（商场、戏院、公司等公共建筑物内的）公用厕所、盥洗室。旅游景区所指的休息室应是“lounge”一词，“restroom”属于误用。

另外，成都市公交站牌、路标指示牌地名英译不规范、不统一的情况很常见。例如，“太平村”在公交站牌上英译为“Taipingcun Station”而在路标上译为

“Taiping Village”，不熟悉的外国游客很容易将以上两种翻译的地名当成两个不同的地方；“武阳大道北”译为“North Wuyang Avenue”，而“武阳大道南”却译为“Wuyang Dadao Nan”。有些公交车上还有“义务兵和残疾退伍军人免费乘坐市内公共汽车”的标识，原译文为“Compulsory service men and disabled veterants take intercity bus free”。军人是“servicemen”，而“service men”多指服务员，退伍军人应该是“veteran”而不是“veterant”；另外，英文标识语中很少使用主动语态，建议改译成“free for compulsory servicemen and disabled veterans”。

（四）宣传册翻译

宣传册文本是一种综合性文本，它不仅有信息类文本传递知识和重要信息的特点，有表达类文本注重修辞和美感的特点，还有感染类文本意图引起读者反映的特点，因此翻译时在准确传达信息的同时，还要保留原文的美学功能和艺术感染力。

比如，“四川地处中国西南腹地和长江上游，历史文化深厚、人民智慧勤劳、经济繁荣开放、山川秀美辽阔，素有‘天府之国’的美誉。投资西部，首选四川；投资四川，辐射西部！作为新一轮西部大开发的投资热土，四川诚挚欢迎有识之士共谋发展、共创辉煌！”

译文是：“Sichuan is located in Southwestern China，along the upper reaches of the Yangtze River. With a rich history，industrious people，prosperous economy and beautiful landscape，it enjoys the name of ‘the land of abundance’. To invest in Western China，Sichuan is the best choice；to invest in Sichuan，western China will be greatly pushed forward. Sichuan，a hot land of investment in the new round of the Western China Development，is longing for the leaguing of the elite to develop together and create brilliance.”这段文本节选自第十三届中国西部国际博览会会刊，这段主要介绍了四川的基本情况和对未来发展的展望，把四川描述为崛起的中国西部经济发展高地，号召大家来四川投资。原译文使用直译基本表达了原文本的重要信息。原文使用了排比、回环的修辞手法，力求突出四川的优势和在西部经济发展中的核心地位，但译文中不能完全体现出修辞的妙用，缺少了一点感染力，翻译时可以适当创造性行文，增加译文的美感和感染力。

因此可以改译成：“In Southwestern China，along the upper reaches of the Yangtze River，there is Sichuan—the ‘land of abundance’，which boasts a rich history，industrious people，prosperous economy and beautiful landscape. To invest in Western China，Sichuan is your best choice；to invest in Sichuan，Western China will be greatly promoted. Being the hot land of investment in the new round of the Western China Development，Sichuan is waiting for you to join our leaguing of elites to develop together and create brilliance.”改译之后的译文减少了断句，使行文更加流畅，并用第二人称指代读者，增强了读者的代入感。

三、成都市旅游翻译策略综述

总之，在西部大开发不断深入的大背景下，成都的发展备受全球瞩目。然而在成都的旅游宣传中，一些翻译还存在种种问题。在德国功能翻译理论学派的文本类型理论指导下，结合成都的实际案例，分析了四种主要的旅游宣传文本翻译。为了实现旅游文本最终的交际目的，包括向外国游客介绍成都的旅游信息，传播成都文化，激发他们到成都旅游、参观的兴趣，提升成都的国际形象，成都市旅游翻译策略是：要对旅游文本的类型进行大概分类，根据具体文本的类型特点和功能，采取灵活、多样的策略和方法，同时，应避免语法错误、不规范不地道的翻译，提高翻译质量。翻译过程中要充分注意英文语言词汇和句型基本结构，不要犯与“中式英语”类似的错误。同时，对于一些有成都特色的景点和小吃翻译，我们也可以尝试在不影响外宾对英文的理解情况下，保留一些有中国文化特色的翻译策略。我们要达到的目的就是，宣传成都旅游产业，弘扬中国文化特色。

（课题负责人：西南财经大学经贸外语学院副教授　邵璐）

成都市基于地域文化特色的城市地标系统构建原则与方法研究①

一、研究背景

城市地标是指在城市空间中具有一定标识作用的建筑物或构筑物。城市地标在形成城市意象的过程中作为标志物起到了重要作用，它有助于形成区域特征，强化城市结构，增强城市凝聚力。由此可见，好的城市地标可以有效地提升城市空间价值，增加城市活力，促进城市发展。

随着我国社会经济的发展和建设速度的加快，城市规模越来越大，各个城市也越来越重视城市地标的建设，并以之作为整个城市或区域的象征。但在不少城市地标建设过程中，却出现了令人忧虑的城市地标特色危机。这一危机主要表现在以下几个方面：

一是城市地标建设中的形象问题。城市地标是建立城市意象的关键要素，它应当特色鲜明，个性突出。但不少城市由于片面追求所谓的标志性建筑或现代风貌，不顾城市具体条件和场地现状，一味要求城市地标的规模与体量，导致城市地标建设一味标新立异，各种造型夸张、尺度不当的建筑无视周边环境盲目建设。二是形象趋同，特别是不少中小城市的地标建筑向大城市模仿跟风，毫无特色的“玻璃盒子”比比皆是。三是不尊重城市的地域文化特色。不少城市在修建所谓的地标建筑时大拆大建，割断了城市的整体文脉，甚至破坏了城市的传统街区和有历史文化意义的保护建筑。四是城市地标的场所感丧失。城市地标在建设时只注意其标识性，而忽视了环境独特性以及人们对公共空间的感受。

二、构建原则

城市地标系统是城市中各类不同的地标按一定的内在联系和组合规律形成的多层次整体，它和当地的自然环境、文化背景与经济发展息息相关。而地域文化特色，是一个城市在发展中形成的核心要素，构建成都城市地标系统，首先要提出的就是要基于成都地域文化特色来进行构建。通过借鉴相关城市规划理论，特别是结

① 项目编号：ZSR13-07。

合近年来国内城市地标建设的经验，我们提出以下构建原则。

（一）城市地标系统的构建要延续城市文脉

城市并不只是建筑物的堆积，也不只是居住、商业、绿化、交通等功能分区的简单组合。一个城市是历史的堆积和重叠，是文化的载体和印记。城市通过建筑物，特别是城市地标述说着城市的独特的历史和文化，城市地标是城市的记忆，只有尊重不同城市独特的历史和人文背景来构建一个城市的地标系统，才能营造出这个城市独特的场所感和归宿感。

（二）城市地标系统的构建要强化城市结构

成都地标系统的构建要从整个城市的格局入手，突出城市空间特征要素，强化城市结构。对城市地标的设计不能只考虑地标本身或只考虑周边地段，要将其放到整个城市的背景和结构下去考虑。人们对城市空间的认知和城市意象的形成是个整体连续的动态过程，城市地标系统也应当是一个多层次、相互联系的系统，这一系统强化城市结构，形成城市空间的典型认知特征，从而创造积极生动的城市意象。

（三）城市地标系统的构建要整合城市景观

整合现有城市景观，帮助成都建立良好的空间秩序是构建城市地标系统的另一个重要原则。城市地标系统的构建离不开城市的自然条件和建成环境。城市地标系统也应当基于自然条件和历史传统来整合现有的城市景观。有意识地通过城市地标系统的建设整合城市景观，突出区域地段的独特性能对城市特征的形成起到关键性的作用。

三、对策建议及经验总结

成都市是中国西南第一大城市，国家六大区域中心城市之一，其历史悠久，文化底蕴深厚，自古就有着鲜明的城市形象和特色。随着成都城市化进程的提速以及城市新区建设开发和旧城区更新的进行，如何通过城市地标塑造城市形象，打造城市名片，突出城市特色与个性，增强城市凝聚力，成为关系成都建设和发展的重要问题。近年来，通过城市建设实践，成都市有效地构建起了有成都地域特色的城市地标系统，这一系统彰显了成都的城市特色和地域文化，有效提升了城市的空间价值。以下是结合成都建设实践提出的基于地域文化特色的城市地标系统构建方法。

（一）体现城市的地域文化特色

要体现城市的地域文化特色首先是保护，要结合城市建设保护已有的城市地标。城市是一个动态的系统，对城市现有地标的保护不只具有文化和历史的意义，还有助于形成一个多元耦合的复杂城市意象。这一意象包含城市的历史建筑、区域文脉、空间环境等显性因素，也包含城市的历史事件、文化环境、社会习俗等隐性因素，能体现一个城市的典型特征，在人们心理上形成稳定的认知意象。成都市对武侯祠、杜甫草堂、文殊院等历史文化核心区域的保护以及周边区域的控制都体现了延续城市的历史文脉这一重要原则。特别值得注意的是，在成都市对已有城市地标的保护中，近现代以来的标志性建筑，包括工业建筑的保护也越来越引起人们的重视，成都市对东郊工业片区的改造、东区音乐公园的建设就很好地体现了这一点。

另一方面，城市是发展的，城市地标的建设也将随着城市的增长而变化发展。新的城市地标不只要继承文化，还要发展文化，它应当是创新与传统的统一，在这一过程中，那些可见的、物质性的“硬”传统，和那些不可见的、精神性的“软”传统都可以发挥巨大作用。成都市火车东站将三星堆青铜面具的意象与建筑相结合、清水河大桥结合悬索结构的巨型川剧脸谱，二环路“双快”工程建设中体现不同区域特色的标志性快速公交系统候车站等实例都体现了其对地域文化的继承与发展，在构建城市的整体意象、塑造城市特色上起到了很好的作用。

（二）强化区域景观特征和环境认同

地理和历史一直是影响城市形态的两大要素。城市是自然和历史的沉淀物，也是一个在时间中不断发展的动态进程。一方面，城市的自然地理特征是形成城市地标系统的背景和前提；另一方面，城市在其发展进程中形成历史和人文传统是形成城市地标系统的遗传因子。好的地标系统可以通过这两点来强化城市的区域景观特征和环境认同，给人以深刻印象。

以成都为例，成都地处四川盆地西北，城市用地平坦开阔，相对高差小，缺乏山地城市的地形起伏和三度空间变化，加上航空限高等因素，城市的天际轮廓多以线状呈现，整体景观往往发散平淡，缺乏视觉焦点，但另一方面，成都的水资源丰富，如果研究历史，可以发现水景观一直是成都这一座城市重要的区域景观特征，杜甫的“窗含西岭千秋雪，门泊东吴万里船”就描写了历史上成都发达的水系。据《华阳国志》记载，成都历史上“其筑城取土，去城十里，因以养鱼，今万岁池是也。城北又有龙坝池，城东有千秋池，城西有柳池，西北有天井池，津流径通，冬夏不竭，其园囿因之”。现在望江楼、合江亭、九眼桥等结合水域而形成的城市地标更是成都的城市环境中不可缺少的重要角色，这就是成都市在其发展进程中获得的遗传因子。成都市20世纪90年代以来的府南河整治工程、沙河综合整治工程以及在成都市环城生态区总体规划提出的构建以湖泊水系为特色的环城生态带，不只改善了城市人居环境，还给城市提供了富有韵律的城市景观。结合成都这座城市的自然地理特征和人文历史条件，就可以有意识地在城市中通过利用城市地标创造有识别性的视觉中心，优化城市沿水体的视觉控制点来强化区域景观特征，塑造优美的城市界面，实现自然景观与人文景观完美融合。

（三）建立城市地标系统的复合结构

按照系统论的观点，任何一个系统都具有不同的层次。城市地标系统则是由不同层次和级别的城市地标共同组成的有机系统。在建设中，对城市地标进行有意识的层次划分，建立一个体现城市历史文化特征、新旧协调的复合结构是构建城市地标系统的基本要求。

一般而言，构建城市地标系统可以基本按照城市的行政组织结构将其划分为三个层次：城市级地标、次级城市地标、社区级地标。不同的城市地标在城市结构中的重要性不一样，其在规模、体量上都会存在较大差异。城市级地标作为城市形象的关键塑造要素，其承载的文化内涵和精神要素有重要的地位。成都市的天府广场、火车站、会展中心等地标就是典型的城市级地标，其精神性和文化性在设计、布局上都得到了充分考虑。而社区级地标则更多地与人们生活相关，更多地承载着塑造场所、引导空间的功能性作用。次级城市地标则介于两者之间。由于次级城市地标和社区级地标的特点，它们在城市地标的建设中往往被忽略，没有发挥其应有的作用。就成都市而言，重点区域或新建城区如春熙路、送仙桥、高新区的次级地标和社区级地标建设较为完善，但旧城区的次级地标和社区级地标建设则有所欠缺。构建城市地标系统的复合结构，即需要有处于主要地位城市级地标，也需要与人们生活及体验密切的次级地标和社区级地标。不同级别的地标与城市空间的层次相对应，基于不同的区域和范围，支撑起整个城市的结构，并在其共同作用下，形成完整的城市空间结构和地标系统。

四、结论与展望

基于地域文化特色的城市地标系统是通过尊重城市地域文化特色、强化城市结构、突出区域景观特征等原则来构建而成的多层次、复合性、综合性系统。

在成都城市建设中，构建这一系统对于城市的科学发展和社会经济健康增长都是十分必要的。通过这种方式，可以将成都的城市地标组合成一个整体的、有层次的、互促互进的网络，从而更好地延续城市历史文脉，彰显城市特色，突出城市个性，增强城市凝聚力，有效提升城市品位和空间价值，发挥城市的带头引领和示范辐射作用，带动周边区域的经济发展。

（课题负责人：西南交通大学建筑学院讲师　王俊）

区县案例类

金堂县社会主义核心价值观乡土教育探索[①]

近年来，金堂县委、县政府高度重视宣传思想政治工作，积极开展社会主义核心价值观宣传教育，注重在制度保障和基层工作创新上下功夫，适应基层群众对培育和践行社会主义核心价值观的新倾向、新需求，以内容的大众化和形式的乡土化为重点，不断研究宣传思想工作新情况、新问题，积极探索构建新形势下社会主义核心价值观乡土宣传教育新模式。

一、强化组织领导，完善体制机制

金堂县委常委会每年定期研究思想政治工作，建立领导班子务虚研究制度，党委（党组）每半年召开1次工作务虚会，大力提高领导班子开展思想政治工作的水平和能力。印发了《中共金堂县委关于加强和改进新时期思想政治工作的意见》（金委发〔2011〕11号）、《中共金堂县委金堂县人民政府关于深化文化体制改革加快建设文化强县的实施意见》（金委发〔2012〕14号）等相关政策文件，注重加强体制机制建设，为促进社会主义核心价值观宣传教育提供了有力的制度保障。

全县各级党组织将思想政治工作摆上重要议事日程，规范配置乡镇党委宣传委员和乡镇综合文化站专职人员开展宣传思想文化工作，不断强化党对思想政治工作的领导。全县有文化馆1个、图书馆1个、乡镇综合文化站21个、村（社区）文化活动室231个、农家书屋231个、成都市市民文化艺术学校金堂分校1个、市民文化艺术学校辅导站21个，每年开展免费文化艺术讲座培训100余场，举办各类文化活动500余场，放映公益电影2 000余场。

二、根植实际，助推社会主义核心价值观大众化

社会主义核心价值观的“三个倡导”是全社会的价值共识，也是每个人内化于心、外化于行的自觉行动。培育和践行社会主义核心价值观重在解决群众的认知与参与问题。为此，金堂县坚持贴近实际、贴近生活、贴近群众，开展宣传思想工作，不断增强针对性，提高实效性。

① 项目编号：ZSR13－40。

（一）把握群众脉搏，明确价值需求

只有充分掌握基层群众对社会主义核心价值观的新倾向、新需求，才能及时掌握群众思想动态，有针对性地开展社会主义核心价值观的宣传教育活动，使其得到群众的认可，近而转化为群众自觉的思想和实践行动。针对这一现实，我们在全县开展了《金堂县推进社会主义核心价值观宣传教育问卷调查》，面向不同年龄、不同职业进行了关于社会主义核心价值观认知、认同等基本情况的调查，在整体上摸清全县在培育和践行社会主义核心价值观的现实状况。

关于社会主义核心价值观的认知调查，调查结果显示85%的被调查者知晓社会主义核心价值观的准确内容，并认为自己所在工作和生活的地方具有浓厚的宣传氛围。调查显示，在社会主义核心价值观的基层传播途径上，金堂县采取的宣传册、口袋书、连环画、文艺表演、宣讲团等形式很受群众欢迎，同时报纸、广播、电视、网络等新闻媒体和政府的政策宣讲也起到一定的作用。社会主义核心价值观在我县基层得到了较好的传播。

关于社会主义核心价值观的认同调查，调查结果显示富强、和谐、平等、公正、爱国、诚信这几个方面是急需培育和践行的，尤其是富强、平等和爱国，被认为是最需要培育和践行的三个方面，展示了基层群众对国家富强的强烈愿望，对个人平等的进一步追求以及浓厚的爱国热情。

只有走进生活，贴近百姓，审时度势，因势利导，选择有效的宣教方式和路径，才能避免僵化的教条传播，真正实现社会主义核心价值观的思想引领作用。

（二）制作乡土制品，深化理论普及

一是编辑乡土化趣味读物。组建乡土化教育教材采编队伍，组织编写《马克思主义经典著作选读》和反映金堂经济社会总体发展的通俗读物《天府水城——金堂》，制作《“五大兴市战略”金堂实践连环画——春风》《水城青莲》等乡土化趣味读物，吸引广大群众自主参与社会主义核心价值观的学习和宣传。

二是制作乡土化文艺作品。以兴趣、吸引为主题，编写了快板书《唐孃带你逛五凤》《山中有个好医生》《为一句承诺，她坚守了十五年》，结合金堂县内的“中国好人”王启蓉和易盛怀的先进感人事迹编辑《百姓故事会精品集》，制作反映新农村建设的影视作品《告别大山之后》等乡土化文艺作品，推进社会主义核心价值观乡土宣传教育。

三是制作乡土化文化用品。以社会主义核心价值观和新农村建设为重点，制作《党的十八大精神学习卡》、党的十八大精神进万家宣传《挂历》和折扇、书签等乡土化文化用品，将社会主义核心价值观灌输到群众生活的各个方面。

（三）打造特色阵地，引导群众参与

一是整合全县优质资源，成立理论政策宣讲团和宣讲小分队，以社会主义核心价值观为主题，在全县各乡镇、村（社区）、企业用通俗易懂的语言、灵活多样的形式，向干部群众宣讲社会主义核心价值观，为群众答疑解惑，解决实际困难，引导广大群众统一思想认识，自觉实践社会主义核心价值观。

二是充分利用金堂县广播电视台、广播村村通、镇村（社区）阅报栏、《新金堂》、金堂公众信息网、政务微博、微信等宣传阵地打造社会主义核心价值观宣传教育新平台和主阵地。

三、立足本土，推进社会主义核心价值观乡土化

社会主义核心价值观的宣传教育既要求同也要存异，在存异的基础上，充分利用乡土资源，推动社会主义核心价值观宣传教育进城下乡、进村入户，创新宣传教育新模式。

（一）挖掘文化资源，打造“一镇一品”

一是培育草根文化品牌。搭建群众舞台，大力培育和壮大贴近群众生活的“社区草根文化”，创新草根文化产品创作，相继开展了“草根艺术节”“百姓春晚”等活动，让群众成为舞台主角，演绎“草根绝活”，将“草根文化”培育成社会主义核心价值观宣传教育的鲜活载体。

二是积淀韩滩诗歌文化品牌。创办刊物《韩滩声》，通过精品文化的诗意表达，将社会主义核心价值观的文化内涵熔铸于高雅艺术，为广大群众提供丰富的精神文化食粮。

三是弘扬观音山“鳖灵文化”品牌。“鳖灵文化”是金堂特有的历史文化遗产，具有地域精神的象征和引领意义。利用鳖灵治水这一本土历史文化资源，组织文化名人编撰鳖灵治水舞台剧本，创作鳖灵治水舞台剧，通过壁画、雕塑、诗赋等方式，再现鳖灵传说，弘扬勇敢智慧、不惧艰险、建设家乡的“鳖灵精神”，将这一历史文化注入崭新的时代内涵，使之与社会主义核心价值观宣传教育有机结合。

四是弘扬孝善文化传统。围绕孝善主题，推出了“新二十四孝”评选和“孝子行”“百寿宴”“敬老承诺”“大手牵小手登山”等系列民俗活动。制作孝善事迹宣传册、敬老承诺卡，免费发放到群众手中。通过敬孝、文明、和谐为主题的农村新型孝善文化的宣传，强化人们的敬孝行善意识，并逐步转化为群众的自觉行动，进一步丰富培育和践行社会主义核心价值观的乡土化素材。

五是营造红色生态环境。在五凤溪社区创办市民“文明艺术培训学校”，通过“忆英雄事迹、讲革命故事、唱红色歌曲”营造红色生态环境，组建古装文明旅游劝导、古装打更队，引导市民树立诚信、友善、爱国、爱家的健康生活理念。

六是传承川剧坐唱的文化艺术。以川剧坐唱的形式，将社会主义核心价值观汇编成群众乐于接受的戏剧唱词，结合戏剧演员生动形象的表演形式，在群众中广泛传唱，以戏曲的形式宣传社会主义核心价值观。

（二）丰富宣传形式，贯通宣传渠道

一是弘扬城市精神，提升城市人文品质。开展“城市精神”征集活动，数万件社会各界人士的应征作品，从不同角度反映了金堂地域文化、历史传统、时代特征

和发展定位，彰显了天府水城的时代特色，最终形成了“诚信 务实 创新 开放”的城市精神。以城市精神凝聚人心，激发全县人民热爱家乡、建设天府水城的热情和智慧，提升城市人文品质。

二是坚持把宣传社会主义核心价值观融入党员干部教育、国防教育和未成年人思想道德建设全过程。积极开展“四德”教育，开展“讲文明树新风”“道德讲堂”“我推荐我评议身边好人”“弘扬和培育民族精神活动月”，学习宣传道德模范等道德教育实践活动，大力营造“三个倡导”下的社会关系新风尚。

三是利用春节、中秋、重阳、国庆等重要纪念日、节庆日，积极开展“我们的节日”“迎国庆 讲文明 树新风”等宣传教育活动，大力弘扬和培育民族精神，践行社会主义核心价值观。

金堂县在培育和践行社会主义核心价值观过程中，不断创新方式方法，充分运用地方特色文化资源，推进大众化本土化群众宣传思想教育，团结凝聚了全县人民群众的智慧和力量，为金堂的经济社会发展注入了强大的精神动力。2011年至2012年，金堂连续两年被省委、省政府评为全省县域经济发展先进县，金堂已经成为宜居宜业宜商的“天府水城”“中国书法之乡”“中国龙舟之乡”。

（课题负责人：中共金堂县委宣传部部长　付敏）

资源集约化　项目市场化[①]

——关于推动都江堰市旅游产业市场化的建议

一、都江堰市旅游产业市场化存在的问题分析

虽然旅游一直是都江堰市的城市名片，但客观审视其旅游的发展，不管是旅游产业规模，还是旅游对城市经济的影响力，都距离国际旅游城市定位还有不小的落差。综观都江堰市旅游市场化的现状，有几点值得引起高度关注。

（一）旅游资源集约化程度不高

都江堰市拥有水文化、道文化、熊猫文化、财富文化、山地运动等其他地方无法比拟的丰富的文化旅游资源，但资源虽多却整合不足，旅游资源要素比较分散，缺乏统一规划、统筹管理、统筹开发，旅游产品结构单一，度假休闲产品不丰富，旅游精品项目尤其是领军型、重量级项目较少。有的资源还处在“沉睡”状态，如赵公山、灵岩山等，需要在整合资源、盘活资源、开发利用资源上多花心思，把都江堰市的旅游资源优势整合好，塑造具有山水特色、人文特征、地域特点的城市意境。

（二）旅游产业市场化不高

目前，我市旅游产业化发展的最大瓶颈在于没有组建股份制企业，国有资本、社会资本投入旅游产业的行业单一、资本规模较小。我市众多国资公司都不同程度涉足旅游产业，但各自为政，规模效应难见成效。在目前体制下，可尝试打破条条分割、块块分割，以资产为纽带，组建文化旅游专业化企业，承担旅游资源优化配置与拓展开发、文化与旅游营销和运营等职责，探索国有文化与旅游资源所有权和经营权分离模式，引进社会资本，实现文化旅游资源集约化、规模化经营。

（三）旅游市场产品结构不合理

目前，我市旅游能供给旅游者的产品还停留在旅游的基础层次和价值体现层次初级阶段的旅游产品上。传统旅游产品多年来一直保持着原有的资源型产品的单一模式，没有多少革新变化，其产品缺乏参与性和趣味性，游览项目单一，造成旅游产品吸引力不断下降。我市是以传统观光旅游产品占据主导地位，康体旅游、会展

① 项目编号：2014R26。

旅游、生态旅游、探险旅游、乡村旅游、体育旅游等专项旅游产品规模较小，造成旅游产品构成比例失衡，产品结构过于单一，市场狭窄。

（四）企业管理专业化程度不高

有些人认为“政府主导”就是“政府主宰”。政府这只“看得见的手”完全操纵旅游市场的运行，政府不但管理市场，还直接投资旅游业，景点开发、经营和管理更是由政府来“包办”。而政府直接投资办旅游企业、开发景区（点），管理团队既是政府人员又是企业管理人员的双重身份，缺乏专业精神，容易被行政手段控制，往往容易产生管理不专、经济效益低下的通病。

二、政府在旅游业市场化进程中的科学定位

在旅游业蓬勃发展的现阶段，政府应充分认识到市场在旅游经济中的作用，利用市场机制在配置旅游产业要素中的基础性作用，转变政府职能，积极利用市场经济规律领引旅游产业的发展。

（一）政府是政策及规划的制定和执行者

政府在旅游业发展中具有不可替代的作用。但“政府主导”不是“政府主干”“政府主财”，也不是“政府主宰”，更不是事无巨细，任何事情全由政府来进行管理。因此，必须准确界定“主导”的内涵。所谓“主导”，应体现在制定完善的旅游相关政策、搞好旅游发展规划、确定投资方向、为旅游发展营造良好环境等宏观方面。旅游产业的发展需要政府的推动、领导和协调，但政府不能直接参与企业微观的生产经营活动，要把企业的生产经营权和投资决策权交给企业。要抓大放小，有所为有所不为，把主要精力集中于调控，做好引导工作，促使旅游产业快速、健康发展。

（二）政府是旅游公共服务设施建设者

目前我市旅游公共服务体系基础建设总体上比较薄弱，要借鉴旅游发达地区的经验，出台加强旅游公共服务体系建设的扶持政策，进一步加大对旅游公共服务体系建设的投入力度。同时，要创新机制，鼓励民营资本通过市场化运作投入旅游公共服务体系建设，进一步完善城市旅游配套设施，提升城市旅游综合功能。

（三）政府是旅游资源保护与整合者

旅游资源是旅游业的生存之本和发展之源。都江堰市旅游资源赋存丰富，为世界自然文化遗产守护者和传承者，所以旅游资源开发必须坚持严格保护、合理开发、永续利用的原则，确保其旅游业的可持续发展。应该以增强区域旅游竞争力为中心，对区域内各种相关旅游资源要素进行整体规划、系统开发和联动开发，使之成为具有统一功能的整体，从而实现区域旅游资源市场价值最大化和综合效益最大化。

（四）政府是旅游市场的培育者

政府应首先优化旅游投资和营运环境，扶持中小旅游企业发展壮大。其次应该

根据旅游发展目标与定位，通过进行资产重组、强强联合、资源整合，加强企业之间的合作等手段助推大型旅游企业的发展，打造一批具有品牌效应和市场较强竞争力的旅游集团企业。

三、都江堰市旅游业集约化市场化具体举措

（一）推进旅游资源集约化

在积极借鉴外地旅游产业发展成功经验的同时，根据都江堰市的实际情况，按照旅游资源所有权、经营权分离的新模式，组建旅游投资公司，以建立都江堰市文化旅游产业融资、投资、建设及营运管理平台为目标，整合全市可以市场化的旅游资源，由公司按照市场规律统一经营和管理，通过优化资源配置，推进文化旅游资源集约化、规模化经营，做大做强都江堰的旅游产业。

（二）培育旅游资本多元化

要打破社会资金进入旅游行业的政策壁垒，创造有利于公平竞争、有利于创新的政策环境。对于优质的旅游资源，可以采用由政府出资源、社会资本参与、知名旅游管理企业管理的模式。其次是推动旅游融资机制创新，针对乡村旅游和中小旅游经营者，建设资金融通的可靠渠道，用市场集合的资金推动旅游业的市场化发展。要大力鼓励民间资本开发旅游资源，兴办休闲项目，创立和参股大型旅游服务企业。同时，引进先进的营销理念、管理理念，把旅游资源盘活、做精、管好。

（三）开发旅游项目市场化

进一步利用和放大水文化、道文化、熊猫文化、财富文化等资源优势，推动文化与旅游的融合发展，以企业为主体，用企业的理念和眼光，对旅游项目实行专业化、市场化运作，加快做大做强旅游业。区域内重点旅游产品开发应该实行错位发展。通过政府调控手段，尽可能避免重复投入建设大面积克隆产品而导致旅游资源的巨大浪费。

（四）塑造旅游产品差异化

在出游选择日渐个性化的今天，旅游消费也呈现出多元化的拓展趋势，于是顺应市场，推陈出新，提供高品质的、差异化的旅游产品也就成了旅游企业发展的必然趋势。今后一个时期，都江堰市旅游应更多关注都市休闲产品、康体健身娱乐产品、乡村旅游产品，着力打造旅游休闲度假的新热点，创造文化旅游消费的新亮点。

（五）打造旅游企业品牌化

都江堰市现在拥有青城山、都江堰这样的景区大品牌，但缺乏适配青城山、都江堰景区大品牌的旅游项目、旅游产品品牌。所以我们要统筹谋划，把旅游品牌建设融入旅游发展的各个要素，实现旅游品牌的整体提升、突破、提速。统筹谋划，系统推动，打造旅游聚集区品牌、城市集散地品牌、度假区品牌、景区品牌、酒店品牌、旅游商品品牌、旅游演艺品牌、旅游营销品牌和旅游服务品牌。鼓励和支持

旅游企业培育知名商标，打造具有自身特色的产品品牌。

（六）提升旅游管理专业化

实施人才战略应作为旅游企业发展的一个重要战略，加大旅游人力资源开发的力度，迅速提高人才资源配置的市场化程度，建立健全人才的培养、开发、吸引、使用的科学机制。

坚持专业团队管理旅游企业。采取竞争上岗、聘请职业经理人的办法，引进先进管理理念，提高国有旅游企业的专业化、市场化程度。实现经营权与所有权的有效分离，让专业团队管理市场化旅游企业，理顺管理体制，激发了市场活力。

按照“请高人、攀高亲、做高端”的原则，全面把景区、演艺公司、酒店推向市场，请国际、国内大企业、大财团参与都江堰旅游的合作、投资和经营，促进旅游业出效益、上台阶。

（项目负责人：都江堰市委宣传部新闻科科长　夏春光）

关于青白江区农产品产业链条升级的调研报告①

目前，我国农业产业转型的趋势已日趋明显，农业产业链打造和延伸的经营格局，正从局部探索转入全面深入发展阶段，形成了市场主导、企业推进、规模扩大、上下一体、领域延伸的新局面。积极推进农产品产业链条升级是现代农业发展的必然趋势，也是当前经济形势下农业企业持续、稳定发展的客观要求。

一、推进农产品产业链条升级的主要成效

青白江区坚持“以工促农、以贸带农、以旅助农”的发展思路，围绕“五区”建设的总任务，根据农产品资源优势积极以农产品精深加工发展新兴工业，形成了“以农兴工、以工扶农、拉动三产”的经济链条和良好产业趋势，在推动产业链优化升级上下狠功夫，为全区区域经济发展做出了贡献。

（一）培育特色，夯实产业链条升级之基

以围绕“农副产品精深加工，做强上下游产业”为方向，加快农业结构调整步伐，农产品生产开始向规模化、优质化和特色化推进。根据不同乡镇地理条件和群众耕作习惯，综合区域优势等因素形成伏季水果、优质菌蔬两大特色产业，并重点包装了城厢食用菌、龙王贡韭等特色项目。规划打造了农产品加工物流产业片、特色菌蔬产业片、伏季水果产业片等七大产业片区，基础产业优势逐步突出，夯实了农产品产业链条拉伸的基础。

（二）促进集群，筑牢产业链条升级之壁

建起各类农副产品加工企业100多个，产业形成初步集群效应，农副产品加工也由初级逐步向精深加工转型。尤其食用菌和果蔬两大行业优势突出，具有较强的产业链控制能力，拥有较完善的生产销售体系，综合竞争力明显，初步形成了产业集聚发展的态势。规划建设了城厢食用菌园区、清泉现代农业港两个农产品精深加工园，做好筑巢引凤工作，推动产业集群发展，为产业链条提档升级做好助臂之力。

（三）依托科技，完善产业链条升级之躯

以科技为导向，以现代装备为依托，积极完善人才、技术引进机制，提高农产

① 项目编号：2014R24。

品加工管理。通过公共科研机构市场化改造，加强与科研单位合作。通过引入专家团队、先进技术等形式，为全区农产品精深加工业注入科技力量。先后与中国农科院、四川大学、四川农业大学等多家高校建立合作关系，积极提高企业加工技术，完善产学研联盟机制。

二、推进农产品产业链条升级的问题

青白江区农产品产业链发展势头良好，但总体还处于低层次水平，存在发展布局不合理、可持续性比较差、农民未成为主体、农产品市场运行效率低等问题。

（一）政策扶持力度不够

由于国家对农产品加工业宏观指导和政策扶持力度不够，农产品加工业缺乏科学的规划和合理的布局，难以统一协调；农业管理体制不顺，造成产销管理环节存在分割现象；国家政策支持不足，很多贷款支持的额度和周期都不能满足企业的需求，农产品加工企业增值税赋高于其他企业，致使农产品加工业吸引各种生产要素能力较差，总体效益不高，发展后劲不足。

（二）农民主体意识不足

在当前农产品产业链的构成中，龙头企业处于主导地位，农民并未成为产业链的主体。农用生产资料不能满足农民的需求，尤其是在利润环节，农民只参与产前环节，不能有效分享产中、产后的利润。

（三）市场运行效率较低

长期以来传统的市场运行模式制约了整个产业的进一步发展，限制了农业向现代化、规模化、集约化、标准化产业模式转变。产品质量不可控、抵御自然灾害能力不足、种植生态环境恶化等问题日益凸显。特色农产品销售市场发展滞后，产销脱节，市场信息化水平低，大型农贸批发市场的缺失，造成农产品大量积压、耗费严重，从而造成农产品市场的运行效率低下。

（四）科技竞争力不强

一是现有科技成果集中于产业链前端。目前，青白江科技要素过多地集中于产业链前期部门，中间和后期部门获取的科技支撑不足，影响了产业链整体科技竞争力。二是已有科技成果转化成现实生产力的动力不足。这一方面主要是因为现有产业链科技服务体系还不够完善，技术推广主要由公共农技推广机构承担，采取传统的“研究-推广-农民”现行模式，无法适应瞬息万变的市场需求。三是农产品加工的生产技术落后，技术人员匮乏。现阶段，区农产品加工企业数量有限，规模普遍较小，且农产品加工企业基本上是劳动密集型的分散的实体集合，农产品加工工业整体技术与装备水平严重落后于发达区县。

三、推进农产品产业链条升级的对策建议

面对新形势、新情况、新问题，解决农业产业化发展的根本途径在于科技创

新，积极推进农产品产业链升级完善，打造现代农业产业链条，转变农业发展模式，提升产业发展效率和质量，确保农产品质量安全和农民持续增收，实现农业资源可持续利用和农牧经济健康发展。

（一）提供保障，鼓励农民直接参与

一是积极搭建平台。建立政府职能部门、金融机构、业主（包括农户）三方的项目信息共享通报机制和农担、农贷、农险相互融合的保障机制。二是提高农民组织化程度。要发展形式多样的生产者组织联盟，如合作社、协会、社团等，并推进组织联盟向经济实体发展，以刺激农民对科技成果的实际需求，增强小农生产竞争力。三是加快培育市场经营主体。鼓励龙头企业与农民建立紧密型利益联结机制，全面建立农产品生产档案。同时扶持各种农业社会化服务组织，指导农民“以需定产”，建立起“家庭经营+合作组织+社会化服务”的社会化服务新机制，推广“1+4”现代农业发展方式。

（二）关注精深加工，提高市场竞争力

一是关注农产品精深加工企业，加速产业链由低到高的转变。延伸农产品产业链条，以农产品深加工企业为龙头，带动农业的规模化和产业化发展。不断强化以食用菌园区、粮食物流加工园区、现代农业港3个园区为载体，狠抓农副产品精深加工业。二是完善机制，坐牢基础产业。加快以农业产业化为主导的新型工业化进程，鼓励有条件的企业联动周边产业基地，建立专用标准化农产品生产基地。完善质量追溯体系建设，提高精深加工农产品质量；完善产业连接机制，使产品增值、农业增效、农民增收，提高区域经济发展效率。三是依托区域，鼓励企业做大做强。农业企业是农产品产业链的非农联系环节，与农业发展之间存在着很强的协同增效的作用。充分利用全区物流港产业优势和农业产业基础，在扩大农产品加工龙头企业上下功夫。

（三）创新技术，力促科技成果推广

一是加大扶持，强化政策支持。积极争取中央、省、市资金，并打捆使用各类涉农扶持资金，将其集中投入到青白江农产品精深加工业。支持有条件的农业产业化企业建立研发中心，进行技术改造和技术创新，加快推进西部食用菌研发中心及高新技术产业示范基地建设。二是提高技术创新的市场敏感度。采取开展科技需求调研并及时收集技术需求信息、瞄准国际趋势和本土技术薄弱环节进行科研项目的选题立项等措施，显著增强科技创新的适用性。三是完善农业科技成果推广机制。借鉴发达国家普遍采用的需求导向型技术推广模式，同时优化农技推广机构服务职能，并构建由高校、科研单位、龙头企业等多个主体共同参与的成果推广体系。

（项目负责人：中共成都市青白江区委党校、青白江区社科联副主任科员　王仙）

青白江推进新型城镇化进程中的文化支撑①

坚持走中国特色城镇化道路，是党的十八大提出的重大战略部署。在 2014 年的政府工作报告中，李克强总理鲜明地提出了“推进以人为核心的新型城镇化”。中国农村城镇化历史进程，从“土地城镇化”提升为“人的城镇化”，以人为本，以人为核心，是“新型”之关键。近年来，伴随着成都统筹城乡综合配套改革试验区试点，青白江城镇化进程快速推进，城镇化率不断提高，为经济社会发展奠定了良好基础。但随着新型城镇化进程的深入，文化软实力制约城镇化发展的深层次问题正日益凸显，本文拟就青白江推进新型城镇化进程中的文化支撑做以下思考。

一、青白江推进新型城镇化的基本情况

青白江区坚持以人的城镇化为核心，以“四化同步”科学发展为路径，按照成都市新（都）青（白江）卫星城定位，科学合理预测空间发展，通过优化提升卫星城，积极培育小城市和特色镇，提高各层级间的关联度和互补性，使城镇集群各层级、各单元梯次承接、协同发展，截至 2013 年年底，青白江区城镇化率为 49.06%。

（一）推进城市空间转型升级构建城市空间新秩序

青白江区紧扣新青卫星城发展定位，科学布局区域城镇体系，提出了构建“一带、两轴、三大板块、四级中心”的城乡战略空间结构，确立了“1+2+5+21+N”全域城镇体系结构。

青白江构建了与三大产业发展相匹配、科学合理的城镇体系，进入了新型工业化和新型城镇化“双加速”时期。一是新型工业集群发展。工业集中发展区被列入省级“1525 工程”500 亿元产业园区和全市千亿产业园区。二是现代服务业快速崛起。全区服务业主营业务收入超过 400 亿元，服务业增加值增长 12%。三是都市现代农业特色呈现。2013 年实施农业产业化项目 51 个，引进投资过亿项目 7 个，全球 500 强企业益海嘉里新增投资 3 500 万美元，成都粮油储备（物流）中心项目被评为全国首批粮食现代物流建设示范单位。

---

① 项目编号：2014R23。

（二）生态环境明显改善，实现由单一居住向宜居宜业转变

一是城乡环境综合治理深入开展。城乡环境综合治理工作进一步提升。成功创建中国宜居宜业典范区和省级“五十百千”环境优美示范区。二是面源污染得到有效遏制。深入开展城乡环境综合整治，全区污水处理设施实现全覆盖。创建省级农业生态园区4个，全国环境优美乡镇9个，市级生态村75个。

二、青白江推进新型城镇化进程中的文化支撑的基础条件

（一）丰富的历史文化资源

青白江区历史源远流长，文化积淀深厚。省级历史文化名镇——城厢镇保存着全省最完好的古代县级最高学府绣川书院、辛亥革命遗迹彭家珍大将军专祠等丰富的历史文化遗迹；弥牟镇民族文化与传统文化共存；全国仅存的三国“旱八阵图”遗存于此。

（二）健全的基层文化网络

区级文化服务单位文化馆、图书馆、文博馆“三馆”齐全，区运动休闲中心等文体设施功能比较完善。

（三）多彩的群众文化活动

大力推进基层文化“3151”工程，全面实施全民健身“个十百千万”工程，形式多样的社区文化、乡村文化、企业文化、广场文化等群众性文化活动蓬勃开展。

（四）独特的文化节会品牌

结合龙泉山脉生态旅游综合功能区建设，以节会经济和高端赛事为载体，成功举办了5届成都国际樱花旅游文化节，举办了全国山地自行车冠军赛（成都·青白江站），还举办了“桃花诗会”共27届，促进了文化旅游产业的长足发展。

（五）时尚的生态文化形象

区域生态环境持续改善，从曾经的工业污染区变身省级生态区，荣获国家“人居环境范例奖”等多项殊荣。

三、青白江推进新型城镇化进程中的文化支撑的制约因素

（一）规划不全，乡镇缺少特色

部分乡镇产业结构和发展水平趋同，形态雷同，缺少独特的功能定位和特色，也没有表现出自身的文化元素和文化符号，特别是在城镇建筑色彩、立面材质和风格等方面缺乏控制和引导，影响城镇形象。

（二）古镇历史文化资源破坏严重

目前，城厢镇东街、北街和南街三条主街的历史风貌已经丧失，大量现代建筑夹杂其间。许多古建筑因保护不力，年久失修，导致建筑结构破损严重，个别房屋甚至已成为危房。连接古镇东西部的通道被现代街区阻断，城门和城墙已撤毁，护城河、穿城堰、洪家沟遭到破坏，淤塞严重。

（三）公共文化服务体系不够健全

各乡镇（街道）、村（社区）的文化活动站、室比较齐全，但普遍模式统一、功能单一，与当地文化名人、文化品牌、文化活动等特色资源整合不足，在群众文化惠民利民与文化旅游深度开发等方面仍有很大提升空间。

四、青白江推进新型城镇化进程中的文化支撑的对策建议

（一）完善城镇规划

1. 兼顾形态规划。围绕新青卫星城定位，着力抓好清泉、城厢两个重点镇建设，强化“1+2+5+21”全域城镇体系的重要支撑节点。立足龙泉山生态旅游综合功能区定位，推进福洪、人和等特色乡镇建设，构建“田城相融、产城一体、人城和谐”的城乡形态。

2. 兼顾业态规划。瞄准“高端化的城市业态”，加快产业调整，发展以生态工业、生态农业和现代服务业为支撑的绿色经济，建好生态园区，筑牢成都北部“千亿生态产业城”的经济支撑。

3. 兼顾“文态”规划。瞄准“特色化的城市文态”，加大城市总体规划和生态环境的文化设计与文化介入力度，展现历史文化与时代气质和谐统一而又独具魅力的城市“文态”。

4. 兼顾生态规划。强化生态建设，划定生态保护红线，将“山、水、田、林”有机统筹，构建与新型城镇体系有机衔接的生态系统。

（二）保护历史文化，打造城镇文化特色

1. 学习借鉴龙泉洛带保护修缮历史街区的做法和经验，尽快实施“历史街区”保护利用规划，延续历史文脉，再现名城往昔风华。

2. 围绕深入解读以彭家珍为代表的“辛亥英烈”的历史景点，扩建家珍专祠，迁入彭家珍衣冠墓，做优四川省爱国主义教育基地。

3. 围绕集中展示盛极明、青白江弥牟的三国文化和伊斯兰教文化，加快建设好“弥牟”特色文化景区。

（三）注重基础，健全三级网络，做优公共文化服务

1. 完善公共文化设施标准化建设。实施“一村一文化”工程，挖掘各地历史遗存、文化名人及特色民间文艺等内容，充实村（社区）文化活动室。

2. 建好15分钟公共文化服务区。健全区文化馆、图书馆、博物馆，乡镇（街道）综合文化站、全民健身中心、村（社区）综合文化活动室、全民健身工程公共空间，实施全免费开放，为全区群众提供全面、便捷的文化服务。

3. 丰富公共文化服务供给。进一步做优“百村”文体系列活动、“3151工程”等公共文化服务品牌，满足群众文化需求。

（四）增强生态文化意识，建设城镇生态文明

1. “普及绿色教育”行动。大力开展绿色发展宣传教育，普及生态文明理念和

知识，从学生抓起，构建“学校－家庭－社会”绿色教育体系，培育全区群众的绿色觉悟和环境道德观念，树立绿色人生观。

2.“倡导绿色生活”行动。引导公众自觉参与绿色发展的生产生活实践，培养生态公民，推行绿色建筑，鼓励绿色出行，推广绿色消费，建设低碳城市，不断增强全社会的生态意识和参与意识。

（项目负责人：中共成都市青白江区委党校科研科科长　王艳）

新型古镇运营的“黄龙溪模式”[①]

——双流县黄龙溪古镇创新管理的实践与思考

2009 年，黄龙溪古镇遭遇了自 20 世纪 90 年代启动黄龙溪景区建设以后所面临的最大瓶颈，即如何在全国古镇发展你追我赶的新形势下，建立可持续的良性发展机制，保持黄龙溪的快速发展势头。这个瓶颈在景区管理旅游服务方面具体表现为：景区采用行政管理模式，重管理、轻服务，且景区管委会、镇政府两个独立管理机构的管辖范围重叠，职能严重交叉，管理成效较差。面对这些问题，本课题主要从对“黄龙溪模式”的探索、创新农村小区管理模式、创新资产运作模式、创新景区建设打造新机制等多个方面阐述四川省双流县黄龙溪古镇创新管理的实践与思考；并以新型文化旅游城镇为分析对象，探索研究以文化旅游为支撑的新型城镇化发展模式，以双流县黄龙溪镇为例，提出对策建议，为同类城镇发展提供参考建议。

一、“黄龙溪模式”管理方式

黄龙溪正在探索实施管理局定规范、商会引导、行业自律的“黄龙溪模式”。随着在黄龙溪经营的企业等经济实体的不断增多，对景区管理的要求正在不断提高，为更加有效地进行商业和业态管理，促进地方经济发展，黄龙溪根据市场发展需要，全面推行“建立商会、以商管商、自行管理、规范经营”方式，协助各行业经济实体建立了“黄龙溪商会”，以商会为市场自主管理主体，通过其下设的客栈、餐饮、小吃、工艺品、酒吧、串串等协会，按照景区管理规定协调引导商家经营行为，由商会为经营商家发展提供促进和咨询服务，并按照景区管理规定协调规范商家经营行为，形成商家间的良性竞争，保证市场的有序发展。

二、“黄龙溪模式”的管理制度

黄龙溪古镇景区正在探索实施“准营”“准入”“禁入”制度，根据《四川省风景名胜区管理条例》，黄龙溪完善了服务质量检查验收、商铺及流动摊贩管理、市场营销、环境卫生等 13 项管理制度，形成了完善的景区管理制度体系。在黄龙溪

① 项目编号：2014P09。

古镇景区管理局的引导下，景区召开经营户和居民大会，表决通过了“准营”“准入”“禁入”三项规定，即在古镇景区实施的“准营证”制度，按照景区发展规划和业态调整要求，对经营户和企业严格坚持业态符合、证件齐全、管理规范、实力雄厚的原则，实施市场经营准入制度，在景区实行挂牌亮证经营，引导景区业态布局，促进了景区业态良性发展；在景区严格执行建房、改建、装修报批程序，实行建设准入制，严格审批古镇景区内的各种建设项目，严格控制景区业态和风貌管理；在景区强化机动车和交通管理，完成古镇景区入口改造；同时继续做好经营户文明、诚信经营培训工作，从监管上规范经营行为。

三、“黄龙溪模式”的管理办法

古镇景区正在探索实施精细化、网格化管理。黄龙溪在不改变镇、村行政区划格局的前提下，按照着眼发展、便于服务和管理的原则，采用精细化、网格化管理模式，将全镇分为2个圈层进行常态管理，优化管理服务水平，寻求管理效益最大化。一圈层即古镇景区，分为6个大区32个小区，由管理公司、景区管理局、综合执法队、景区志愿者服务站共同组成管理小组进行日常管理；二圈层即外围拓展区，分为7个大区54个分区，由村民自治组织、农民小区业委会、管理公司、综合执法队、志愿者服务队共同组成管理小组进行日常管理。在精细化、网格化管理模式下，黄龙溪形象进一步美化，城乡环境综合整治水平进一步提升。

四、创新农村小区管理模式

针对“1+3+1+N”农民聚居小区村民自治管理服务模式，充分发挥小区居民自主管理农村新型社区的主体作用，按照“自我管理、自我服务、自我教育、自我监督”的群众自治原则，根据东岳村白马滩聚居小区和黄佛小学聚居小区的管理实际，黄龙溪镇试点建立了以村党支部为指导、以小区议事会、小区监事会、小区管委会为自治主体，以小区片长为自治单元，以志愿服务队为自我服务力量的东岳村“1+3+1+N”农村新型社区管理服务体系。

五、创新资产运作模式

黄龙溪2011年通过邀请专家共商、仔细研究政策、分析市场形势、梳理可用资源，并经村民议事同意后，决定采取建立股份制公司的方式对农村资源进行整合利用。2011年初，黄龙溪在东岳村试点注册成立了“双流黄龙溪东岳资产管理有限责任公司”，资产管理公司的资源运作采取由“村议事确定委托或入股公司进行资产、资源运作→公司整合运用→分配经营收益”或者采取“农户委托申请→公司整合运用→分配经营收益”的基本模式进行。

六、创新景区建设打造新机制

黄龙溪城镇建设和景区打造中，创新市场投融资机制，不再依靠政府财政投入，采取“建设—经营—转让”模式与公司合作，通过公司向社会融资，经市场运作引入社会资金，筹集到了逾 11 亿元社会资金用于景区建设，彻底破解了产业发展资金难题；在复原古建筑建设技术方面，黄龙溪通过比选专业古建公司，选定了一家具备丰富古镇建设、维护经验的公司，全面负责古镇核心区维护和拓展区建设，资金的保障、技术的革新，再加上人员的一线作战、靠前管理，共同造就了“黄龙溪速度”，使黄龙溪新型文化旅游城镇建设走在了全川的前列。

（项目负责人：双流县发展和改革局局长　曾虎）

县级公立医院改革的蒲江模式[①]

县级公立医院是我国医疗卫生服务体系的主体，服务9亿农村居民，是解决群众看病难、看病贵的关键环节。2014年4月4日，李克强总理在全国县级公立医院综合改革电视电话会议的批示中强调，各地区、各有关部门要继续以县级公立医院改革为突破口，按照上下联动、内增活力、外加推力的原则，下足功夫做好“破除以药补医、创新体制机制、充分调动医务人员积极性”三篇大文章，用中国式办法着力破解医改这个世界性难题，实现人人享有基本医疗卫生服务的目标。“蒲江模式”充分体现了改革三原则，对全国而言具有借鉴意义。

一、为何探索全面托管模式：优化医疗资源

2011年1月10日，成都市第三人民医院全面托管蒲江县人民医院的签约仪式暨授牌仪式举行，蒲江县人民医院自此成为市三医院一所独立的分院。成都市探索市县医疗机构的全面托管模式的动因可以概括为“一优两动”，即优化有限的医疗资源，实现医疗资源纵向流动和双向互动。

（一）优化医疗资源配置迫在眉睫

健全医疗卫生体制和减轻基层群众医疗负担是新医改的重要目标，对群众而言，“看病难、看病贵”问题的最直接的后果无疑是舍近求远就医。据粗略统计，在蒲江县，由于当地医疗技术相对滞后，许多患者不得不前往上级医院求治，每年因此而流向中心城区的医疗费用高达3 000万元左右。成都市三医院院长赵聪说：“流失的不仅仅是医疗费用，在前往成都看病的过程中，交通费用、住宿费用、陪护费用等多项费用也随之增高，让医疗成本加大，给患者家庭增加了看病成本。”通过优质资源的纵向延伸，居民可以就近享受便利优质高效的医疗服务。

（二）托管模式改革符合基层实际

新一轮的公立医院改革中各地探索出了多种模式，但相比较而言，托管模式更适宜县级医院改革，一是效果显著，操作障碍小；二是资源共享，形成传帮链；三是上下互动，群众得实惠。以蒲江为例，托管改革开始后，市三医院派出的专家团队对医院全面摸底，并制定解决和发展方案。派驻管理团队和医疗专家引领医院综

① 项目编号：2014Z43。

合服务能力的大幅提升；打破过去医院仅有的“大内科”“大外科”模式，先后成立了呼吸内科、心内科、神经内科、心血管内科等 9 个二级专业学科以及蒲江历史上第一个 ICU 科室和血液透析室，开展新技术新项目近百项，如胃癌根治术、急性心肌梗死急诊溶栓抢救等，填补了蒲江地区医疗技术空白，部分技术难度已经达到了三级医院水平。

二、全面托管模式如何运行：技术管理扶持

（一）全面接管、全权负责与全力协调

成都市第三人民医院全面接管蒲江县人民医院，全权负责蒲江县人民医院的医疗服务、医疗安全、人员设备及设施使用、资金调配等，负责蒲江县人民医院的发展规划并提供发展所需的人员、技术支持。成都第三人民医院从人财物方面全方位接手蒲江医院，派出 12 人组成的专家团队，对医院进行全面摸底并制订方案。与此同时，蒲江县人民政府负责医院发展所需的土地支持和政策协调；成都市医管局将成都市第三人民医院与蒲江县人民医院进行联体统一管理，力争在三年内将蒲江县人民医院创建为具有三级医院水平的综合性医院。

（二）确立“一二三四五”的医院托管战略发展模式

“一坚持”：坚持公立医院公益性；“二突破”：突破人事、分配制度改革；“三提高”：确保医疗质量安全提高，确保服务效率提高，确保人员待遇提高；“四步走”：加强设施设备和信息化建设；齐抓人才引进和科研教学；并举惠民利民措施；提升医院文化建设；“五落实”：落实信息化建设，落实人才梯队建设，落实科研教学建设，落实医院文化建设，落实群众评议建设。显而易见，该托管模式的核心在于通过上级医院的大力技术支援和系列管理改进来提高县级医院服务基层群众的能力，其中涉及医院既定格局的方方面面，若没有上级医院与地方政府的整体考虑和系统设计，改革的阻力与压力也难以在短时间内转化为前进的动力。

三、医院托管后的变与不变：多方共赢格局

2014 年 1 月 8 日，在第一轮全面托管（为期 3 年）取得丰硕成果的基础上，第二轮（为期 5 年）全面托管协议生效，这预示着县级公立医院改革的蒲江模式进入了巩固和提升阶段。

（一）以不变的改革内核凝聚改革共识

“八个不变”和“三个确保”是成都市第三人民医院对蒲江县人民医院实行紧密型整体托管的基本遵循。何谓“八个不变”？即医院隶属关系不变；县委、县政府、县卫生局对医院的支持不变；医院对蒲江县城乡群众的服务职能不变；医院承担当地公共卫生职能不变；县医院的资产性质和所有权不变；医院服务价格不变（政策因素除外）；医院在职职工身份不变；医院离退休职工的管理方式不变。何谓“三个确保”？即确保蒲江县人民医院现有国有资产的保值和增值；确保蒲江县人民

医院业务收入逐年增长，依据国家有关政策和医院运营情况保障医院职工收入逐年增长；确保医疗服务水平和能力不断提高。

（二）以变化的改革成效强化改革动力

2010 年蒲江县人民医院总诊疗量为 187 224 人次，2013 年增长到 301 338 人次，增幅 61.0%（其中，2010 年住院治疗人次为 9 411 人次，2013 年为 14 481 人次，增长 53.8%）；急诊人次从 2010 年的 6 850 人次增加到 17 492 人次，增长 155.3%；医院总资产由托管前的 10 670 万元增值到 2013 年年底的 13 432.43 万元，增长 25.89%；总收入从托管前的 5 862.66 万元到 2013 年的 13 087.39 万元，增长 126%；医院职工年人均薪酬收入（含五险一金）持续增长，从 2010 年的 43 569.7元增长到 2013 年的 76 395 元，增长 44.4%。2013 年门诊例均费用 128.72 元，比 2012 年同期降低 1.1%；住院例均费用 5 472 元，比 2012 年同期降低 4.3%。药占比从 2010 年 44.41%下降到 2013 年 38.32%，下降 6.09 个百分点；住院抗菌药物使用比例从 2010 年 83.80%下降到 2013 年 56.70%，下降 27.1 个百分点；门诊抗菌药物使用比例从 2010 年 41.20%下降到 2013 年 18.80%，下降 22.4 个百分点。与此同时，具有全国普遍意义的县级医院难以吸引和留住人才问题在蒲江医院得到了解决。经过三年的托管改革，蒲江县人民医院成为一所留得住人才的医院：托管前三年，进了 42 人，走了 37 人；托管后三年，进了 180 人，流失不到 10 人。最为直接和实在的改革数据已经将改革初期的阻力与压力逐步转化为推动改革深入推进的强大动力。

（三）以共赢的改革局面提升改革内涵

改革没有完成时，只有进行时，县级公立医院改革也只有在不断的探索中逐步深化，“蒲江模式”的重要意义不仅在于提供了一条可供借鉴和操作的改革道路，更在于其能够在改革中完善思路并坚持推进、丰富内涵。全面托管模式启动以来，医疗卫生资源从成都市一级到蒲江县一级，再到乡镇一级和村社区一级，医疗技术的专业影响传帮链条形成，从根本上解决大医院拥堵与小医院冷落困境，实现政府、大医院、小医院、医务人员、管理者、群众、社会等多方共赢局面。比如，蒲江县医院建立帮扶乡镇医院的长效机制，每月定期对 13 家乡镇公立卫生院进行培训讲座、教学查房等，辅助其完善规章制度，提高乡镇医院管理和诊疗技术水平。在满意度上，2013 年成都市 62 家二级综合医院医疗服务与质量检查排位中，蒲江县医院列第 20 位；48 家二甲医院门诊次均费用排位中，列第 10 位，住院次均费用排位中，列第 23 位；平均住院日排位中，列第 14 位。

（项目负责人：成都市委党校教研部讲师　郭祎）

规范村（社区）权力运行 加强村（社区）干部监管[①]

村（社区）干部是党和国家农村政策最前沿的执行者和落实者，加强村（社区）干部廉洁履职是夯实党在农村工作基础的客观要求，是促进农村和谐稳定的迫切需要，是维护群众根本利益的有力保障。为深化基层党风廉政建设，切实建强基层干部队伍，推动经济社会全面发展，双流县纪委结合实际，就如何适应新形势新要求，不断完善制度机制，切实把这支队伍管好、用好进行了深入的调研和思考。

一、村（社区）干部履职现状

全县共有 131 个行政村（社区），村（社区）“两委”干部 577 名。从调研的情况看，全县有村（社区）纪检员 131 名，组廉情监督员 977 名，督促村（社区）干部严格落实《党风廉政建设目标责任书》，村（社区）干部权力得到了有效的约束，廉洁履职情况较以往有明显好转。但从信访反映来看，少数村（社区）干部在失职渎职、贪污贿赂、违反财经纪律和廉洁自律规定等方面的违纪违法现象呈现易发多发态势。2012 年以来，全县反映村（社区）干部的信访件 102 件，立案查处 18 件 21 人，涉及金额 1 863.2 万元。

二、存在的主要问题及原因

（一）廉洁自律思想基础不牢

2013 年换届之际，通过深入调研发现，少数参选村干部的村民动机不够端正，如有的想获取政治地位和社会认可，使自己创业、办事更有平台；有的想借此获取发展机会，优先发展自己，而后带动本村发展；有的甚至想获取资源、资金、资产的优先分配权或是霸占权等。基于以上动机，一旦这部分村民当选，必然会优先维护本人、本宗族、本姓氏的利益，因为他们缺乏廉洁履职和宗旨观念意识，廉洁履职的思想基础非常薄弱。

（二）教育引导方式方法单一

村级干部的思想教育特别是廉洁履职的教育仍相对匮乏，农村正面典型发挥不

① 项目编号：2014R29。

了示范引领和带头作用；警示教育针对性不强，“高官腐败”离村干部太远，震撼力反而不强；岗位教育涉及较少，且往往都是泛泛而谈，没有根据岗位特点和村（社区）实际进行针对性教育，效果欠佳。

（三）监管制度机制还不健全

上级监管乏力，镇（街道）推进和落实各项任务要依赖村干部，很容易在镇（街道）与村（社区）之间形成利益相互勾连，导致镇（街道）对村（社区）干部要求不高。村级组织监督制度还不够健全、执行不够到位，流于形式，削弱了监督的整体效果。受传统熟人社会思想意识影响及权势或宗族压力，社会监督缺位。

（四）监督结果运用无法逗硬

关于村（社区）一级干部，还存在查处没有依据、惩治难以落实的尴尬境地。一方面“无法可依”，即我国《民法》未对村（社区）委会经济问题做出明确的处罚规定；另一方面“程序难办”，即如果要行使罢免程序，按照《村民委员会选举办法》的规定，须本村（社区）1/5以上有选举权的村民或者1/3以上的村民代表联名，且即使启动了罢免程序，也需要有登记参加选举的村民过半数投票，这在现实中操作起来有一定难度。

（五）廉洁履职激励保障不力

这主要表现在缺乏有效的激励机制，导致少数村干部产生吃亏的思想，不愿干和不想干，不严格要求，工作热情和责任心下降，无私奉献、廉洁履职的动力不足。

三、进一步加强村（社区）干部监管的几点思考

（一）坚持预防为主，确保干部队伍不变质

一是加强党性教育。要采取“走下去”“请上来”等方式，坚持抓好村（社区）干部党性教育。要监督村（社区）干部落实党要管党的总要求，履行党员义务，定期参加党的组织生活，及时开展批评和自我批评，培养组织纪律观念，始终保持共产党员先进性和纯洁性。

二是加强理想信念教育。要通过开展理想信念教育，使村（社区）干部始终坚信党的领导，始终坚持中国特色社会主义道路，始终坚守中国特色社会主义制度。要注重挖掘和宣传先进典型，正面引导广大基层干部扎根本职工作岗位，自觉维护党的集中统一和基层稳定发展，把精力集中到带领人民群众共同富裕上来。

三是加强价值观教育。必须坚持正确的价值导向，认真开展好世界观、人生观、价值观和权力观教育，使村（社区）干部保持积极向上的工作和生活态度，坚持权为民所用、利为民所谋、情为民所系，在本地区、本村（社区）取得快速健康发展和人民安居乐业的成绩基础上，实现个人的追求和社会价值。

四是加强警示教育。要梳理村（社区）干部违纪违法典型案例，用身边的人和事，教育广大村（社区）干部坚守道德“底线”和法纪“红线”，强化法纪意识，切实纠正侥幸心理，毫不动摇地坚持“手莫伸，伸手必被捉”的思想观念。要组织

村（社区）干部观看警示教育片，参观监狱中的贪污腐败分子，以更加直观的方式增强教育效果。

（二）强化权力制约，确保制度机制不留缝

一是完善管理体制。针对各村（社区）实际情况制订下达各村（社区）《年度重大工作目标责任书》《党风廉政建设目标责任书》等，书记、主任签字生效，责任具体落实在每位村（社区）干部的身上，镇（街道）不定时进行专项考核和临时考核，严密掌握目标工作推进情况。同时，定期进行过程考核通报，将临时工作和专项工作都纳入考核范围，及时纠正村（社区）不正确的做法和行为。

二是健全村（居）务监督机制。进一步规范村（居）务监督委员会职责任务、监督方式、监督时间、监督内容、监督手段、培训考核和工作保障等制度，落实每月“议事监督日”和村（居）务、财务“公开日”等制度，切实保障群众的知情权、参与权、表达权和监督权，确保监督实效。镇级相关部门可探索成立村（社区）决策和监督信息咨询小组，为村（社区）议事会决策和村（居）务监督委员会监督时提供专业知识咨询。

三是建立联合监督检查机制。成立镇（街道）联合监督委员会，由纪（工）委副书记为召集人，监察室、财政所、农经办、统筹办等相关机构人员为成员，抽调部分村（社区）纪检员、监委会成员、组廉情监督员，定期对村（社区）基层治理机制建设、“三务”公开、“三资”监管、村公资金使用、贯彻八项规定及干部廉洁自律情况等进行巡察。

四是规范村（社区）财务管理。健全任期和离任经济责任审计制度，推行村财务年度抽查审计，聘请第三方审计机构，协调有关职能部门开展村（社区）干部任期和离任经济责任审计，加强对群众关注的建设工程、资产资源处置等重大事项实行专项审计，及时发现和纠正存在的问题。镇（街道）纪委组织协调有关职能部门加强对财务审计的全程监督，对发现的问题依纪依法及时处理。

五是健全完善考评制度。要求村（社区）建立重点工作和重大工程监督管理台账，明确短期和长期任务，定期督促检查和通报，加快工作推进进度，做到每项工作明细明确可查；进一步完善村干部年度述职述廉和绩效考评制度，开展民主评议，把群众测评作为考核的一个重要方面，将评议结果与村干部业绩评定、评先评优、推荐使用直接挂钩，群众评价低的应实行谈话提醒、通报批评、扣罚奖金、限期整改，严重的应责令辞职，使述职述廉和绩效考评成为监督村干部廉洁履职的有效手段。

（三）从严惩治腐败，确保法纪红线不突破

一是加强案件查办。要加强对村（社区）干部信访件的收集排查，仔细梳理案件线索，充分运用审计结果和群众监督结果，深入调查群众反映面广、反映强烈的人和事，对“三违一非”、安全生产、征地拆迁、社保低保、计划生育、就业扶持、涉农资金等群众关注的热点问题，扎实开展专项治理，及时排查发现村（社区）干部假公济私、公报私仇、刁难群众、照顾亲友等问题，坚决查处侵害群众利益行为。

二是深入纠治“四风”。进一步明确村级办公场所修建标准和要求，防止超规模、超标准豪华办公场所出现。逐步探索规范村（社区）干部婚丧喜庆等规定，对群众反映较大、影响较坏的事件要进行查处。加大对村（社区）干部“八小时”坐班制的检查力度，特别是对便民服务工作窗口的村（社区）干部，无正当理由不在位的要严肃查处。要坚决纠正村（社区）干部接受属地厂矿、企业主的宴请和赠送礼物，发现一起，从严查处一起，努力营造风清气正的社会环境。

（四）夯实保障支撑，确保工作动力不松劲。

根据经济社会发展情况，适当增加村干部的经济待遇，完善村干部的社会保障，并在政治待遇上给予一定的激励，使村干部在职有酬劳、能者有出路、离岗有保障，解除其后顾之忧，促使他们安心履职、廉洁履职、积极履职，成为党和政府的基层坚实堡垒。

（项目负责人：双流县纪委书记　李勇）

龙泉汽车产业发展人才支撑研究①

汽车产业人才包括汽车生产制造、汽车服务、汽车体育、汽车博览等整个汽车产业链上的各类人才。近 10 余年来，成都（龙泉）国际汽车产业城作为成都市汽车产业的主要聚集区，发展十分迅速。目前，已被纳入四川天府新区的核心区之一。成都（龙泉）国际汽车产业城已聚集了包括一汽大众、日本神钢机械等世界知名企业在内的 15 个整车及整机制造项目和美国江森、德国汉高等 180 余家关键零部件项目，初步形成了年产百万辆产能平台，使得汽车产业对人才的需求迅速增长，供需缺口明显。如何增加人才供给，满足发展需要，正是本文研究的主题。

一、龙泉汽车产业的人才现状

截至 2012 年年底，龙泉区共拥有各类人才 21.6 万人。其中，拥有各类汽车产业人才 41 210 人（汽车经营管理人才 3 150 人、汽车专业技术人才 5 060 人、汽车技能人才 33 000 余人）。

1. 从经营管理人才结构看，龙泉区的汽车企业高级管理人才的比例偏低，大多数管理人员还只具备中级管理水平，缺乏高级管理人才应具备的国际化视野和战略思维，这必然不利于龙泉汽车企业管理和制度的创新以及在全球的竞争，从而在很大程度上削弱了企业的竞争力。

2. 从技术人才结构看，龙泉区汽车企业专业技术人才以中级和初级职称人才为主，具有高级职称的人才相对稀缺。高级技术人才是汽车企业在技术上实现全面创新的基础。同时，由于汽车行业技术创新具有整体性，某一领域的创新很难带动汽车产业的全面创新，因此只有大力引进和培养高端技术创新人才，才有可能由生产型企业向创新型企业转变。

3. 从人才学历结构看，在龙泉汽车产业人才的学历结构中，具有博士和硕士学历的人数较少，龙泉汽车产业人才学历结构以大专及大专以下学历为主。而高学历理论型人才的缺失则非常不利于汽车企业技术和管理制度的创新，导致难以培养其核心竞争力。

① 项目编号：ZSR13－38。

二、成都龙泉汽车产业的人才供需缺口及原因

（一）人才供需缺口

据《成都市龙泉（经开区）中长期人才发展规划纲要（2011—2020年）》显示，到2020年，龙泉所需汽车人才需求总量将达到19.5万人。与龙泉目前已有人才的数量和结构相比，缺口情况如下。

1. 不同类型人才的供需缺口

人才供需缺口总量为150 790人。其中，经营管理人才的缺口为45 850人，专业技术人才的缺口为30 940人，技能型人才的缺口为30 300人，营销及服务人才的缺口为43 700人。

2. 不同学历人才的供需缺口

不同学历人才供需缺口总量达到147 490人。其中，博士学历人才缺口为70人，硕士学历人才缺口为700人，本科学历人才缺口为6 000人，大专学历缺口为87 930人，中专（技校）学历人才缺口为55 000人，高中及以下人才缺口为1 090人。

（二）人才供需缺口产生的原因

归纳起来看，成都市龙泉（经开区）汽车人才供需缺口产生的原因主要是：发展历程较短，短期内对人才需求急速增加；人才储备不足且供给速度相对较慢；与汽车产业相关的高校、科研院所互动力度不够；配套设施相对不足。

三、解决成都龙泉汽车产业人才供需缺口的对策建议

（一）处理好汽车人才队伍建设的六大关系

人才队伍建设是一项系统、复杂的工程，涉及方方面面。加快成都龙泉汽车产业的人才队伍建设，应处理好六大关系：处理好人才规模、质量、结构、效益的关系；处理好人才引进、培养、使用的关系；处理好高层次人才、基层人才、团队建设的关系；处理好事业留人、待遇留人、感情留人的关系；处理好人才稳定与流动、保护与竞争的关系；处理好尊重规律与改革创新的关系。

（二）明确汽车人才队伍建设的核心策略

根据龙泉国际汽车城的目标定位，应明确汽车人才队伍建设的核心策略：优化人才引进机制，抓好汽车产业的“选才”环节；优化人才使用机制，抓好汽车产业的“用才”环节；优化人才培养机制，抓好汽车产业的“育才”环节；优化人才激励机制，抓好汽车产业的“留才”环节。

（三）强化汽车人才队伍建设的政策支持

要突破现行龙泉汽车人才队伍建设的组织瓶颈，建立一整套切实可行的人才队伍建设配套政策，强化政策支持力度。

1. 优化引进人才的总体政策

龙泉驿区甚至成都市政府应该在人才政策方面为龙泉汽车产业人才的引进开一个“大绿灯”，从家人户口、住房、福利和子女入学等多方面全方位为其提供更多方便。同样，在引进国际汽车人才时也要提供相关政策上的支持。重点包括：减少审批环节、简化审批程序、缩短审批时限，做到政府审批更方便更快捷；提升人才市场的培育工作，发挥人才市场在资源配置方面的基础性作用，促进人才的合理、有序流动；加快龙泉汽车人才库的建设，提高龙泉乃至全省人才市场的信息容量，实现人才信息资源共享；筹建居住环境优美、配套设施齐备的高级人才村；解决引进人才反映强烈的看病问题和子女入学问题；对紧缺人才和精英人才特事特办，例如在个人所得税上给予优惠政策或者政府补贴，对急需引进的人才，涉及档案、工资、住房、家属随迁及工作安排等事宜的本着从宽从优的原则一事一议、特事特办；尤其要重视龙泉汽车产业的领军性人才和关键人才的精英配偶就业问题，应整合全成都市或全省各种资源，突破解决高层次拔尖人才的精英配偶的随迁及工作问题，从而更好地留住高层次稀缺人才。

2. 对引进高端人才给予特殊政策

龙泉汽车产业高端人才的引进应从补助性政策向建设性政策转变，以优化工作环境、搭建创新与创业的平台为重点，使想干事的人有事干，能干事的人干成事，有贡献的人得到社会承认和经济回报。重点是：选择部分汽车产业的科技攻关和科技成果转化项目公开向国内外招标，由龙泉汽车产业的受益单位提供项目开发经费及科研环境；通过制定税收减免等优惠政策，提供宽松的投资环境，鼓励和吸引高层次科技人才带技术项目科研成果来龙泉研发新产品、进行科技攻关和短期服务；加大龙泉汽车人才异地交流力度，通过派遣龙泉汽车人才到发达地区学习锻炼，从而带动龙泉汽车产业人才的发展。

3. 加大人才培养力度

在龙泉汽车企业中选择一批优秀的领军人物及其团队给予长期稳定的支持，大力调整高端人才的培养结构，重视核心人才的培养管理，抓好高端人才和核心人才培养；按照产业模块化、企业层次化的思路，以汽车产业营销和售后服务人才为重点，抓好汽车生产、销售和售后服务三类人才队伍培养；根据不同类型的人才，优化管理方式，充分激发现有人才的活力。

（四）营造良好的汽车人才成长环境

龙泉汽车产业的企业家要树立“人才资源是第一资源”“企业的竞争最终是人才的竞争”的观念意识；龙泉驿区特别是经济开发区管委会乃至成都市政府应利用多种渠道帮助区内企业提高对人才的重视，宣传人才的重要性，建立人才的招聘合作机制和人才的奖励机制；同时，加强企业家队伍建设，增强企业家尊才爱才的意识，帮助企业家提高企业转型做强的欲望和责任感。

我们相信，明确了龙泉汽车产业人才队伍建设的核心策略，通过优化人才引进政策，加大人才培养力度，激发现有人才活力，改善人才成长环境，就一定能够大大加快人才队伍建设，增强汽车产业发展的人才支撑力度，从而推动龙泉汽车产业快速、健康、持续地发展，为实现成都市的产业倍增战略做出更大的贡献。

（课题负责人：龙泉驿区社科联党组书记、主席　胡红兵）

实施“产业倍增”战略的路径探索[①]

——以彭州市打造千亿产业之城为例

中共成都市委十一届九次全会提出，要大力实施“产业倍增”战略，夯实西部经济核心增长极的产业支撑。产业倍增，指在产业总量扩张与产业发展的基础上，推进现有支柱产业的优化升级，促进战略性新兴产业的兴起与发展。成都市实施“产业倍增”战略，就是要推进产业集聚、加快产业升级，突出抓好先进制造业和现代服务业“双轮驱动”，构建先进制造业、现代服务业和都市现代农业“三产联动”的现代产业体系。

为助推成都市“产业倍增”战略，彭州市委、市政府确定了宏伟的产业发展目标，到“十二五”末，彭州的工业总产值翻5倍达1 500亿元，现代服务业产值翻番，农业提质增效，力争建成千亿产业之城，整体经济实力进入全国百强县。围绕彭州如何实施“产业倍增”战略，构建现代产业体系，明确战略路径，本文进行了相关研究。

一、实施“产业倍增”战略的基础

经过“十一五”以来的不懈奋斗，特别是灾后重建的持续投入，彭州市经济总体水平、产业结构、重点产业发展均已处在跨越腾飞临界点，奠定了产业倍增的坚实基础。

（一）经济平稳较快增长，迈入高速发展阶段

1. 经济总量平稳增长

彭州市生产总值从2006年的92.65亿增加到2012年的213.36亿元，年均增长14.92%；人均生产总值达26 494.47元（按当前汇率约合4 329.16美元）。

2. 后发优势愈发凸显

在成都市19个区（市）县中，彭州市经济实力处于中游，但在三圈层中，彭州市则有较大优势。

（二）产业结构持续调整，工业加速发展明显

从第一、二、三产业结构来看，彭州市第一、二、三产所占比重由2006年的

① 项目编号：ZSR13-39。

22.1：42.1：35.8 调整为 2012 年的 18.5：51.1：30.4。第二产业的发展速度最快，其增加值比重每年都在上升，为下一步工业率先倍增奠定了良好基础；第三产业发展较为平稳，在三次产业中所占比重基本维持 30%左右；第一产业比重则呈现逐步下降趋势（见图 1）。

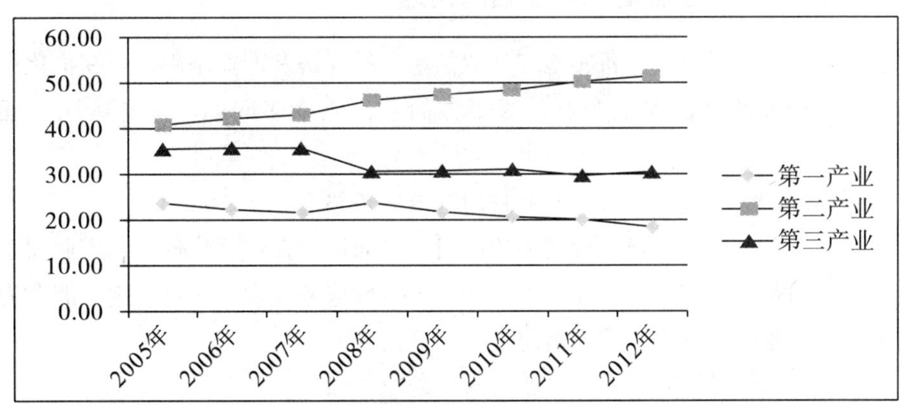

图 1　2005—2012 年彭州市三次产业结构变化（单位：%）

资料来源：彭州市统计年鉴。

从第一、二、三产业内部结构来看，第一产业主要以农业和畜牧业为主；第二产业结构处于调整中，轻工业产值比重逐步增加，传统的优势重工业增长放缓，更加注重发展的质量；第三产业内部结构发生了较大的变化，公共服务业的比重大幅上升，生活性服务业的增加值比重则大幅下降。

（三）重点行业蓄势突破，产业集群初步形成

1. 家纺服装产业

2009 年以来，彭州市抓住成都产业转移机遇，家纺服装产业实现高速增长，产值从 2009 年的 1.49 亿元增长至 2012 年的 9.63 亿元，年均增长 86.27%。

2. 现代农业

彭州农业起步较早，初步形成了“农工贸一体化、产加销一条龙”的现代农业发展格局。2012 年，彭州实现农林牧渔业总产值 61.55 亿元，同比增长 4.5%。

3. 旅游产业

2008 年受汶川大地震的影响，全市旅游产业收入负增长 69.8%。随着龙门山生态旅游综合功能区的加快建设，葛仙山乡村旅游度假区、白鹿中法风情小镇等精品旅游项目的建成，彭州市旅游行业有所恢复，到 2012 年实现年接待人次 333 万，实现旅游收入 6 亿元。

4. 石化产业

四川石化项目累计完成投资 342.16 亿元，92 个主体项目已基本完工，9 648 台（套）设备全部采购到位。预计投产后可实现年均销售额 545 亿元以上，利税在 100 亿元以上，直接拉动四川省生产总值增长 1 个百分点。

5. 其他优势产业

依靠独特的环境、资源和多年的经营积累，彭州工业形成了自己的优势支柱产业。

二、实施“产业倍增”所面临的问题

总体来看，彭州市已具备实施“产业倍增”的经济和产业基础，但在优化产业结构、推进产业集聚、加快产业升级等方面还面临诸多问题，主要体现在五个方面。

（一）第三产业发展滞后，“产业倍增”活力不够

从目前来看，彭州市发展规划和招商引资方面都存在过度依赖第二产业而忽视第三产业的问题，造成第三产业的生产性、生活性服务业发展不足，这可能会为今后几年第二产业的高速增长造成阻碍。

（二）承接产业转移单一，“产业倍增”动能不强

近年来，全市内资利用水平显著提高，但到位外资则出现减少的趋势，结构失调。市外内资占总资金规模的比例一直保持在99%左右，说明全市主要承接国内产业的转移，利用外资的规模十分小。

（三）产业链环节低端，“产业倍增”品质不高

彭州市各重点发展产业的产业链主要集中在生产环节，产业链上下游既不完善也不稳定，特别是高端环节尚未凸显。

（四）土地供需矛盾突出，“产业倍增”保障不足

1. 土地资源紧张

国家加强对土地市场的监管，项目用地受政策限制，用地指标报批程序复杂，使得土地供需矛盾更加突出，加之彭州的土地后备资源偏少，部分招商引资项目用地不能及时到位，土地制约投资增长的压力凸显。

2. 利用效率较低

部分签约项目迟迟不动工建设，建成项目投产、达产速度缓慢，部分投产项目的单位产出又较低，致使土地利用效率偏低。

（五）产业集群化水平低，“产业倍增”效益不高

1. 规模效益偏低

华茂、盛泰、龙洋及万贯四大家纺服装产业园存在不同程度的入住率不高、入住企业规模效益低、规划用地投入产出不高等问题。

2. 产业集聚度不高

2012年彭州工业园区集中度仅为32.2%；石化基地尚未正式投产，石化关联配套产业发展刚刚起步，家纺服装产业处于产业链条短、产业内部关联性低的初期发展阶段，现代农业、旅游业都需要集群化发展。

三、实施“产业倍增”战略的路径选择

（一）产业倍增的行动计划

彭州市实施“产业倍增”战略，主要表现为经济增加值每隔一段时间上一个新的台阶或几年内翻一番。若以2012年的经济增长速度13.6％测算，其实现经济总量倍增需要5年的时间；若考虑重大石化项目对经济的拉动作用，则实现产业倍增计划的时间会更短，预计3～4年时间。

（二）产业倍增的具体路径

1. 加快提升现代服务业，促进产业结构优化

一是改善商贸零售业业态，提升生活性服务业水平；二是加快发展现代农物流业，促进农产品流通；三是加快发展现代旅游业，推动旅游与城市相结合。

2. 实施“大开放”策略，扩大招商引资领域

一是发挥本地比较优势，吸引沿海企业；二是明确引进重点，实现优势互补。

3. 推进产业高端发展，提高产业发展质量

一是稳固、扩大家纺服装产业；二是大力发展石化产业循环经济；三是促进农业全产业链发展。

4. 促进土地集约利用，提高经济发展效益

一是集约高效利用土地；二是强化市场运作。

5. 加快产业集群发展，提升产业竞争力

一是根据园区重点产业选择与产业发展特征，构建以彭州工业集中发展区为核心的工业发展空间布局；二是完善水、电、气、网、绿化、厂房、住房、道路、商业等基础设施与配套，提升园区承载能力。

四、实施“产业倍增”的政策措施

（一）完善相关规划

1. 城市发展以及空间布局规划

明确彭州市城市功能与发展模式，制定合理的城市发展规划与空间布局规划。

2. 产业发展规划

完善产业发展规划，进一步明确第一、二、三产业发展方向与路径。

3. 资源利用规划

包括对土地、自然资源等资源的开发与利用规划，推进各类资源高效利用，实现可持续发展。

（二）优化投资环境

1. 构建高效、透明的政务环境

深化规范化服务型政府（机关）建设，积极打造阳光政府，增强企业在本地投资意愿。

2. 构建宽松有利、衔接顺畅的政策环境

对现行经济政策进行梳理，使各项政策符合市场经济发展需要，完善各项配套政策，鼓励民间资本合理投资流动的政策。

3. 构建地区间衔接互补的合作环境

加强与金牛区、新都区、眉山市的区域联动发展，加强与中心城区的产业对接。

（三）深化体制机制创新

1. 促进现代市场运行机制创新，为“产业倍增”战略实施创造市场条件

创造更加公平的环境和良好的市场运行机制，促进企业不断成长。

2. 完善产权交易制度，为“产业倍增”战略提供良好的资源配置机制

深化农村产权制度改革，建立健全农村产权交易服务体系，完善市、镇、村三级农村产权交易中心。

3. 深入推进投融资体制改革，为“产业倍增”战略提供良好的融资环境

设立和引进股权投资基金，发展商业性创业风险投资，支持发展村镇银行等新型农村金融机构。

（课题负责人：中共彭州市委宣传部部长　曹建春）

崇州市崇阳街道创新社会管理的实践探索[①]

社区是城市社会事务管理的基本单元，是党和政府在城市基层的执政基础。做好新形势下的社区工作，是完善城市社会管理、推进社会建设、大力构建社会主义和谐社会的重要基石和有力保障。近年来，崇州市崇阳街道以老旧院落治理工作作为尝试创新社区管理的“细胞工程”，按照“党委领导、政府主导、部门协作、群众参与”的要求，开展“爱我家园·争创和谐社区”创建工作，完善群众自治工作机制，提升社区自治水平，实现社区治理创新。

一、崇阳街道构建和谐社区、创新社会管理的基本情况

崇阳街道在构建和谐社区、创新社会管理中主要是以老旧院落改造为抓手，构建社区组织网络化、推进社区管理网格化、培育社会服务组织，以着力提升居民自治水平为目标，做到社区管理“纵向到底、横向到边”，不留死角。

（一）加强老旧院落改造，改善社区软硬环境

从2012年8月开始，崇阳街道开始探索以院落改造推进和谐社区建设工作。通过改造，老旧院落的基础设施、环境卫生、文化建设都得到了提升。同时，还定期组织开展以环境卫生、门卫管理、车辆停放、绿化安全、文明监控、流管服务为主要内容的“星级院落”评定活动，引导小区提升管理水平，巩固院落改造成果。

（二）推行社区网格化管理，提升社区管理服务水平

制定出台了《崇阳街道基层基础工作网格化管理规范（试行）》，以点带面，典型示范，对社区工作流程进行了“再造”，构建“社区有网、网中有格、格中定人、人负其责”的社区管理服务新格局，建立了“网格员服务平台－社区网格服务工作站－街道办网格化管理管理平台－市级网格化运行监督平台”四级网格化平台，不断提升网格员收集问题、反映问题、解决问题的“网格服务”能力。

（三）培育社会组织，提升自治能力和水平

一是院委会积极动员和组织居民参加院落事务的管理与服务工作，并采取公告栏、坝坝会、恳谈会等方式定期公开自治活动开展情况以及院落经费使用情况等；二是成立“崇阳商会”组织，引导工商企业参与社区公益事务；三是引入成立各类

① 项目编号：2014R28。

志愿者服务，培育社区志愿者队伍，传递正面声音，宣传健康文化，促进人际和谐。

二、崇阳街道构建和谐社区、创新社会管理的基本思路和工作方法

（一）建立基层党支部，实行党建引领

将党组织工作下移至小区院落，在符合条件的院落和小区，单独组建党支部或党小组，接受社区党组织的统一领导，开展党组织工作和为民服务。对规模较小、党员人数不足3人的，联合附近院落、小区建立党支部，确立党组织在社区管理中的“领头羊”地位，发挥院落党员的先锋模范作用，引领和影响身边的普通群众积极参与到和谐小区建设之中。

（二）建立自治组织，确定主心骨

崇阳街道要求所有试点院落、小区均建立自治组织，具备条件的依法成立院（业）委会或小区自治管理小组等，负责院落的日常维修、纠纷调解、环境整治、政策宣传等，使院委会真正成为小区自治的主心骨。同时，崇阳街道还专门制作了《创建文明院落民意调查表》，深入老旧院落，召开院坝会，征求居民对院落自治组织建设、安全防范设置、城乡环境整治、健身娱乐设施配备等的意见建议，引导居民自我管理、自我教育、自我服务，重新实现居民自治组织在院落全覆盖。

（三）制定居民公约，规范行为约束

根据社区院落特点和居民意愿，制定包括小区院落的环境卫生、治安防范、设施管护、公共秩序等内容的居民公约，作为院落居民的行为规范和自治管理依据。院落不同，村规民约也有差别。由居民自主制定的居民公约成为大家的“君子协定”，成为院落居民共同遵守的自治规章。

（四）创新管理载体，促进小区管理提档升级

一是开展星级院落评比，增强群众参与意识；二是引入“点位模拟拆迁”的理念，建立小区共建共享机制；三是构建社区组织网络化和社区管理网格化，对涉及网格化管理的相关工作人员进行明确分工，并将信访维稳、安全生产、城乡环境、社会保障等相关工作纳入网格进行专题管理，以提升社区管理服务水平。

三、崇阳街道构建和谐社区、创新社会管理的取得的成效

（一）院落环境明显改善

通过对老旧院落的水电气等管网、地面道路、楼梯、墙面、停车棚以及安全保障等基础设施的标准化改造和新设，小区院落环境明显改善，基本上实现了道路平整、绿化清新、停车规范、环境整洁、安全有序，小区院落的档次明显得到提升。

（二）居民自主管理意识增强

在老旧院落改造中，崇阳街道充分尊重群众意愿，引导群众积极参与，不仅采用了“点位模拟撤迁法”和“星级院落评比”方式，还设立了院落委员会对院落工

作实现自主管理，形成了“院落管理大家议、院落决策大家定、院落事务大家评”的自治氛围，并逐步构建了“街道－社区－院委会－楼栋长”多层次社区院落管理体系，居民自主管理意识明显增强。

（三）党建工作得到深化

在小区老旧院落改造和和谐社区创建中，崇阳街道党工委对符合条件的院落和小区单独组建党支部，对规模较小、党员人数不足3人的，依托附近院落、小区建立联合党支部，实现党的组织和工作院落全覆盖，将党的工作触角真正延伸到基层群众中，充分发挥基层党组织和党员在院落改造“细胞工程”中的宣传、引领和带动作用，从而深化基层党建工作。

（四）社区管理水平明显提高

院落党组织和院委会的成立、网格化平台的建立以及社会组织的广泛参与、社区居民的自主意识增强，使社区管理水平明显提升。通过“网格化信息系统”建立动态管理的各类居民基础信息和综合服务平台，以快捷的方式最大化地为群众提供便利服务，既节约成本又提高工作效率。

（五）区域更加和谐稳定

院落党支部和院委会成立后，通过召开坝坝会等形式收集民意，制定包括院内的环境卫生、治安防范、设施管护、公共秩序等内容的院规民约，作为院落居民的行为规范和自治管理依据；同时广泛动员和组织居民参加院落养老助残、邻里互助、文化娱乐等活动凝聚人心，促进小区的和谐稳定。

四、崇阳街道构建和谐社区、创新社会管理的启示和思考

崇阳街道以老旧院落改造、网格化管理、培育社会组织为主要抓手推进社会治理创新的探索实践，在一定程度上为我们构建和谐社会摸索了规律、积累了经验，也给我们留下了一些启示和思考。

（一）加强政府引导是构建和谐社区的关键

崇阳街道从2012年开始探索老旧院落改造，推进和谐社区建设，始终坚持了“政府引导、部门监管、居民自治”的原则，可以说，没有政府引导就没有老旧院落改造、和谐小区建设的今天。从老旧院落改造列入民生工程，到进入目标考核，再到改造资金的投入以及改造中采用的“六大抓手”到“七步工作法”的实施，无一离开政府的引领和指导。政府引导是构建和谐社区建设的关键。

（二）尊重群众意愿是构建和谐社区的核心

老旧院落改造属于民生工程和民心工程，要真正做到老百姓心里，必须尊重老百姓意愿。崇阳街道在这一点上切实做到“群众的事情群众议、群众的事情群众定、群众的事情群众评”。从改造点位的选择、改造方案的制定、改造经费的筹集、施工全过程的参与和监督管理到改造后的院落自治，老百姓都全程参与，真正体现了人民群众才是社会管理的主体这一核心理念。

（三）社会广泛参与是构建和谐社区的基础

社会组织和社区志愿者服务队伍是党和政府进行和谐社会建设的重要帮手和辅助力量。社区服务和社团组织的多元化发展必将成为现代社会的现实需要。崇阳街道蓬勃兴起并服务于社区的各种公益性社会组织，实践证明是协助政府公共服务、实现社会和谐不可或缺的重要力量，院落委员会更是维护社区稳定、活跃社区文体生活、扶老助残帮教的支柱力量，他们在和谐社区建设所起到的作用也值得大力提倡和效法。所以大力发展各种公益性社会组织，使民间公益性组织在社区公共服务中扮演更加重要的角色，协助社区自治组织实现真正意义上的自治，不仅是西方发达国家社会治理的大趋势，也是崇阳街道和谐社会建设值得参考的一种路径选择。

（四）建立长效机制是构建和谐社区的根本

院落自治、和谐社区建设是一项长期的工作。近年来的老旧院落改造虽然在很大程度上改善了院落小区的基础设施建设，并改变了小区居民的思想观念和生活方式，但仍需不断探索和建立行之有效的长效管理机制，才能持续地保持构建和谐社区取得的成效，真正实现小区自治、居民自治。

（项目负责人：崇州市社科联主席　姜孝云）